—————————— 님의 소중한 미래를 위해
이 책을 드립니다.

일의
미래

일의
미래

4차 산업혁명시대를 여는
딜로이트의 대담한 제안

• 딜로이트 컨설팅 지음 •

원앤원북스

원앤원북스 우리는 책이 독자를 위한 것임을 잊지 않는다.
우리는 독자의 꿈을 사랑하고,
그 꿈이 실현될 수 있는 도구를 세상에 내놓는다.

일의 미래

초판 1쇄 발행 2018년 3월 1일 | **지은이** 딜로이트 컨설팅
펴낸곳 ㈜원앤원콘텐츠그룹 | **펴낸이** 박종명
책임편집 심보경 | **편집** 이가진 · 김윤성
디자인 최정아 · 홍경숙 | **마케팅** 안대현
등록번호 제301-2006-001호 | **등록일자** 2013년 5월 24일
주소 06132 서울시 강남구 논현로 507 성지하이츠빌 3차 1307호 | **전화** (02)2234-7117
팩스 (02)2234-1086 | **홈페이지** www.1n1books.com | **이메일** khg0109@hanmail.net
값 17,000원 | **ISBN** 979-11-6002-103-5 03320

이 도서의 국립중앙도서관 출판시도서목록(CIP)은 e-CIP홈페이지(http://www.nl.go.kr/ecip)에서
이용하실 수 있습니다.(CIP제어번호 : CIP2018004929)

21세기의 문맹자는
글을 읽고 쓸 줄 모르는 사람이 아니라
배우고, 배운 걸 일부러 잊고,
다시 배울 줄 모르는 사람이다.

• 앨빈 토플러(세계적 미래학자) •

디지털 격변시대,
미래의 일과 조직에 대한 지향점

　제4차 산업혁명으로 통칭되는 디지털 격변이 전방위로 확산되고 있다. 미디어와 유통분야에서 본격화된 변화가 대중교통, 숙박업, 교육 등으로 파급되는 가운데 아날로그 시대의 화폐질서까지 도전받는 중이다. 최근 논란이 되는 가상화폐도 글로벌 네트워크에서 자생적으로 형성된 가치교환 시스템이 기존 아날로그 시대에 국가와 중앙은행이 설정한 화폐질서에 변화를 몰고 온 현상 중의 하나다.

　기업 차원에서는 디지털 격변의 속성과 중요성을 이해하고 기존 사업모델의 디지털 혁신을 본격 모색하는 단계다. 업종마다 민감도의 차이는 있으나 디지털 격변의 영향권에서 자유로운 영역은 없다는 점을 실감하고 나름의 대응전략을 수립해 추진에 나서고 있는 것이다. 사업혁신과 더불어 향후 심도 있게 고려할 부분은 디지털 시대 일의 본질, 일하는 방식, 조직구조와 기업문화의 변화 방향이다. 1990년대 정보기술 확산으로 기업의 업무프로세스에 리엔지니어링이 도입되면서 생겨난 변화를 돌아보면 이해할 수 있을 것이다.

일각에서 언급하는 인공지능이 일자리를 없애고, 기계가 인간을 대체하리라는 어두운 미래전망에 과도하게 반응할 필요가 없다. 인류 문명에서 신기술이 항상 지지받았던 것은 아니기 때문이다. 18세기 산업혁명으로 공장에 기계가 도입되면서 격렬한 반발을 불러왔지만 궁극적으로 생산성 향상으로 이어졌고, 서비스업 성장으로 총고용은 늘어났다. 1970년대 은행에 ATM이 도입되면서 은행원 다수가 실직할 것으로 예상했지만 오히려 고용이 증가했다.

디지털 기술의 발전에 따라 미래의 일과 일터도 격변을 겪을 것이다. 글로벌 차원에서 우수 인재를 필요한 만큼 활용하는 크라우드 소싱 형태의 긱이코노미가 확산되면서 인재활용에 대한 관점도 변화하고 있다. 또한 일터에서 인공지능, 블록체인, 머신러닝, 증강현실 등의 디지털 기술사용의 증가에 따른 일하는 방식, 조직구조의 변화는 예상 이상으로 그 영향이 복잡하고 광범위할 것이다. 이에 효과적으로 대응하기 위해서 일의 미래를 규정할 기술적 요인과 아울러 개인·조직·사회적 생태계의 관점에서 종합적으로 접근할 필요가 있다.

본서에서는 딜로이트 컨설팅 전문가들이 디지털격변 시대의 일과 조직의 미래변화와 대응전략에 대해 기술하고 있다. 디지털 시대를 항해하는 우리나라 기업들이 미래의 일과 인재, 조직의 지향점을 설정하고 관리해 나가는 데 도움이 되기를 바란다.

이정희 총괄대표 | 딜로이트 안진회계법인 | 딜로이트 컨설팅

차례

프롤로그

디지털 시대,
일과 조직구조 혁신의 항해법

디지털 시대에 대응한
역동적 조직문화를 구축하라

시장과 사업에서

일과 조직으로의 변화

미국 샌프란시스코 '컴퓨터 역사 박물관(Computer History Museum)' 입구에는 '우리는 도구를 만들고, 다시 도구는 우리를 만든다(We Shape our tools, and then our tools shape us).'는 글귀가 방문객을 맞이한다. 20세기 후반의 캐나다 미디어 학자였던 마샬 맥루한(Marshall McLuhan)의 통찰로 인간과 도구의 관계를 잘 나타내고 있다. 그는 '자동차 바퀴는 발의 확장, TV는 눈의 확장, 의복은 피부의 확장, 전자회로는 중추신경계의 확장'으로 이해해 도구를 인간한계의 확장이라는 개념으로 접근했다.

경제적 측면에서 볼 때 문명의 발전경로는 '기술→도구→제품→시장→일→조직 변화'의 연쇄고리다. 먼저 기술변화로 새로운 도구가 만들어지고 신제품이 출시되면서 시장이 변화한다. 다음으로 일하는 방식이 변하면서 조직구조와 조직문화, 나아가 사회경제구조도 변화를 겪게 된다. 끊임없이 변화하는 기술의 속성으로 이러한 연쇄적 변화는 무한반복되는 역동적 과정이지만 지역과 시점에 따라 그 속도는 천차만별이다.

1만여 년의 인류문명에서 농업·산업·정보화의 3가지 혁명적 변화단계를 거쳤고, 21세기 현재에는 디지털 격변 혹은 제4차 산업혁명으로 통칭되는 변곡점을 지나고 있다. 격변기의 특징은 속도와 파장에 있다. 기반기술의 변화에서 비롯되어 제품과 시장, 일하는 방식과 조직을 격변시키고 나아가 사회경제적 역학관계의 변동으로 파급된다. 또한 평상시에는 수십 년에 걸쳐서 일어날 변화가 몇 년에 압축되어 진행되기 때문에 변화를 이해하고 대응방향을 설정하는 것도 쉽지 않다. 그러나 생물의 진화와 마찬가지로 사회경제적 생태계에서도 '변화에 적응하면 살고, 적응하지 못하면 죽는다'는 법칙이 통용된다. 디지털 격변시대에서도 결국 적응자와 부적응자로 구분되어 질서가 재편될 것이다.

2016년 3월 알파고와 이세돌 9단의 바둑 대결로 높아진 인공지능에 대한 관심은 곧이어 디지털 격변, 제4차 산업혁명으로 확장되었다. 기업을 비롯한 사회경제적 주체들은 초기에 변화에 대한 총론적 이해에서 출발해 이제는 국내외에서 사업모델 혁신의 다양한 성공사례들이 출현하는 가운데 각자의 입장에서 디지털 혁신을 위한 구체적 전략과 사업모델을 모색하는 단계로 진입하고 있다. 이런 관점에서 2018년은 그동안 우리나라 기업조직 내부에서 산발적으로 고민해오던 디지털 시대의 인재와 조직혁신의 방향이 구체화되어 전사적으로 확산되는 분기점이 될 것이다. 향후 새롭게 정립될 사람과 일, 조직과 문화의 혁신을 위한 지향점은 디지털 시대의 사업모델과 마찬가지로 키워드도 개방성, 자율성, 유연성이다. 정규직·비정규직 문제를 비롯한 경직적 노동관련 규제 등 국내의 제도적 제약을 극복하고 디지털 경제의 일하는 방식과 조직 구조로 혁신하는 데 있어서 핵심은 대평원 같은 자유와 책임에 기반한 역동적 생태계의 개념이다.

아날로그 '동물원' vs. 디지털 '대평원'

동물원의 동물들은 안전하다. 위생적인 환경에서 굶주리지 않는다. 사육사들이 24시간 대기하면서 물과 식량 같은 필수품을 공급하고 병이 나면 치료해준다. 반면 대평원 동물들의 삶은 고달프다. 밤낮으로 천적들을 경계하며 먹잇감을 찾아야 한다. 군집 생활에서는 집단 내부 경쟁도 치열하다. 하지만 개체가 감당해야 하는 절박함은 역동성을 높인다. 변화에 적응하는 우량한 개체가 번식하면 변종(變種)이 출현하

그림 1 우리 조직은 동물원인가, 대평원인가?

동물원 ▶			◀ 대평원
굴러온 돌은 튕겨 나간다	개방성	굴러온 돌이 박힌 돌도 빼낸다	
모난 돌이 정 맞는다	다양성	모난 돌도 자리가 있다	
과거에 대한 질문을 던지고 책임 소재만 묻는다	미래 지향	미래에 대한 질문을 던지고 예상 문제를 풀어나간다	
근무시간, 예의범절 등 형식적 부분을 중시한다	기업 문화	목표와 성과 등 본질에 집중한다	
외견상 질서정연하나 내면적으로 나태하다	개인 규율	외견상 자유로우나 내면적 규준이 엄격하다	

고 진화가 일어난다. 대평원 생태계에서의 자유로운 삶은 개체 단위에서는 고달프지만, 집단 차원의 역동성을 유지하고 진화하는 메커니즘이다. 반대로 동물원은 개체 차원의 안정성은 높지만 역동성은 실종된 화석(化石) 같은 공간이다.

기업 관점에서 아날로그 환경을 동물원에, 디지털 환경을 대평원에 비유할 수 있다. 아날로그 시대에는 조직의 내부와 외부가 분리되어 있다. 엄격한 위계질서와 정교한 매뉴얼에 기반한 중앙의 명령과 통제가 근간이다. 동물원처럼 닫혀 있는 공간 내에 소위 정규직·비정규직 등 또 다른 경계선으로 구분된다. 그러나 디지털 시대의 조직은 대평원 생태계처럼 열려 있는 공간이다. 내부와 외부의 구분이 불명확하다. 환경 변화에 유연하게 변화하며, 자율성에 기반을 둔 전문가의 연합 형태다. 다음은 아날로그 시대의 닫히고 구분된 조직을 글로

18

벌 디지털 시대의 개방적이고 유연한 조직으로 혁신하기 위한 3가지 핵심개념이다.

:: 자유롭지만 규율도 강하게

우리나라 기업들은 아날로그 시대엔 벤치마킹 위주의 추격자(catch-up) 전략으로 글로벌 기업으로 성장했다. 지금은 선도자(first mover) 전략으로 선회하면서 유연하고 자율적인 문화에 기반을 둔 창조적인 조직 혁신을 추진하고 있다. 이를 위한 구체적 실행 방안은 다양하다. 유연근무제, 재택근무제 등이 실험되는가 하면 직급을 단순화하고 여름철에는 반바지 착용을 허용하는 등의 다양한 프로그램이 실시되고 있다. 하지만 단편적 프로그램들을 병렬적으로 늘어놓은 것이 능사는 아니다. 디지털 조직의 작동 방식에 대한 근본적 성찰이라는 관점에서 대평원 생태계를 눈여겨볼 필요가 있다. 표면상 평화롭고 일견 무질서해 보이지만 내면적으로는 생존과 경쟁의 엄정한 자연적 질서가 형성되어 있는 역동적인 대평원 생태계를 조직 운영 방식에 접목하는 접근이 필요하다.

구글·애플·페이스북 등 디지털 시대의 아이콘으로 부상한 기업들은 조직 문화도 다르다고 말한다. 통상 사무실 안에 칸막이가 없고, 미끄럼틀과 당구장 등 기분 전환을 위한 공간이 마련되어 있다. 헬스클럽과 수영장 등의 부대 시설을 무료로 이용하고, 호텔급 식사를 제공하고 스마트워크를 시행하는 등 인재를 중시하는 조직 문화를 높이 평가한다. 하지만 표면상 자유로운 분위기의 이면에 존재하는 대평원의 엄정한 질서를 이해하지 못하면 본질을 놓치는 것이다. 예를 들어 근무시간을 선택하는 스마트워크는 존중되지만, 팀장이 소집하는 회의는 무조건 참석해야 한다. 또한 업무와 연관되어 수시로 진행되는 상사·동료·직원들의 다면 평가가 인사 고과에 반영되는 시스템(peer pressure)이다. 업무 긴장도가 높을 수밖에 없다. 출퇴근 시간, 휴가 일수 등에 대한 세세한 간섭은 없지만 약속한 목표는 책임지고 달성해야 한다. 상사가 야근과 주말 출근을 지시하지는 않지만, 엄정한 성과 평가와 보상 구조의 환경에서 연장 근무를 해야 할지는 스스로 판단해야 한다. 겉보기에 직장인의 천국으로 보이는 이런 회사에서도 자발적 퇴사자가 여타 기업과 마찬가지 수준으로 발생하는 배경이다.

:: TF팀 연합 형태로 운영하라

아날로그 시대 조직 구조는 리더를 정점으로 계층별로 조직화된 삼각형 구조를 기본으로 한다. 전략기획·생산·판매 등 기능별 분업을 근간으로 구성된 위계적 조직이 효율적이라고 판단하는 구조다. 단위 조직 차원에서 해결하기 어려운 과제는 사안별 태스크포스(Task Force, TF)를 구성해 대처하는 보병(步兵) 부대 편제의 개념이다.

반면 디지털 시대의 조직은 TF의 집합체(aggregation)다. 소규모 특수부대들의 네트워크에 가깝다. 기간 조직은 있되 유연성을 높여 내부 프로젝트를 수행하는 TF들을 활발하게 구성해, 다양한 문제 해결에 대응하는 방식이다. 조직 운영의 방점은 혁신과 변화의 지속 및 스피드와 역동성의 유지에 있다.

아웃도어용 의류 원단인 고어텍스로 유명한 고어앤드어소시에이츠 (Gore & Associates)는 우주선용 특수 케이블, 대체 혈관 소재, 기타줄 등 다양한 제품의 핵심 기술을 개발했다. 1958년 창업 이래 연구개발과 엔지니어링 역량에 기반을 둔 문제 해결 능력을 바탕으로 연간 매출 30억 달러를 웃도는 대기업으로 성장하면서도 특유의 조직 구조와 기업 문화를 유지하고 있다. 경영진 이외에는 직급이 없으며 규정된 권한, 관리 범위와 보고 체계도 없다. 업무 처리는 프로젝트마다 필요한 기술을 기반으로 소규모 TF가 결성되고 해체되는 식으로 진행된다. '어소시에이트'라고 불리는 직원들은 지위에 상관없이 TF 구성원 결정권을 가진다.

고어앤드어소시에이츠처럼 되기가 물론 쉽지는 않다. 통상 기업 규모가 커지면서 창업 당시의 유연성과 역동성은 감소하고 안정성과 효율성 중심의 조직으로 변하는 경우가 많다. 그러나 이제 환경이 변하고 있다. 아날로그 시대가 답을 찾아가는 과정이었다면, 디지털 시대는 경로를 만들어 가는 과정이다. 따라서 기업 조직도 일상적 업무 대응 위주에서 수시로 발생하는 문제를 해결하는 역량 중심으로 개편되어야 한다. 수평적 TF 연합체 성격으로 변모해야 한다. 기존 기업들이 조직 혁신을 통해 유연성과 안정성, 역동성과 효율성의 2마리 토끼를 잡으려는 상황에서 고어앤드어소시에이츠의 사례는 좋은 본보기다.

∷ 외부 역량을 최대한 끌어들여라

아날로그와 디지털 시대의 차이점은 속도에 있다. 가속적 변화의

그림 2 디지털 조직 혁신의 핵심 개념

아날로그

- 위계적 조직이 근간
- 규율과 통제
- 고정된 목표 개념
- 사안별 TF 구성으로 보완
- 중장거리
- 운영과 효율
- 안정성

디지털

- 네트워크 중첩 개념
- 자유와 책임
- 움직이는 목표 개념
- 조직은 TF의 Aggregation
- 단거리 스프린트의 연속
- 혁신과 스피드
- 적응성, 반응성

시대엔 기존 방식으로는 변화를 따라갈 수가 없다. 그냥 열심히 일한 다고 되는 게 아니다. 이는 19세기 마차와 20세기 자동차의 속도감이 다른 것에 비유할 수 있다. 마차를 타고 아무리 열심히 달려도 자동차 를 따라갈 수 없다. 가장 유효한 대응 방식은 마차에서 자동차로 갈아 타는 것이다. 디지털 시대도 마찬가지로 변화에 적합한 방식과 수단 을 선택해야 한다. 내부 문제 해결에도 외부 역량을 활용해 속도를 높 일 수 있다.

사업에서 발생하는 다양한 문제를 내부 역량에만 의존하지 않고 외 부 역량을 동원해 해결하는 방식은 이노센티브(Inno Centive) 같은 글 로벌 플랫폼을 통해서 더욱 활성화되고 있다. 1989년 알래스카 해안 에서 엑슨의 유조선이 좌초되면서 다량의 원유가 유출되었고, 차가운 바다에서 물과 원유가 뒤섞여 슬러시 형태로 변하면서 독성을 내뿜 기 시작했다. 세계 최고의 과학자들이 원유를 분리하기 위해 노력했 지만 17년 동안 해결하지 못했다. 궁여지책으로 이노센티브라는 플랫폼에서 2만 달러의 포상금으로 아이디어를 공모한 후 3개월 만에 시멘트회사 엔지니어가 돌파구를 찾았다. 시멘트를 굳지 않게 하기 위해 계속 기계로 저어주듯이 원유도 진동기계로 자극을 주면 얼지 않는다는 견해였다.

이제는 기존 방식으로 더욱 열심히 일해서 속도를 높이는 한계를 넘어서 글로벌 플랫폼을 이용한 외부 역량과 연계해 가속적 변화에 대응하는 효과적 방안을 모색해야 한다. 1980년대에 일찍이 경영학자 피터 드러커(Peter Drucker)가 미래의 기업은 내부 자원 활용보다 외부 자원을 활용하는 능력에서 경쟁력이 판가름 날 것이라고 말했던 예견이 현실이 되었다.

전통기업 혁신을 위한
백신 전략

지구에서 살아남은 모든 생물은 생태 환경 변화에 최적으로 적응한 진화 과정의 산물이다. 현존하는 모든 기업도 사업 환경 변화에 최적으로 대응한 결과물이다. 생물은 외부에서 침투하는 해로운 이물질들을 감지하고 퇴치하기 위해 정교한 면역 시스템을 구축해왔다. 면역 시스템은 유해한 외부 요인을 걸러내고 조직의 건강성을 유지하는 역할을 하지만, 격변기에는 변화를 거부하는 역효과를 낳기도 한다.

'새 술은 새 부대에' 담아야 하듯이 새로운 사업도 새로운 프레임에 담아야 한다. 그렇지만 기존 핵심 사업에서 대부분의 수익이 나오는 상황이라면, 이물질에 가까운 신사업 부문의 발언권은 언제나 한계가 있다. 신규 사업의 불확실성과 높은 위험성 때문이기도 하지만, 조직 내부를 보호하기 위해 일종의 항체와 면역 시스템이 작동하기 때문이기도 하다. 기존 사업을 둘러싼 기득권이 형성되어 있는 상황에서 사내 역학관계의 변화를 가져오는 사업 모델의 혁신은 조직원 대부분에게 경계심, 심지어 적대감을 불러일으킨다. 변화의 속도가 날로 빨라지는 디지털 격변 시대에 조직 내부의 면역체계도 강하게 작동해 실제 조직 변화 프로그램의 약 70%가 성공하지 못한다. 미래 사업 모델 재편과 조직 혁신을 추진하려는 기업 리더들에게는 이 같은 면역 시스템을 우회하는 백신 전략 접근이 효과적이다. '백신 전략'은 조직 내부에 혁신을 위한 이질적 요소를 투입하는 방식이다. 적절한 시기에 적은 용량으로 거부감을 최소화하고 이후 항체 형성 경과에 따라 다양한 백신을 강도 높게 투여하면서 조직 전반적으로 확산시키고 일하는 방식과 조직문화를 혁신시키는 변화 관리 전략이다.

:: 조직이 건강할 때 백신을 투입하라

다이어트는 건강할 때 해야 효과가 있다. 허약한 상태에서 무리한 다이어트는 오히려 몸을 망친다. 조직 혁신의 백신이 부작용 없이 변화를 견디는 항체를 형성하려면 조직이 건강해야 한다. 부실한 조직에 백신이 늦게 투입되면 부작용은 커지고 효과는 반감된다.

20세기 아날로그 필름 시장을 지배했던 코닥은 1975년에 디지털

카메라 기술을 개발했다. 1979년에 코닥 경영진들에게 '2010년까지 필름 시장이 디지털로 바뀔 것'이라는 내부 보고서가 회람되었다. 하지만 당시 영업이익률 70%에 육박하는 필름 사업에 비해 디지털 사업은 기대수익률 5%에 불과했다. 코닥 경영진은 디지털카메라 시장이 활성화되는 시점에 시장에 합류해도 충분히 대응할 수 있다고 판단했다. 이후 20년간 유지되던 필름 사업의 높은 수익성이 2000년대 들어 일순간 급락하며 타이밍을 놓쳤고, 2007년 스마트폰 출현으로 디지털카메라 시장 자체가 붕괴되면서 코닥은 파산했다. 코닥은 디지털 이미징(화상처리) 기술을 확보하고 있었고, 시장도 정확하게 예측했다. 하지만 기존 사업의 높은 수익성이 오랫동안 유지되면서 백신 투입의 적기(適期)를 놓쳤다. 필름 사업이 건강한 시점에서 백신 투입을 시작했다면, 디지털 시장에 대한 경험과 지식이 쌓이고 변화를 위한 에너지와 공감대가 내부에 확산되면서 코닥은 다른 길을 걸었을 것이다.

∷ 주변에서 시작해 경계심을 줄여라

인체에 침투하는 바이러스는 초기에 주변부로 침투해서 조심스럽게 면역체계를 우회하면서 교두보를 구축한 다음 본격적으로 세력 확장에 나선다. 조직에서도 새로운 사업을 접목하고 변화를 불러일으키기 위해서 주변부에서 작게 시작해 기존 조직의 경계심을 누그러뜨리는 방식으로 내부 저항을 우회해야 한다. 또 신생 조직을 기존 조직과 독립적으로 운영해 기존 사업의 개념으로 신규 사업에 접근해 발생하는 부작용을 최소화해야 한다. 신규 사업이 초기 단계를 지나서 성공 사례가 창출되고 미래 가능성에 대한 조직 내부의 공감대가 형성되면 본격적으로 신규 사업을 부각시키고 주력 사업으로 이끌어가야 한다.

전통 제조업 디지털화 대표 사례인 GE의 혁신도 2005년 비행기 엔진이라는 주변부에서 작게 시작했다. 센서를 부착한 제트엔진에서 수집한 데이터를 분석해 항공사들의 유지 보수를 지원하는 서비스를 개발했다. 여기서 성공한 모델을 발전기, 의료기기 등 다른 사업 분야로 확산시키면서 GE는 2020년까지 10대 소프트웨어 기업으로 변신한다는 목표를 세웠다.

:: 다양한 방식으로 투입해 효과를 높여라

아날로그 시대가 답을 찾아가는 과정이었다면 디지털 시대는 경로를 만들어가는 과정이다. 과거 3~5년의 시야를 가진 사업 단위 전략조차도 급변하는 디지털 기술 변화 흐름에서 순식간에 무용지물이 되는 경우가 발생하고 있다. 이런 배경에서 작고 빠르게 시도하면서 부족한 점을 보완하고 새로운 경로를 찾아가는 연속 단거리 경주, 스프린트의 개념을 접목시켜야 한다. 즉 다양한 단거리 경주를 다양한 방식으로 진행하면서 유효 대안을 도출하고 역량을 집중해 경로를 찾아가는 방식이다.

존슨앤드존슨(Johnson&Johnson)은 미래 성장 플랫폼을 탐색하고 개발하기 위해 기존 사업 부문에서 분리된 투자회사가 회사의 다양한 전략적 선택을 장기적으로 관리하는 체제를 도입했다. 투자회사가 관심 회사에 소액 지분을 투자해 관련 시장의 움직임을 지속적으로 확인했다. 경험을 축적하고 오류를 수정해 합작, 직접투자, M&A(인수합병)로 발전시키는 방식으로 성장을 이어가고 있다.

반면 1990년대 세계 2위 오프라인 서점 체인이었던 보더스(Borders)는 1995년 설립된 아마존의 온라인 서적 판매가 성장하자 아마존에 온라인 판매를 위탁하는 전략적 제휴를 체결했다. 온라인 유통의 미래 잠재력을 이해하지 못해 고객 정보를 아마존에 넘겨준 보더스는 2011년 파산했다. 만약 보더스가 온라인 유통이라는 새로운 변화에 대해 스타트업 지분 투자, 소규모 M&A, 내부 조직 신설 등 다양한 대안을 병행했더라면 효과적으로 대응할 수 있었을 것이다.

:: 지속적으로 투입해 변화를 확산하라

신규 사업은 겉으론 화려할 수 있지만 아직 수익성이 낮고 미래도 불투명하다. 반면 기존 사업은 진부해 보이지만 안정적으로 현금이 창출된다. 기존 사업은 현재이고 신규 사업은 미래를 상징하는 상황에서, 현재에만 집중하면 미래가 없고 미래에만 집중하면 현재가 불안하다. 따라서 현재 안정성과 미래 비전의 합리적 균형을 유지하는 차원에서 백신을 지속적으로 투입해 변화를 확산해야 한다.

1998년 설립되어 디지털 격변을 주도해온 구글의 경우 사업 포트폴리오를 기존의 핵심 사업(core), 인접한 유망 산업(adjacent), 도전적 혁신 산업(transformational)으로 구분했다. 그리고 경영 자원을 핵심 사업 70%, 유망 산업 20%, 혁신 산업 10%로 배분하고 있다. 소위

'구글 비율(Google ratio)'로 알려진 이 기준은 사업의 현재를 경시하지 않으면서 미래 투자도 적절한 위험도로 유지할 수 있는 이상적 배분 비율로 평가받는다. 이러한 형태의 명확한 투자 포트폴리오 기준이 조직 내부에 확립되어 있다면 미래 사업이 기존 사업과 불필요한 갈등과 오해를 일으키지 않고 새로운 변화에 대항력을 길러주는 백신 역할을 할 수 있다.

디지털 대평원이
미래 조직의 지향점

1970년에 미래학자 앨빈 토플러(Alvin Toffler)는 정보화 혁명으로 기술·사회적 변화 속도가 빨라지면서 개인과 집단의 적응이 어려워지는 '미래 충격(future shock)'을 예언했다. 실제로 오늘날 직면하고 있는 가속적이고 기하급수적인 변화를 특징으로 하는 디지털 격변 시대는 조직은 물론 개인에게도 충격적인 상황이다. 기업의 전통적인 아날로그 가치사슬이 유연화되고 해체되는 디지털 플랫폼 사업모델이 성장하면서 핵심경쟁력의 개념이 규모에서 범위로 이전되고 있다. 이에 대응해 기존 기업들이 새로운 기술을 습득해 디지털 사업모델로 전환하면서 일하는 방식과 조직구조와 조직문화까지 연결되는 전방위적 혁신을 하지 않으면 생존이 어려운 상황이다. 개인 차원에서도 기존 지식과 경험이 진부화되는 속도가 빨라지는 가운데 평생직장 개

그림 3 자유 vs. 책임

자유도
고
동호회
사파리, 하이브리드
대평원, 디지털
동물원, 아날로그
저
?
책임성
고

넘이 사라지면서 인공지능이 등장하고 일과 직업이 분리되는 변화의
시대에 적응해야만 한다.

아날로그 시대의 조직이 고용주와 고용자 관계를 근간으로 통제와
지시에 기반해 운영되었다면, 디지털 시대의 조직은 프리랜서 연합체
인 TF 네트워크 형태로 진화하면서 자유와 책임이 조직문화의 기본
이 되어야 한다. 디지털 시대의 격동적 상황을 헤쳐나가기 위해서 필
수 경쟁력인 창의성과 열정은 자유로운 분위기에서 형성되기 때문이
다. 다만 자유는 책임과 결합되어야 조직의 에너지로 전환될 수 있다
는 점이 중요하다. 자유에 책임이 따르지 않는 조직은 질서가 무너진
오합지졸에 불과하다. 이는 대평원 생태계가 표면적으로는 무질서해
보이지만 내면에는 엄정한 생명의 질서가 존재하는 것과 마찬가지다.

생태계에서는 하찮은 생명조차도 선택의 자유와 이에 따르는 책임을 감수하면서 살아간다. 이런 측면에서 디지털 시대에 대응한 조직 혁신의 지향점은 개인의 자유도를 높이면서 책임감도 강화해 역동적 조직문화를 구축하는 것이다.

김경준 부회장 | 딜로이트 컨설팅

1부

일의 미래를 항해한다는 것의 의미

일자리, 학습, 일의 미래에 대한
토머스 프리드먼과의 인터뷰

존 하겔(John hagel)의

서문

토머스 프리드먼(Thomas Friedman)은 뉴욕타임스의 주간 칼럼니스트이자 7권의 베스트셀러를 저술한 유명 작가로 퓰리처상을 수상하기도 했다. 그의 통찰력 있는 저작은 세계화, 중동 문제, 환경적 도전 과제 등을 포함한 광범위한 주제를 다루고 있다.

나는 신문 1면의 기사 제목 밑에 숨어 있는 심오한 패턴을 읽어내고 세상이 어디로 향할지를 예상하는 그의 능력에 항상 경탄해왔다. 그는 단절과 고립의 유혹에 저항한다. 그의 호기심을 불러 일으키는 것은 점점 더 복잡해져 가는 세상의 진화를 추진하고 형성하는 연결성이다.

오래 전에 내가 톰에게 매료되었던 이유들 중 하나는 새롭게 떠오르는 엣지(Edge)를 탐색하고 이해하고자 하는 그의 열망이었다. 엣지는 초기에는 미미하지만 디지털 기술의 빠른 발전에 의해 추진되어 시장을 변환시킬 잠재력을 가진 현상이다. 우리는 각자 따로 저술하던 디지털 기술 인프라의 성장과 전 세계적 규모의 풍부한 지식 흐름의 중요성 증가를 다룬 몇몇 글을 통해 연이 닿았고, 그 이후로 연락을 지속해왔다.

우리의 행로는 최근 톰의 신작인 『늦어서 고마워: 가속의 시대에 적응하기 위한 낙관주의자의 안내서(Thank You for Being Late: An Optimist's Guide to Thriving in the Age of Acceleration)』의 출판과 함께 다시 교차하게 되었다. 톰은 이 책에서 딜로이트 센터 포 엣지가 수행한 몇 가지 연구를 인용했고, 나와 딜로이트의 다른 동료들이 또한 탐색했던 주제에 대해 논했다. 나는 그가 딜로이트 US의 CEO인 캐시 엥겔버트(Cathy Engelbert), 그리고 나와 함께 이 특정한 주제에 대해 토론할 용의가 있는지 물어보지 않을 수 없었다.

결국 우리는 톰과 함께 매우 광범위한 영역을 다루게 되었고, 그는 항상 그랬듯이 이들 다양한 트렌드를 흥미진진한 얘기와 함께 생생히 제시해주었다.

토머스 프리드먼과의
'급진적으로 열린' 대화

존 하겔(이하 JH): 전 세계적인 사건에 대한 당신의 관점을 고려할 때, 저는 당신이 글로벌 차원에서 일의 미래가 어떻게 진화할지에 대한 고유한 관점을 가지고 있을 거라 생각합니다. 고차원적으로, 일의 미래에 대한 당신의 관점을 어떻게 설명하시겠습니까?

토머스 프리드먼(이하 TF): 일의 미래에 대한 저의 생각은 제 친구인 비즈니스 전략가 헤더 맥고완(Heather Mac-Gowan)의 영향을 매우 크게 받았습니다. 그녀가 실제로 한 작업은 일이 직업으로부터 분리되고, 직업과 일이 기업으로부터 분리되며, 기업은 점점 더 플랫폼화 되어가는 것이 지금 진행중이라고 기술한 것입니다. 그것이 헤더의 주장이며, 그리고 제가 확실히 목격하고 있는 일입니다.

좋은 사례로 택시 업계에 일어나고 있는 일을 들 수 있습니다. 미국 메릴랜드주 베데스다의 지역 택시회사는 차량을 직접 보유하고 택시기사들을 고용합니다. 일자리를 가진 기사들이 그 차량들을 운전하죠. 이제 그들은 우버와 경쟁중입니다. 우버는 자체 보유한 차량이 없고, 고용하는 기사들도 없으며, 단지 일자리를 위한 플랫폼만 제공하는데, 이 플랫폼은 저처럼 승차가 필요한 승객들과 승차 서비스 공급자들을 한데 모아줍니다. 저는 우버 플랫폼 모델, 그리고 그 모델이 직업을 일로 바꾸고 일을 통해 수익을 창출하는 방식이 바로 일의 미래라고 생각합니다.

이는 학습의 미래에 매우 큰 영향을 미칠 것입니다. 왜냐하면 만일 일이 직업으로부터 분리되고, 직업과 일이 기업에서 떨어져 나온다면—그리고 당신과 제가 모두 썼던 것처럼, 지금은 흐름(Flow)의 시대이기 때문에—학습이 평생 동안 이뤄져야 합니다. 당신의 직업이 일이 되고 당신의 회사가 플랫폼이 될 때, 사회는 평생학습을 위한 학습도구 및 학습자원 모두를 공급해야만 하지요.

그래서 저는 일의 미래가 무엇인지에 대해서는 확신할 수 없지만, 기업의 미래는 사람들을 채용하고 지속적으로 훈련시켜 아직 발명되지 않은 일자리에 대비하게 만드는 것임을 알고 있습니다. 만약 당신이 기업으로서 평생학습을 위한 자원과 기회 모두를 제공하지 않고 있다면, 당신은 침몰하고 있는 중입니다. 왜냐하면 사람들이 평생학습을 하지 않는다면 더이상 평생직원이 될 수 없으니까요. 만약 당신이 이미 발명된 직업을 위해 사람들을 훈련시키거나, 혹은 그 이미 발명된 직업을 준비하기 위해 학교에 간다면, 그 과정 어딘가에서 문제에 직면하리라고 저는 생각합니다.

캐시 엥겔버트(이하 CE): 제가 생각한 것 중 하나는 '일의 미래' 대 '미래의 일'의 대비라는 아이디어입니다. 저는 항상 '일의 미래'라는 말이 불길하게 들리는 반면, '미래의 일'은 보다 선견지명 있게 들린다고 생각했지요. 당신은 저와 같은 기업의 리더들에게 제가 미래의 일이라고 칭할 그 무언가를 대비하는 데 있어 어떤 조언을 해주고 싶은가요?

TF: 가장 먼저 떠오르는 생각은 지금의 전반적인 미국 사회를 위해 제가 주장하는 것입니다. 그것은 많은 사람들에게 매우 반직관적으로 느껴질 수 있는 뭔가를 하는 것이죠. 그게 뭐냐면, 우리가 흐름의 시대로 진입하고 그 흐름이 가치를 추출할 수 있는 전략적 우위의 원천일 때, 그리고 그 흐름이 점점 더 빨라질 때—이 모든 것은 존 하겔, 당신이 저술했던 현상입니다—제가 보기에 1번 규칙은 당신이 급진적으로 개방적이길 원할 것이란 거죠.

지금 당장 이를 이해시키기란 쉽지 않은데, 왜냐하면 이는 반직관적으로 느껴지고, 당신이 급진적으로 개방적이 되길 실제로 원할 때, 다른 모든 이들은 담을 높이 쌓아 올리고 있기 때문입니다. 그럼 당신은 왜 급진적으로 개방적 자세를 취하길 원할까요? 왜냐하면 더 많은 흐름을 포착할 수 있기 때문입니다. 신호를 먼저 파악하게 되고, 보다 유동적인 사고방식을 가진 사람들을 유인할 수 있게 됩니다. 그들은 제가 높은 IQ를 가진 '리스크 수용자들'이라 부르는 사람들입니다. 이는 국가 차원의 관점에서 나온 생각이지만, 저는 그것이 또한 기업의 관점에도 맞는다고 믿습니다. 당신은 가능한 한 많은 토론, 많은 장소, 그리고 많은 흐름 창조자들과 연결되길 원합니다. 왜냐하면 미래의 일이 어디로부터 오는지 이해할 수 있는 신호를 가장 먼저 받을 수 있기 때문입니다.

CE: 전미경제조사회(National Bureau of Economic Research)의 최근 보고서에서 일부 선도적인 노동 경제학자들은 2005년부터 2015년 동안 미국에서의 신규 순고용에 대한 분석을 수행했습니다. 그 결과 신규 순고용의 약 94%가 긱(Gig) 일자리에서 프리랜서, 부외 고용까지 모든 종류의 대안적 근로 계약으로부터 창출되었음을 발견했습니다.

당신은 점점 더 일과 직업이 달라지고 기업으로부터 일이 분리되며, 기업은 플랫폼이 되어가는 개념에 대해 이미 이야기해 왔습니다. 그러면 이러한 현상이 장기적으로 계속 전개되고, 긱 경제가 일상화될 것이라 생각하십니까?

TE: 음, 그렇게 될 수밖에 없습니다. 이는 제 저작인 『세계는 평평하다(The World is Flat)』에서 주장했던 것으로 거슬러갑니다. "이뤄질 수 있는 모든 것은, 이뤄질 것이다." 단지 문제는 "당신에 의해 이뤄질 것인가 아니면 당신에게 이뤄질 것인가?"일 뿐이고 어쨌든 이뤄질 것입니다.

사람들이 일반적으로 생각하지 않을 사례를 예로 들어보죠. 제네럴 일렉트릭의 '점프 볼'이란 행사에 대한 이야기입니다. 2013년 어느 날 GE는 "이뤄질 수 있는 모든 것은 이뤄질 거야."라는 사실을 깨달았습니다. 그럼 내가 GE라고 가정해보죠. 저는 항공기 엔진을 날개에 고정시키는 조임쇠의 무게를 어떻게 하면 최소화할 수 있는지 파악하려 노력하고 있습니다. 이제, 어떤 것에서든 무게를 줄이면, 특히 항공기라면 연료를 절약할 수 있습니다. 따라서 항공기의 가용기간 동안 조임쇠의 무게를 70% 혹은 80% 정도 실제로 줄일 수 있다면, 엄청난 돈을 절감할 수 있죠. 그런데 GE는 자신을 내부적으로 살펴본 뒤에 다음과 같이 말합니다. "음, 나는 지금 이 조임쇠의 무게를 줄이기 위해 그 누구의 두뇌라도 실제로 활용할 수 있는 세상에 살고 있어." 그래서 GE는 그랩캐드(GrabCAD)라는 엔지니어링 전문 웹사이트를 방문해서 '점프 볼'이라고 이름 붙인 공모전을 개최합니다. 현재 사용중인 조임쇠에 대해 설명하고, 항공기 날개 아래에 위치한 조임쇠의 무게에 대해 말했습니다. 그런 후에 그냥 다음과 같이 공모전을 시작했죠. "전 세계에서 누가 조임쇠의 무게를 가장 많이 줄일 수 있을까요?" GE는 총상금 2만 달러를 내걸고 우승자에게 7천 달러를 주고, 나머지는 결선 진출자들에게 고르게 분배하기로 했습니다. 6주 동안 600건의 제안을 제출 받은 후 GE 엔지니어들이 결선 진출한 10건의 제안을 테스트해 우승자를 선정했습니다. 10명의 결선 진출자 중 미국인은 아무도 없었고, 항공역학 엔지니어는 한 사람도 없었죠. 그리고 최종 우승자는 항공역학 엔지니어가 아닌 21세의 인도네시아 사람으로, 그는 이 조임쇠의 무게를 80% 이상 줄일 수 있었습니다.

여기서 제가 말하고자 하는 것은, GE의 관점에서 이뤄질 수 있는 것은 이뤄지게 된다는 것입니다. 이 개념은 보유 가능한 엔지니어의 측면에서 봤을 때, 우리가 전 세계 최고의 인재들을 활용할 수 있다는 걸 의미하죠. 그럼 빠르게 움직이는 평평한 세상에서 그 가능성이 얼마나 될까요? 아니요, 그걸 따지지 말고 그냥 점프 볼을 개최해서 전 세계 어디에 있든지 간에 모든 인재에게 접근합시다. 이는 당신이 생각하지 않는 94%의 또 다른 이야기입니다. 사람들은 고용인 입장에서 "나는 이랜서(Elancer, 전자 프리랜서)가 될 거야."라고 생각할 뿐만 아니라 기업 입장에서 다음과 같이 말합니다. "나는 인재가 어디에 있든 접근 가능한 세상에서 살고 있어. 만약 내가 나의 관점에서 이를 행하지 않으면 경쟁자들이 그렇게 할 것이기 때문에, 수동적으로 그렇게 해야만 하는 상황에 처하기 전에 내가 앞서나가는 게 나아." 저는 이러한 기회가 모든 분야에 걸쳐 변화를 추진할 것이라고 생각합니다. 당신에 위협을 가하는 도전과제가 있다면, 왜 기업 내부에 있는 인재만을 활용하려 합니까? 기업의 내부 인력이 세계 최고일 확률은 정말로 지극히 낮습니다.

JH: 적어도 제가 본 일부 통계자료는 오늘날 긱 경제의 일거리 대부분이 상당히 단순한 과업들로 구성되어 있음을 말해줍니다. 당신이 앞서 언급했듯이 자동차 운전, 번역 서비스, 부가 서비스 같은 일들이죠. 이런 추세가 지속될 것으로 보십니까? 기술 관점에서 그 트렌드를 볼 때, 특히 모빌리티 운송 선단 운영 사업에서 많은 기업들이 자율주행 기술 개발과 운전자 제거에 초점을 맞추고 있습니다. 이것이 긱 경제에서 상당한 문제가 될 것으로 보시나요?

TF: 음, 당신의 질문에 대한 저의 대답으로서 에어비앤비(Airbnb)를 살펴봅시다. 에어비앤비가 호텔종업원, 요리사, 호텔 매니저의 일자리를 위협한다고 말할 수 있죠. 왜냐면 에어비앤비가 모든 주요 호텔 기업들을 합친 규모보다 더 많은 숙박처를 가용하게 만들고 있으니까요. 하지만 그 사람들이 지금 뭘 하고 있는지 들여다봅시다. 그들은 여행업으로 진입하고, 요식업에 진출하며, 여행 안내업으로 진입하고, 또한 "20곳의 에어비앤비 등록 숙박처에 대해 보안 키를 제공할 수 있습니다. 당신을 위해 중개인이 되겠습니다."란 사업에 진출하는 중입니다. 다시 말해, 이런 플랫폼을 만듦으로써, 에어비앤비는 프리랜서 요리사들에게 완전히 다른 기회들을 추가 창출하고 있는 거죠. "제가 출장 와서 당신을 위해 요리를 만들겠습니다."처럼 말이죠. 프리랜서 여행안내인은 "저는 미술전문입니다." 혹은 "골프 여행 전문가입니다." 등이 가능합니다. 이것이 제가 급진적인 개방성에 관한 제 주장을 고수하는 이유입니다. 제 묘비에 사람들이 다음과 같은 말을 새길 수도 있겠죠. "말들이 투표할 수 있었다면, 결코 자동차는 발명되지 않았을 것이다."

JH: 긱 경제에 대한 이야기를 하나 더 해보죠. 긱 경제가 보다 창조적인 문제 해결 과업으로 진화하는 정도에 따라, 현재 대부분의 사람이 긱 경제에 대해 생각하는 이미지인 개인들이 고립된 과업들을 계약 기반으로 수행하는 것 이상으로 긱 경제가 발전할 것으로 보십니까? 창의성과 평생교육에 관한 초점이 증가함에 따라, 아마도 이러한 사람들이 함께 모여 보다 지속적인 업무집단을 형성해 도전적인 과업을 공동 수행하게 되는 경향을 예견하시나요? 아니면 단지 고립된 개인들의 형태를 유지하게 될까요?

TF: 이는 완전히 말이 됩니다. 1단계는 우리 모두 홀로 일하지만, 2단계는 어떤 부동산 개발자가 등장해 말합니다. "음, 당신들 모두 혼자인데, 그럼 내가 작업자 공간 사업을 시작해야겠네." 그러면 누군가가 따라 나타나 말하지요. "이런, 당신들 모두 식사가 필요하고, 건강관리 조언도 필요할거야. 그리고 연금관련 조언도 필요할 수 있어." 그래서 제 생각에 이런 트렌드를 중심으로 적응이 시작될 겁니다.

CE: 평생교육의 육성 측면에서 기업의 역할에 대해 어떻게 생각하시나요? 열정적인 평생학습자인 '근로자'로의 이런 전환을 도울 수 있도록 기업이 무엇을 할 수 있다고 보십니까?

TF: 제가 접한 사례 중 AT&T의 모델이 최고 중 하나였습니다. 기본적으로 CEO는 회사가 어디로 향하고 있는지, 그들이 살고 있는 세계가 어떠한지, AT&T의 평생직원이 되려면 무슨 기술이 필요한지를 직원들과 공유했습니다. 이후 우다시티(Udacity)와 함께 이들 기술 각각에 대한 나노(Nano) 학위 과정을 개설했습니다. 이후 회사는 각각의 고용인들에게 이들 과정을 수강하는 데 1년에 최대 8천 달러까지 지원해주었지만, 다음과 같이 말했습니다. "여러분의 책임은 근무 시간이 아닌 여러분 자신의 시간에 과정을 수강하는 것입니다." 저는 이것이 새로운 사회적 계약이라고 믿습니다. "우리 기업은 정부의 도움을 받아, 평생교육 기회를 제공할 것입니다. 하지만 여러분 고용인들은 여러분 자신의 시간에 그 기회를 활용해야 합니다." 당신이 더 많은 것을 책임져야 하게 되겠지요.

여기서 진화해야만 하는 3가지 새로운 사회적 계약이 있습니다. 정부는 이들 평생교육 기회를 기업들이 창출하도록 동기 부여해야 합니다. 기업은 직원들이 이들 강좌를 수강할 수 있게 해주는 플랫폼을 만들어야 합니다. 그리고 직원들은 그들 자신과 새로운 계약을 맺어야 합니다. "나는 이 학습을 내 자유시간에 수행해야만 한다. 나는 보다 스스로 동기 부여해야만 한다."

많은 것이 당신에게 달려 있습니다. 이야기의 그 부분을 제가 바꿀 수는 없죠. 빌 클린턴 전 대통령이 말했듯이, 당신이 그냥 출근해서 열심히 일하고 규칙에 따라 행동해서 여전히 높은 임금을 받는 '중간 기술 수준 일자리의 시대'는 끝났습니다.

JH: 당신 저작의 큰 주제 중 하나는 지식 흐름의 중요성 증가와 지식 흐름의 증가가 어떻게 사람들의 빠른 학습을 도울 수 있는가 하는 개념입니다. 한편으로 너무 많은 지식의 흐름이 사람들을 압도할 수 있다는 부정적인 면이 있습니다. 당신이 보시기에 빠르게 학습하면서 동시에 지식의 눈사태에 휩쓸리는 것을 피할 수 있도록 지식의 흐름에 가장 효과적으로 참여하는 방법은 무엇입니까?

TF: 저는 이를 필터의 관점에서 말하고 싶습니다. 예를 들어 저는 세계화와 기술 발전에 대해서 논하지만 이를 실제로 수행하지는 않습니다. 사람들이 저에게 트윗(tweet)을 보내거나 저에 관해 트윗을 하면서 즐거운 시간을 보낼 수 있겠죠. 저는 그러지 않습니다. 트위터를 보지 않으니까요. 그것은 너무나 많은 사람들이 제가 관심 없는 뭔가를 토해놓는 소방호스와도 같습니다. 발생한 지 3분이 지난 후에 CNN 보도를 통해 쿠데타, 혁명, 지진에 관해 알게 되더라도 아무 문제가 없습니다. 저는 흐름과 마찰 사이의 적절한 균형점을 찾으려 노력하지요. 저는 충분한 정보가 흘러 들어 오도록 해서 무엇이 일어나고 있는지 알게 되고 이에 관해 책을 쓸 수 있길 원합니다. 하지만 너무 많은 정보에 압도당해 마비되는 것은 원치 않습니다. 이것이 우리가 필터링을 문자 그대로 학생들에게 가르쳐야 하는 이유죠. '필터링 101' '필터링 102' '필터링 103' 같은 강의들이 개설되어야 합니다. 어떻게 하면 발전하기에 충분한 정보를 얻으면서, 압도당하지 않도록 정보를 걸러낼 수 있을까요? 모든 흐름의 어머니인 인터넷은 실질적으로, 처리되지 않고 걸러지지 않은 정보의 열린 하수구입니다. 만약 우리 직원들, 학생들, 아이들이 흐름에서 최고의 정보는 흡수하고 최악의 정보는 배제할 수 있는 필터를 갖추지 못한다면, 우리는 심각한 문제에 처하게 되겠죠. 따라서 필터링, 사람들에게 어떻게 정보를 걸러내는지 가르치는 것이 우리가 할 필요가 있는 일입니다. 과거에는 모든 정상적인 과정을 거쳐 편집되고 편찬된 교과서에 정보가 실렸기 때문에 사람들이 그 정보가 사실임을 알았지만, 이제는 어떻게 3가지 서로 다른 정보원천에 방문해서 이를 검증하는지를 가르쳐야 하지요. 저는 모든 아이들에게 디지털 윤리학을 가르칠 필요가 있다고 생각합니다. 인터넷에서 어떻게 돌아다닐 수 있는지, 인터넷에서 누군가와 어떻게 관계를 맺어야 하는지, 그리고 인터넷에서 어떻게 뉴스를 걸러낼 수 있는지에 관한 디지털 윤리학을 배우지 않고는 초등학교를 졸업할 수 없어야 합니다.

CE: 이는 다음과 같은 질문을 제기합니다. "미래의 일에서 학교의 역할은 무엇인가?" 우리의 교육 시스템은 한 가지 유형의 일에 맞게 사람들을 훈련하도록 설계된 것처럼 보이고, 일의 미래에 초점이 맞춰져 있는지는 확실하지가 않습니다.

TF: 저는 교육의 95%가 교사와 부모들에게 달려 있고, 다른 모든 것들의 비중은 5%에 지나지 않는다고 생각합니다. 제가 오늘날 저널리스트가 된 것은 미네소타주 세인트 루이스 파크 고등학교 10학년 시절에 훌륭한 저널리즘 선생님을 만났기 때문이죠. 그 여선생님은 제게 영감을 주셨는데―제가 지금까지 수강한 저널리즘 수업은 그분의 강의뿐이었습니다―내가 그렇게 잘나서가 아니라, 그분이 그만큼 훌

룡했기 때문이죠. 훌륭한 교사들은 어디서나 나타날 수 있습니다. 공립학교든, 사립학교든 관계 없어요. 우리가 해야 할 일은 더 많은 그런 교사들을 발굴하고 육성하는 것입니다.

하지만 동시에 학생들이 학교에서 떠나있는 나머지 20시간 혹은 18시간, 그리고 주말 동안 일어나는 일이 그 무엇보다 중요하다고 생각합니다. 그 주체는 아이들에게 다음과 같이 물어봐야 하는 부모들입니다. "오늘 학교에서 뭘 배웠니? 학교에서 오늘 착하게 행동했니? 오늘 학교는 어땠니?" 아이들의 교육과 학습에 관심과 열정을 가진 부모들이죠. 그런 부모들을 제게 주시면 모든 좋은 교사들을 훌륭하게 만들고, 모든 훌륭한 교사들을 탁월하게 만들겠습니다. 교육은 부모의 역할과 가정에서 육성되는 좋은 가치가 정말 중요하죠. 학습의 즐거움, 독서에 대한 애정 같은 것 말입니다. 제 생각에 사람들은 부모의 역할을 하지 못해 발생하는 모든 문제들을 해결해 주는 공립학교 혹은 독립 공립학교 또는 다른 학교를 원하지만, 그걸 할 수 있을 만큼 뛰어난 교사는 없습니다.

JH: 당신이 이미 조명했던 또 다른 도전과제를 다뤄볼 수 있을 듯한데, 사람들이 오늘날 존재하는 직업 혹은 일련의 기술을 위해 훈련하면 곤경에 처할 가능성이 크다는 생각이 그것입니다. 그런 개념은 다음과 같은 의문을 제기하죠. "좋아요. 그렇다면 대비할 수 있도록 어떻게 다음에 올 것이 무엇인지 예상하고 준비할 수 있을까요?"

TF: 오직 한 가지 방법만이 존재합니다. 그리고 저는 이것이 진정으로 제 모든 책들의 주제라고 느끼죠. 사람들이 배움을 사랑하도록 가르쳐야만 합니다. 우리들 중 일부는 운이 좋죠. 그 사람들은 그런 재능을 가지고 태어납니다. 만약 당신이 부모로서 운이 좋다면, 당신 아이들은 공부하는 걸 좋아하겠죠. 복권에 당첨된 겁니다. 우리들 중 일부는 이를 배워야만 합니다. 그런 이들은 훌륭한 부모, 선생님, 영적인 리더 혹은 대통령을 통해 학습에 대한 영감을 받아야 하죠. 배움에 대한 사랑을 배우는 것 이상으로 중요한 생존 기술은 존재하지 않습니다. 그것이 제가 『세계는 평평하다』에서 제시했던 법칙에 따라 항상 살아왔던 이유입니다. 'PQ(Passion Quotient, 열정지수)+CQ(Curiosity Quotient, 호기심지수)'가 언제나 IQ(Intelligence Quotient, 지능지수)보다 중요하다는 법칙 말입니다. 당신이 제게 높은 열정지수와 호기심지수를 갖춘 젊은이 혹은 직원을 보내준다면, 지능지수가 높은 사람이 하던 일을 일주일에 7일 모두 그들이 대신하도록 하겠습니다. 'PQ+CQ'는 항상 IQ보다 큽니다.

JH: 『늦어서 고마워』의 핵심 주제 중 하나는 디지털 기술과 무어의 법칙(Moore' law)의 시사점입니다. 당신은 로봇공학 및 인공지능과 같은 특정 기술을 얘기하는데, 이들은 특히 일의 미래와 관계가 큽니다. 이들 기술을 미래의 노동력에 통합하는 데 있어 기업이 잘하고 있는 것과 그렇지 못한 것이 무엇인지에 대해 공유해주는 사례나 관점이 있나요? 제가 느끼기에 그들은 일의 강화와 대비되는 일의 자동화에만 집중하고 있습니다. 그에 대한 당신의 관점에 저는 관심이 있습니다.

TF: 저는 자동화와 증강을 분명히 구분한 당신의 방식이 마음에 듭니다. 제 생각에 최고의 기업은 가능한 모든 곳에서 자동화와 증강,

이 2가지 모두를 수행하는 기업입니다. 왜냐하면 그렇게 해야 최고의 효율성을 달성할 수 있기 때문이죠. 저는 이를 가장 잘하는 기업들이 제가 STEM 공감적 직업―과학(Science), 기술(Technology), 공학(Engineering), 수학(Mathematics)―을 인간의 공감 능력, 즉 다른 사람들과 연결할 수 있는 능력과 결합시키는 일자리를 창출하는 기업이라고 생각합니다. 기업이 이들 2가지를 관리자 혹은 직원에게 제공할 수 있다면, 미래의 일이 도달해야 하는 최적의 지점을 확보하게 되겠죠.

CE: 저는 용기 혹은 공감능력을 가진 기계를 만나 본 적이 전혀 없다고 종종 말하곤 했습니다. 그래서 당신이 말씀한 'STEM 공감'이란 개념이 매우 매력적으로 느껴지네요. 당신이 이를 통해 전달하고자 하는 것에 대해 좀더 얘기해 주겠습니까?

TF: 계획, 가치, 그리고 제가 미래에 대해 어떻게 생각하느냐의 관점에서 STEM 공감은 자동화가 불가능합니다. IBM 왓슨(Watson)에 대해 생각해보죠. 왓슨이 등장한 지금 시점에 최고의 의사는 누구일까요? 이는 과거와는 매우 다릅니다. 이제는 왓슨에게 최고의 질문을 던지는 의사가 최고의 의사입니다. 왓슨이 암에 관해 지금까지 쓰여진 모든 논문을 읽고 어떤 의사도 이를 따라 할 엄두조차 낼 수 없다면, 환자에 대한 적절한 질문을 왓슨에게 던지고 그 결과를 환자가 공감할 수 있는 방식으로 해석해 전달하는―그리고 왓슨을 의사의 대체재가 아닌 의사 자신의 타고난 기술을 강화하는 목적으로 사용하는 능력이―최고의 일자리를 얻을 수 있는 절대적인 조합 능력이 될 것입니다.

이는 저처럼 치매 병동 혹은 양로원에 입원한 나이든 부모가 있는 사람들에게도 바로 적용됩니다. 그런 사람들은 어느 정도의 의학 지식, 그리고 자신을 당신의 부모님과 연결하는 공감능력, 이 둘 다를 가진 간병인과 그렇지 못한 간병인의 차이를 압니다. 그럼 제가 그런 기술을 가지지 못한 사람과 비교해 그런 간병인에게 제 어머니를 돌봐주는 대가를 얼마나 더 많이 지불하려 할까요? 전 아주 많이 지불할 겁니다.

CE: AI를 둘러싼 이러한 종류의 격변에 대해서는 어떻게 생각하십니까? 사회, 기업, 그리고 우리 개개인들이 이에 준비되어 있다고 생각하나요?

TF: 아마도 아닐 겁니다, 하지만 이는 2가지 측면이 있습니다. 저는 다음과 같은 소프트웨어에는 준비가 되어 있지 않습니다. 예를 들어 제가 특정한 일련의 관점을 프로그램에 제시하면, 그 프로그램은 저의 수사법을 모델링해 제 의견을 반영한 칼럼을 작성합니다. 저에겐 무섭게 느껴지는 상황이죠. 하지만 동시에 저는 골퍼이고 바쁜 사람입니다. 제가 뭘 발견한지 아시나요? 시간별 일기예보입니다. 저는 이제 시간별 일기예보를 보고 다음과 같이 말할 수 있습니다. "오 이런, 베데스다에서 오후 2시부터 4시까지 해가 나오는군. 비가 오는 동안은 계속해서 일하고, 2시에서 4시 사이에는 골프를 칠 수 있겠어." 이는 저의 업무를 훨씬 효율적으로 만들어주었고 제 생활의 질을 개선해줬습니다. 그리고 이러한 관점이 이들 모든 시스템에 적용될 수 있다고 생각합니다.

그것들은 심지어 AI라고 해도 어떤 의미에서는 단지 멍청한 시스템일 뿐입니다. 그리고 우리가 가져오려 하는 것은 인간적 가치에 관한 것입니다.

JH: 저는 최근 SXSW(South by Southwest) 행사에서 우리의 인간성을 실질적으로 회복시키는 로봇에 관해 얘기했습니다. 우리가 운영하고 있는 확장 가능한 효율성의 세상에서, 우리는 일을 엄밀하게 규격화되고 고도로 표준화된 과업으로 정의해왔죠. 만약 그것이 일의 본질이라면, 제가 제기하는 바는 일에 있어 로봇이 인간보다 훨씬 낫다는 것입니다. 그들은 주의가 흐트러지지 않고, 병에 걸리지도 않으며, 실수를 하지도 않지요. 그리고 만약 로봇이 그러한 과업에서 훨씬 빠른 속도로 인간을 대체하기 시작한다면, 그것이야말로 제가 생각하기에 인간에 어울리는 일이 무엇인가를 재고하도록 강제하는 촉매제가 될 것입니다. 우리가 활용할 수 있는 인간의 고유한 역량은 무엇일까요?

TF: 도브 세이드만(Dov Seidman)과 저는 당신이 지금 말씀한 것을 약간 다르게 표현한 칼럼을 공동 작성한 적이 있습니다. 도브는 사람들이 많은 세기 동안 수작업으로 일해왔다는 점을 지적했죠. 그 후 사람들은 머리를 써서 일했고, 그리고 이제는 가슴으로 일해야만 합니다. 왜냐하면 기계가 할 수 없고, 하지 않으며, 결코 가지지 못할 것이 한 가지 있다면 그것은 '가슴'이기 때문입니다. 저는 우리가 손에서 머리로, 머리에서 가슴으로 가고 있다고 생각합니다. 이는 당신의 방금 질문을 단지 다르게 표현한 것일 뿐입니다. "우리가 활용할 수 있는 인간의 고유한 역량은 무엇일까요?"

JH: 당신은 플랫폼으로 진화하는 기업의 개념에 대해 얘기했습니다. 당신이 보기에 일의 미래의 관점에서 플랫폼이 어떤 역할을 하고 그들이 어떤 영향을 미칠지를 좀더 말씀해주시겠습니까?

TF: 제가 진정으로 잘하고 있는 기업들을 봤을 때 그들은 단순한 플랫폼이 아닌, 자신들 사업의 플랫폼 잠재력을—GE의 점프볼 사례 같은—정말로 강력한 내부의 학습 혁신 환경의 창조와 혼합하고 있습니다. 그것이 제가 AT&T, GE, 인텔, 퀄컴 같은 여전히 성업중인 오래된 기업들을 살펴보길 좋아하는 이유입니다. 그들 모두는 한 가지 공통점이 있습니다. 그들은 새로운 무언가 그리고 그것의 새로운 잠재력을, 기업 및 브랜드 그리고 특정한 사람들의 팀을 중심으로 한 일련의 가치가 여전히 가지고 있는 힘과 균형을 맞출 수 있는 진정한 방법을 발견했습니다. 다시 말하지만, 저의 사고방식은 아리스토텔레스적입니다. 삶은 항상 중간점과 중용에 관한 것입니다. 결코 극단적인 것이 아닙니다. 이는 균형을 찾는 일에 관한 것입니다.

JH: 당신은 이러한 변화의 동력이 가속화되면서 함께 나타난 점증하는 실적 압박에 대해 얘기하고 이에 관한 딜로이트의 연구결과를 인용기도 했습니다. 그러한 종류의 압력으로 인한 일부 부정적인 결과 혹은 잠재적인 부정적인 결과에 대해 어떻게 보고 있으며, 이들 부정적인 결과로 인한 위험을 줄이기 위해 우리는 무엇을 할 수 있을까요?

TF: 음, 제가 관계하는 사업에서 예를 하나 들겠습니다. 요새 신문사들은 뉴스룸 한 가운데에 스코어보드가 있습니다. 사람들이 지나 가면서, "어디 보자, 오늘 토머스 프리드먼이 딜로이트에 관해 글을 썼

군. 오 이런, 저걸 봐. 그 기사의 구글 검색, 페이스북, 트위터 트렌딩 순위가 올라가고 있어. 당신이 딜로이트에 대해 쓴 기사가 뭐에 관한 거죠? 오, 딜로이트의 CEO를 비난한 내용이군요. 정말로 그녀를 심하게 깎아 내렸군요." 그리고 옆자리에 앉은 사람이 말합니다. "와, 톰, 딜로이트의 CEO를 비난하는 기사가 검색순위 1위에 올랐어요. 잠깐만, 딜로이트에서 전화가 왔는데 그 기사에 대해 불평하는군요. 그 기사는 사실이 아니죠. 그래요. 우리는 내일 822쪽 광고 아래에 정정 기사를 실을 겁니다."

하지만 이러는 동안, 제 기사는 검색순위 1위를 기록하지요. 정말로 나쁜 경향입니다. 자, 저는 업계에 충분히 오래 있었으니 그러한 유혹에 빠지지 않을 거라고 생각하고 싶군요. 제가 그러지 않길 바랍니다. 저는 뭔가 중요한 것에 대해 글을 쓰려 노력하지, 단지 입소문이 날만한 것을 노리진 않습니다. 하지만 당신이 가난한 저널리스트거나, 혹은 사람들이 뭐라고 하든 신경 쓰지 않거나, 아니면 단지 '내 기사가 얼마나 많은 조회수를 기록하는지'에만 신경을 쓴다면, 정말로 심각한 경향이 될 겁니다. 이는 사람들을 정말 바보로 만들겠죠. 왜냐하면 사람들이 널리 퍼질만한 사안에 대해서만 글을 쓰고, 딜로이트의 실패에 대해서만 글을 쓰지 성공에 대해서는 쓰지 않을 테니까요.

CE: 톰, 여기서 약간 개인적인 주제를 얘기하고 싶군요. 저는 당신에게 밀레니얼 세대인 2명의 딸이 있다는 걸 압니다. 저 또한 디지털 세대인 아들 한 명과 딸 한 명을 두고 있죠. 약 한 달 전에 제 아들이 제게 와서 말했습니다. "엄마, 전 미래에 직업을 가지지 못할까 겁나요."

제가 말했죠. "왜?" 아들은 "왜냐하면 로봇이 제 일을 대신하게 될 테니까요."라고 하더군요. 그래서 저는 '인간의 대체가 아닌 증강'에 대해 한참 동안 얘기했고, 공감 능력을 가진 기계를 결코 만난 적이 없다고 말해줬습니다. "좋아요, 그럼 코봇(Cobot)이 되는 법을 배워야겠군요." 제가 물었죠. "코봇이 뭐지?" 아들은 "로봇과 공존하는 법이요."라고 답했습니다. 그러면 당신은 딸들에게 지금까지 당신이 수행해온 모든 연구와 글의 관점에서 어떤 조언을 해주겠습니까?

TF: 음, 제 딸들에게 5가지 정도 조언을 해주고 싶군요. 첫째, 항상 이민자처럼 생각하라는 겁니다. 새로운 이민자가 어떤 식으로 생각할까요? 새 이민자는 다음과 같이 생각하죠. "나는 지금 막 여기 베데스다에 왔어. 메릴랜드 대학교(University of Maryland)에 나를 기다리는 조상님들이 남겨준 장소는 없겠지. 여기서 무슨 일이 진행중인지, 어떤 기회가 있는지 알아보는 게 좋겠어. 그리고 이를 더 많은 에너지, 활력, 그리고 그 누구보다 더 많은 PQ와 CQ를 가지고 추구할 거야." 그래서 저의 첫 번째 규칙은 항상 "이민자처럼 생각하라."입니다, 왜냐하면 우리 모두가 가속의 시대에 새로운 이민자이기 때문이죠.

둘째, 항상 장인처럼 생각해야 합니다. 이는 제가 하버드 대학교의 래리 카츠(Larry Katz)에게 배운 아이디어죠. 래리는 대량 생산 이전, 공장 시대 이전의 일은 장인의 업무였음을 지적했습니다. 일은 장인들을 중심으로 구축됐고, 장인은 모든 의자, 테이블, 등잔, 포크, 나이프, 수저, 접시, 유리잔, 주전자, 신발, 드레스, 정장, 속옷, 등자, 안장 등을 만들었었죠. 그리고 최고의 장인들은 무엇을 했을까요? 그들은 자신이 만든 것에 정말 많은 개인적 부가가치, 고유한 가외의 것들을 추가했으며, 매일 업무가 끝날 때 자신들의 작품에 그들의 머리글자를 새겨 넣었습니다. 따라서 언제나 많은 감정을 이입해서 당신의 일을 하고, 자동화·디지털화·외주화가 불가능하도록 정말 많은 고유하고 개인적인 가치를 추가하세요. 하루가 끝날 쯤에 당신이 수행한 일에 머리글자를 새겨놓고 싶을 정도로 말이죠.

셋째, 항상 베타(Beta) 테스트 상태를 유지하세요. 이 아이디어는 링크드인(LinkedIn)의 공동 창업자인 레이드 호프만(Reid Hoffman)에게 배운 것입니다. 레이드는 실리콘밸리에는 오직 하나의 네 글자로 된 단어만이 존재한다고 말하길 좋아하죠. 사실 이는 네 글자는 아니고 F로 시작하는 '끝났다(Finished)'는 단어입니다. 당신이 당신 자신을 완성된(Finished) 상태라고 생각한다면, 아마도 당신은 끝난 겁니다(Finished). 레이드의 좌우명은 "항상 베타 상태에 있어라."입니다. 항상 약 85%가 완성된 소프트웨어의 마음가짐을 유지해야 한다는 의미죠. 당신이 담장을 넘어 베타 소프트웨어를 배포하면, 커뮤니티가 이를 테스트하고 구멍을 찾고 오류를 발견합니다. 그들이 다시 이를 되돌려주면, 당신은 추가작업을 수행하고, 다시 담 너머로 보내고, 그들은 이를 또 테스트하고 하는 과정이 반복되지요. 항상 당신 자신을 지속적인 리엔지니어링, 설비 교체, 재학습, 재교육이 필요한 존재로 생각하세요. 절대로 당신이 '완성'되었다고 생각해선 안됩니다. 그렇지 않으면 당신은 정말로 끝나버릴 겁니다.

넷째, 'PQ +CQ'가 IQ보다 크다는 사실을 항상 기억하세요. 제게 높은 열정지수와 호기심지수를 가진 젊은이들을 주시면 높은 지능지수를 가진 사람들을 일주일에 7일 모두 그들로 대체하겠습니다. 구글의 시대에, 당신이 뭔가를 아느냐는 아무도 신경 쓰지 않습니다. 왜냐하면 구글이 모든 것을 알고 있기 때문입니다. 사람들이 신경 쓰는 일은 당신이 아는 것을 가지고 당신이 무엇을 할 수 있느냐입니다. 그리고 저는 그 점에 있어 장기적으로 'PQ+CQ'가 IQ를 능가한다고 믿습니다.

마지막으로, 미니애폴리스(Minneapolis)의 퍼킨스 팬케이크 하우스(Perkins Pancake House)의 여종업원처럼 생각하세요. 퍼킨스는 제가 가장 좋아하는 식당입니다. 저는 미니애폴리스 교외에서 자랐는데, 프랑스 거리 100번 고속도로 근처에 퍼킨스가 있죠. 2011년 책을 한 권 쓰고 있을 당시, 저는 가장 친한 친구인 켄 그리어(Ken Greer)와 함께 거기서 아침을 먹고 있었습니다. 저는 버터밀크 팬케이크 3장과 스크램블드 에그를, 켄은 버터밀크 팬케이크 3장과 과일을 주문했는데, 여종업원이 주문을 받아가 15분 후에 돌아왔습니다. 그녀는 두 접시를 내려놓으면서, 켄에게 한 마디만을 말했습니다. "당신께 추가 과일을 드릴께요." 그게 그녀가 말한 전부였습니다. 저는 그녀에게 50%의 팁을 주었죠. 왜냐고요? 그녀가 통제할 수 있는 게 많지 않지만, 그녀는 과일 국자를 통제할 수 있죠. 그럼 그녀는 주방에서 무엇을 했을까요? 그녀는 사업가처럼 생각했습니다. "그거 알아? 난 저 사람에게 과일 한 덩이를 추가로 주겠어." 어떤 일이 일어났는지 볼까요? 켄은 나와 같은 얼간이와 함께 앉아 있었고, 그걸 본 나는 다음과 같이 말했죠. "그거 멋지군요. 당신에게 50%의 팁을 줄게요." 그녀는 사업가처럼 생각한 겁니다.

그래서 제가 딸들에게 주는 충고는 "너희가 무슨 일을 하든지, 공공부문 혹은 민간부문에서 일하든지, 현장에서 일하거나 관리자이건 간에 언제나 사업가처럼 생각하라."입니다. 항상 다음과 같이 생각하세요. "어디에서 내가 떨어져 나와 여기서 새로운 회사를 시작할 수 있을까, 저기서 새로운 사업을 시작할 수 있을까? 왜냐하면 '대형 제조기업'이 당신이 사는 마을에 2만 5천 명의 일자리를 가진 공장을 세울 리가 없기 때문입니다. 그런 공장은 이제 2,500대의 로봇과 500명의 사람만으로 운영됩니다. 그래서 우리는 6명을 고용할 3명의 창업자, 12명의 일자리를 만들 6명, 20명의 일자리를 만들 12명이 필요합니다. 그것이 우리가 이 모든 일자리를 만들 수 있는 방법이죠. 모든 사람들이 모험사업가처럼 생각할 필요가 있습니다.

캐시 엥겔버트(Cathy Engelbert)는 딜로이트 US의 CEO다.

존 하겔(John hagel)은 딜로이트 컨설팅 LLP의 매니징 디렉터이자 딜로이트 센터 포 엣지(Center for Edge)의 공동 의장이다.

우리가 기업, 근로자, 공공기관을
같은 방향으로 이끌 수 있을까?

미래는 이미
여기 와 있다

'일의 미래'라는 말이 당신에게 어떤 이미지를 떠올리게 하는가? 경제학자 존 메이너드 케인스(John Maynard Keynes)는 1930년에 쓴 '우리 손자 세대의 경제적 가능성(Economic possibilities for our grandchildren)'이란 논문에서 '기술 혁신으로 인한 실업'과 주당 근무시간이 15시간인 미래를 예견했다. 기계가 우리를 위해 거의 모든 일을 대신해주는 여유로운 사회에 대한 20세기 초반의 이상적인 비전을 우리는 한참 전에 포기했다. 하지만 오늘날 우리가 실제로 하는 일이 빠르게 변하고, 계속해서 변할 것이란 점에는 의문의 여지가 없다.

아마도 당신은 일의 미래에 대해 로봇으로 가득 찬 공장, 일상적인 업무의 자동화, 그리고 동시에 인간이 일의 궁극적인 목적과 의도를 조율하는 모습을 상상할 것이다. 어쩌면 당신은 선진국의 노동력은 노화하는 반면, 신흥 경제권은 기록적인 규모의 젊은 근로자들을 소화하는 데 고전하는 노동 인구의 구조 변화를 생각할 수도 있다. 또는 당신이 긱 경제(Gig economy)를 마음속에 그릴 수도 있을 텐데, 긱 경제에서는 대부분의 개인이 자기 자신을 위해 일하면서, 자신의 노동력을—물리적 혹은 지적으로, 온라인 혹은 직접적으로—자신이 정한 시간과 조건에 따라 다양한 고용주들에게 대여한다.

일의 미래에는 이들 모든 시나리오와 더 많은 것들이 관계될 수 있다. 그 이유는 이질적인 세력들이 작용하고 상호작용해 우리들이 편안한 삶, 적절한 이익, 안정적이고 공정한 사회를 추구하기 위해 행동하는 방식에 영향을 미치기 때문이다.

이는 매우 큰 주제다. 따라서 기업의 전문가들과 대중 언론이 관심의 초점을 좁혀, 일의 미래의 어느 하나 혹은 또 다른 하나만의 차원—자동화, 인구통계, 임시직 근로자의 증가 혹은 완전히 다른 무언가 등—만을 다루고자 하는 경향은 그다지 놀랍지 않은 일이다. 이런 범위 축소는 이해할 만하지만, 그 결과 우리는 종종 이들 모든 차원들 간의 연결과 상호종속성에 대한 시야를 상실한다. 우리의 삶, 우리의 사업, 우리의 사회에서 일어나는 이런 변환에 대한 전체 그림을 보지 못하면 우리가 어디에 있고 어디로 향하는지 파악할 수가 없다.

또한 우리가 한 발 뒤로 물러서 모든 요소를 시야에 담지 못하면 전체를 볼 수가 없다.

전체 그림의 윤곽은 이미 드러나고 있다. 사실 이 모든 것을 '일의 미래'라는 제목하에 탐색하는 작업은 오해를 일으킬 수 있는데, 이 말이 변화가 아직 여기에 당도하지 않았고, 정확히 가늠할 수 없는 시간이 지난 후에야 일어난다고 들리기 때문이다. 실제로는 이들 변화 중 많은 사안들이 이미 전개중인데, 수십 년 동안 진행중이던 동력에 의해 추진되고 있다. SF 소설작가 윌리엄 깁슨(William Gibson)의 말처럼 말이다. "미래는 이미 여기 와 있다. 다만 널리 퍼지지 않았을 뿐이다."

일의 미래를 이해하는 데 있어 가장 큰 도전과제는 3가지 광범위한 범주의 구성원들—개인, 기업 및 기타 고용주, 사회 및 정부기관—에 대한 시사점을 표면화하는 것과 세 구성원 모두를 같은 방향으로 향하게 만드는 일이다. 이들 세 구성원들이 부상하는 기회와 도전과제에 대응하기 위해 그들의 이해와 행동을 서로 조화시키지 못하면, 일의 미래로 향하는 길은 기껏해야 평탄치 않은 길이 될 것이다. 최상의 상황에서조차, 모든 이들—개인, 기업, 공공기관—은 일의 속성의 이런 근본적인 진화가 도전적이며 매우 부담스러운 것임을 발견하게 될 터이다. 그러나 조직 및 공공정책을 선도하는 리더들이 이 복잡한 환경이 어떻게 진화하고 있는지 보다 확실하게 이해한다면, 그들은 전 세계의 근로자들, 그리고 사회 전반을 돕는 방향으로 자신들의 행동을 설정하고 다가오는 도전과제를 예상하며 준비가 가능하다.

일의 미래를 이해하기 위한
프레임워크

총합적으로 '일의 미래'를 구성하는 요소들은 무엇인가? 논리적인 출발점으로 이들 변화를 추진하는 동력에 대해 알아봐야 한다.

- 기술: 기술 발전—예를 들어 로봇공학, 인공지능(AI), 센서, 데이터의 영역에서—은 일을 완수하는 전적으로 새로운 방식을 창조해, 일부 경우에는 우리가 도구를 사용하고 이에 대해 생각하는 방식과 어떻게 사람과 기계가 서로를 상호 보완하고 대체할 수 있는가에 대한 방식을 바꾸게 된다.
- 인구통계: 인구 구성의 변화는 글로벌 노동력의 구성을 바꾸고 있다. 대부분의 지역에서 사람들의 수명이 그 어느 때보다 늘어나는 중이고, 전반적으로 인구는 고령화되면서 동시에 어려지고 있다. 한편 개별 국가들의 상황은 보다 다양해지고 있다. 문제가 되는 점은 신흥 경제권에서는 젊은 세대가 점점 더 증가하는 반면, 선진국(그리고 중국)은 점점 더 고령화된다는 것이다.
- 당김(pull)의 힘: 주로 디지털 기술의 발전 및 장기적인 공공정책의 변화에 기인해, 개인 및 기관은 그 어느 때보다 강하게 '당김'—필요할 때 필요한 만큼 인력과 자원을 찾고 접근하는 능력—을 행사할 수 있다. 이제 기관 및 구직자 모두가 글로벌 인재 시장에 접근 가능한데, 네트워크와 플랫폼에 의해 가능해진 인재 시장은 각자가 타인과 상

표 1 미래의 일을 이해하기 위한 프레임워크

변화의 동력
1. **기술**: AI, 로봇공학, 센서, 데이터 2. **인구통계**: 길어진 수명, 젊은 세대와 고령 세대의 동시 증가, 다양성의 확대 3. **당김의 힘**: 고객의 권한 강화 및 글로벌 인재 시장의 부상

↓

일 및 근로자의 재정의
1. **일의 리엔지니어링**: 기술이 모든 직업을 재형성 중 2. **노동력의 변환**: 대안적 업무 계약의 증가

↓

개인에 대한 시사점	조직에 대한 시사점	공공정책에 대한 시사점
1. 평생교육에 참여 2. 자체적인 경력 경로의 수립 3. 자신의 열정을 추구	1. 기술 및 학습을 위한 업무 재설계 2. 네트워크 전반에 걸쳐 인재를 조달하고 통합 3. 조직적 구조, 리더십, 문화, 보상에 대한 새로운 모델을 도입	1. 평생교육에 대한 재구상 2. 전환기 소득 및 의료 지원 3. 법률 및 규제정책 재평가

출처: 딜로이트 애널리시스

호작용하는 방식에 관해 새로운 가능성을 열고 있다. 이들 플랫폼에 대한 수요는 강해지는 고객의 힘, 그리고 생산적인 도구와 기계에 대한 접근성 향상으로 인해 증가할 가능성이 크다. 또한 소규모 기업 및 모험사업가들에 의해 이뤄지는, 보다 창의적인 일에 대한 기회를 늘려줄 것이다.

미래의 일을 형성하는 다른 동력들도 있지만, 우리는 그것들이 보다 넓은 경제적 환경의 일부이거나 혹은 위에서 파악된 동력들과 통합된다고 생각한다. 예를 들면 세계화는 장기적 추세로서 위에서 언급된 기술적, 인구통계적 '당김의 힘'의 동력에 의해 강화된다.

이들 3가지 동력은 일과 근로자에게 2가지 중요한 영향을 미치고 있다.

첫째, 기술은 일의 속성을 변환시키고 조직이 대부분의 작업을 재설계하도록 강제한다. 우리가 예상하는 한 가지 결과로 공감 능력, 사회적 및 감정적 지능, 맥락을 설정하고 비즈니스 문제를 정의할 수 있는 능력 같은 인간의 고유한 능력을 활용하기 위한 직업의 재구성이 이뤄질 것이다. 또 다른 결과로는 기술 변화의 속도가 가속되어, 개개인들이 고용가능성을 유지하기 위해 지속적으로 신기술을 학습해야만 한다.

둘째, 고용주와 근로자 간의 관계가 변하고 있다. 한때는 대부분의 근로자가 정규직이고, 복지혜택과 고정급을 제공받는 재무제표 상의 고용인이었다. 하지만 미래의 고용주는 자신의 활동 중 상당 부분을 프리랜싱부터 크라우드소싱, 계약기반 업무까지 다양한 대안적 고용 계약을 통해 일하는 개인들에게 맡겨 수행할 것이다. 일의 속성과 근로자에 대한 이들 대안은 개인, 조직, 공공정책 입안자에게 심오한 시사점을 가지게 된다. 세 당사자 모두 일의 미래의 새로운 현실에 적응할 필요에 의해 추진되는 변화의 필수적 과제에 직면하고 있다.

:: **기술: 인공지능, 로봇공학, 센서, 데이터**
과거 기술혁명은 기계화·전기화·컴퓨터화를 통해 일, 직업, 기업

조직과 사회를 급격하게 재형성했다. 이번이 다른 점은 오늘날의 디지털 기술 발전이 단지 과거 혁명의 초점이었던 제조업과 저숙련 노동력뿐 아니라 경제 및 사회의 모든 분야를 재구성한다는 사실이다.

실제로 기하급수적으로 발전하는 디지털 기술과 인프라는 전 영역에 걸쳐 일의 경제학을 재형성하고 있다. 한편으로 저임금 노동력에 대한 지역적 접근성의 확대가 그랬던 것처럼, 자동화는 특정한 반복적 과업의 비용을 획기적으로 줄이고 있다. 또 한편으론 조직은 다른 과업들의 가치도 크게 증강시킬 수 있는데, 이는 기술적 역량의 활용, 그리고 심원한 전문 능력의 소유자가 어디에 있건 간에 접근할 수 있게 된 향상된 능력을 이용해 가능해졌다.

오늘날의 기술이 어떻게 인간 작업자의 역량을 강화하기 시작하고 있는지를 고려하라. 한 가지 예를 들어보면 증강현실(Augmented Reality, AR)에 기반한 애플리케이션은 우리를 둘러싼 진화하는 세계를 보다 풍부하게 '볼' 수 있게 도와줌으로써 우리의 호기심, 상상력, 창의력을 정말로 중요한 앞으로의 잠재적 변화를 알려주는 초기 신호에 집중할 수 있도록 돕는다.

이미 AR 기술은 데스크탑 컴퓨터에서 떨어져 현장에서 일하는 작업자들을 돕는 중인데, 돌발적인 전개 상황을 평가하고 가장 큰 영향을 미칠 수 있는 활동에 노력을 집중할 수 있도록 지원한다. 그리고 이런 기술은 AR 같은 인지기술에만 국한되지 않는다. 로봇공학 분야에서는 보철 기구와 기타 증강 기기들이 기술자와 기타 인력들이 10년 전에는 상상할 수 없었던 작업을 수행하도록 돕고 있다. 보다 폭넓게는 3D 프린팅부터 생합성(Biosynthesis)까지 확장되는 다수의 기술이 소규모 기업의 생산 도구에 대한 접근성을 점점 더 향상시켜, 결과적으로 새로운 제품과 서비스를 개발하고 생산하는 데 있어 일부 대기업들이 보유했던 전통적인 우위를 무너뜨리는 중이다. 이는 장기적으로 소규모 기업의 근로자들을 위한 보다 지속 가능한 일자리를 창출할 잠재력을 가지고 있다.

또한 우리는 가속되는 기술 진화 추세와 급증하는 데이터가 업무 수행에 요구되는 기술력에 미치는 영향을 보지 못하는 우를 범하지 말아야 한다. 더욱더 많은 지식이 더 빨리 창조되고, 동시에 기존의 지식은 쓸모 없어지고 있는데, 이에 발맞추기 위해 우리의 기술력과 업무 기술서를 지속적으로 빠르게 갱신해야 한다.

:: 인구통계: 글로벌 노동력의 구성 변화

근로자의 공급은 전 세계적으로 빠르게 진화중인데, 이는 변화하는 인구구조, 평균수명의 증가, 그리고 인구 중 소외 계층을 포괄하려는 노력이 확대된 결과다.

많은 경제권—특히 선진국들과 중국—의 노동력은 〈그림 1〉이 보여주듯이 빠르게 고령화되고 있다. 이러한 인구통계적 트렌드는 낮은 출산율과 공공보건 및 의료의 발전으로 가능해진 수명 증가, 이 2가지 원인에 의해 더욱 심화되었다. 재정적 필요부터 계속해서 차이를 만들고자 하는 욕구까지, 다양한 이유로 인해 많은 고령 근로자들이 전통적인 은퇴 시기를 넘어 그들의 경력을 연장하고 있다.

그림 1 OCED 국가들의 연령층별 노동참여율

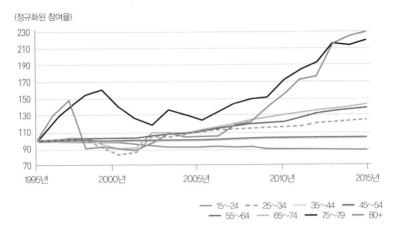

(정규화된 참여율)

출처: OECD, "노동시장 통계: 성별 및 연령에 따른 노동력 통계:지표," OECD(Organization for Economic Co-operation and Development), 고용 및 노동시장 통계 (데이터베이스), DOI: http://dx.doi.org/10.1787/data-00310-en, 2017년 4월 21일자 자료, 유엔경제사회국(United Nations Department of Economics and Social Affairs) 세계인구 전망:2015년 개정판, 2015, http://www.un.org/en/development/desa/publication/world-population-prospects-2015-revision.html.

고용상태를 유지하기 충분할 정도로 육체적 역량이 개선됨에 따라 나이 많은 세대가 더 오랜 기간 동안 일하게 되리라고 전망되는데, 이로 인해 젊은 인재들과 새로운 아이디어가 조직을 새롭게 만드는 속도가 영향을 받을 수 있고, 잠재적으로 일자리에 대한 국제적 경쟁이 심화될 수 있다. 이는 또한 은퇴 후 활동 욕구 혹은 금전적 필요성이 있는 고령자들이 '긱 경제'에 대거 참여하는 결과로 이어질 수 있다.

동시에 신흥경제권은 점점 더 많은 젊은 근로자들을 글로벌 노동력에 제공하는 중이다. 디지털 기술 인프라는 이들 증가하는 근로자들을—정규직 혹은 계약직으로서—인구 고령화에 직면하고 있는 선진 경제권이 활용 가능하게 만들고 있다. 디지털 인프라가 근로자들에게 개발도상국 전반에 걸친 서로에 대한 접근성을 부여해주는 것은 말할 필요도 없다.

보다 일반적으로 여성 및 다른 많은 소외계층도 천천히 전 세계 고용시장에서 자리를 잡아가고 있다. 선진국의 인구증가가 둔화됨에 따라, 조직은 보다 다양한 배경을 가진 근로자를 포함시켜 인적 자원을 강화하도록 더 큰 압력을 받게 될 것이다. 다양성이 높은 업무집단과 팀들이 더욱 창의적이고 영향력이 큰 결과를 창출한다는 것을 보여주는 증거가 늘어나고 있다. 조직들이 더 적극적으로 글로벌 인구집단의 다양한 계층으로부터 인재를 뽑아야 하는 보다 중요한 이유다. 이모든 것들의 순효과는 과거에 소외되었던 인구집단의 노동력 확대뿐아니라 보다 다양화된 고용인 기반에 맞추기 위해 조직이 업무 관행을 변경해야 하는 필요성으로 이어질 가능성이 크다.

:: 당김의 힘: 고객 권한 강화 및 글로벌 인재 시장의 부상

시장 트렌드 또한 일의 미래를 형성하는 데 한 몫을 한다. 변화하는 고객의 요구와 노동력의 필요성을 보다 유연하게 해결할 수 있는 능력에 부응해, 당김의 힘은 일과 고객의 니즈를 좀더 긴밀하게 조화시킬 것이다. 왜 고객들이 판매자들에 비해 더 많은 힘을 획득하고 있는가? 왜냐하면 고객들은 계속 확장되는 다양한 상품과 서비스 대안을 전 세계에서 선택할 수 있는 새로운 능력을 확보했고, 이들 대안에 관한 더 많은 정보에 접근할 수 있으며, 자신들의 니즈가 충족되지 않으면 한 판매자에서 다른 판매자로 쉽게 전환할 수 있기 때문이다.

구매 옵션이 증가함과 동시에 고객들은 점점 더 표준화된 대중시장용 상품과 서비스에 만족할 수 없게 되었고, 대신에 창조적인 틈새시장의 맞춤 상품, 서비스, 경험을 추구하고 있다. 이런 변화는 음악·동영상·소프트웨어 같은 디지털 상품 시장을 중심으로 펼쳐지고 있지만, 물리적 상품 및 서비스 시장으로도 빠르게 확장될 가능성이 있다. 앞서 언급한 기술 트렌드가 틈새 판매자들의 제조수단 접근을 훨씬 용이하게 만들어주었기 때문이다. 그 결과 상품 및 서비스의 파편화가 심화되고, 소규모 기업들이 전체적인 노동력의 더 많은 부분을 고용하게 될 가능성이 크다.

공급 측면에서는 조직이 필요한 시점과 장소에 맞춰 인재에 접근하고 일할 수 있도록 조직의 능력을 개선하는 방향으로 노동시장이 진화 중이다. 앞서 논의한 글로벌 디지털 인프라는 인재가 어디에 위치하느냐에 관계없이 고용주의 이들과 연결·결합·활용을 가능하게 해준다. 늘어나는 다양한 디지털 플랫폼은 잠재적인 고용주들(그리고 고객들이 직접적으로)이 전 세계 어디서나 가장 적합한 인재를 찾고, 그들 인재를 한데 모아 특정한 과업을 수행하는 일을 쉽게 만들고 있다. 역으로 동일한 디지털 플랫폼이 근로자 그들 자신이 당김을 행사하는 것도 가능하게 만들고 있다. 글래스도어(Glassdoor) 같은 온라인 커뮤니티는 근로자들에게 장래의 고용주들의 운영방식 및 문화에 대해 상당한 수준의 인사이트를 제공해, 고용주들이 과거 보유했던 정보의 우위를 축소시키고 있다. 긱 경제에서 활동하는 개개인들은 인터넷과 기타 디지털 기술을 이용해 전 세계에서 고용주를 찾고, 계약하며, 일할 수 있다.

앞에서 기술된 '당김의 힘'의 동력은 보다 창조적인 일에 대한 수요 증가에 박차를 가할 수 있다. 그 이유는 고객들이 대중시장용 상품과 서비스를 버리고, 소규모 기업의 근로자들이 생산 수단에 더 쉽게 접근할 수 있게 되며, 플랫폼이 틈새시장 상품 및 서비스 공급자와 소규모 고객 집단을 전 세계적으로 연결시켜 주기 때문이다.

일과 노동력이
재정의되다

이들 3가지 변화의 동력은 일의 속성의 심오한 변화로 이어진다. 머지않아 고용주와 근로자가 이러한 변화가 위협적임을 알게 될 것이란 점에는 의문의 여지가 없으나, 이상적으로는 점점 더 많은 사람들이 시간이 흐름에 따라 자신들의 잠재력을 더 많이 실현하게 될 것이다. 반복적인 과업은 더 많이 자동화되고, 반면 기술의 지원을 받는 창의적인 일이 다양하고 충족되지 못한 증가하는 니즈에 맞춰 확장하고 진화할 것이다.

:: 일의 리엔지니어링: 기술이 모든 일자리를 재형성한다

산업시대는 일을 점점 긴밀하게 통합되어가는 전문화되고 표준화된 과업의 형태로서 주로 정의해왔다. 이는 단지 공장 업무와 수작업에만 적용되는 것이 아니라 인사 직원, 법무 직원, 심지어 영업사원 및 마케터 같은 폭넓은 범위의 사무직 및 지식근로자의 업무에도 적용된다. 그리고 이들 유형의 일이 로봇과 AI로 인한 격변에 취약한 바로 그 요소다. 로펌은 상당한 규모의 더 많은 일상적인 과업을 자동화하기 시작했고, 뉴스 웹사이트는 AI를 이용해 기사 작성을 시작하고 있으며, 많은 시민들이 직관적인 소프트웨어를 사용해 세금 신고를 완료하고 있다.

기술이 과거에는 인간에 의해 수행되던 업무를 점점 더 빨리 대체함에 따라 일의 수행에서(기계를 만들고 유지 보수하는 데 필요한 일들을 제외하고) 인간이 완전히 배제되게 될까? 일의 미래에 대한 많은 대화는 비용 절감, 업무 자동화, 인간의 완전 대체를 위한 로봇공학과 AI 기술의 잠재력에 대한 토론으로 빠르게 넘어가는 중이다. 이들 기술의 지속적인 비용 대비 성능의 기하급수적 개선과 이미 직업의 제거에 미치고 있는 영향력을 감안하면 사람들이 불안해하는 것은 이해할 만하다.

하지만 이런 좁은 관점은 미래의 일과 생산성에 관련된 더 큰 많은 기회를 놓치게 한다. 아마도 유용한 시작점일 수 있지만, 일을 일련의 과업, 그리고 조직화 역량(사람 및 기계)으로 분해하는 것이 꼭 필수적인 목표는 아니다. 생산성 향상을 위한 더 큰 기회는 비즈니스 문제 해결, 새로운 서비스 제공, 새로운 수준의 생산성과 직원 만족도 및 열정의 달성을 중심으로 일을 재발명하고 다시 상상하는 데 존재 가능하다. 인지 기술과 데이터의 지속적인 가용성 증가는 또한 목표하는 결과를 달성하기 위해 사람, 기계, 데이터의 폭넓고 고유한 역량을 활용해 근본적으로 비즈니스 프로세스를 리엔지니어링할 수 있는 기회를 제시한다. 우리는 일자리의 재설계를 위한 다양한 접근법이 등장할 것으로 예상한다. 자동화를 위한 과업의 파악에 초점을 맞춘 좁은 관점부터 비즈니스 프로세스의 근본적인 리엔지니어링, 문제해결과 인간의 기술을 중심으로 한 일의 재구상까지 다양한 접근법이 가능하다.

이런 관점에서 고용주는 호기심, 상상력, 창의성, 사회적 및 감정적 지성 같은 인간 고유의 역량을 활용하는 일을 창조하기 위한 기회를 탐색하는 데 보다 초점을 맞춰야 한다. 한 연구결과는 새로운 고소득 직업 중 30% 이상이 사회적 및 '근본적으로 인간적'인 속성을 가진 일이 되리라 시사한다. 노동력의 다양성 증가는 판에 박은 과업에서 보다 창조적인 업무로의 이동을 가속하며 점점 더 기술, 디자인, 프로젝트 관리 기술을 통합한 혼성 직업이 등장할 전망이다. 특정 기술이 다양한 부문에서 등장해 빠르게 진화할 가능성이 크고, 경쟁에 한 발 앞설 수 있도록 개인 및 고용주 모두를 위해 학습을 가속할 필요성이 증가할 것이다.

지금은 산업 및 소프트웨어 로봇을 업무에 통합하고 이들의 다양한 영향과 결과를 이해하는 초기 단계다. 지금까지 전체 현황은 불분명하다. 최근의 MIT 연구는 산업용 로봇의 고용과 임금에 대한 부정적 영향을 탐색했다. 예를 들어 메르세데스-벤츠의 독일 생산 공장은 최근 생산 라인에서 로봇의 수를 줄여 이를 인간 노동력으로 대체하는 계획을 발표했는데, 이는 맞춤화된 자동차 옵션에 대한 수요가 증가함에 따라 로봇을 재프로그래밍하고 교체하는 비용이 인간 근로자들을 교대시키는 것보다 비쌌기 때문이다.

:: 노동력의 변환: 대안적 노동 방식의 증가

기술은 개별 직업이 수행되는 방식 그 이상을 변환시키고 있는데, 기업이 노동력을 조달하는 방식을 바꾸고 있는 것이다. 많은 글로벌 기업들이 새로운 아이디어를 창출하고, 문제를 해결하며, 복잡한 시스템을 설계하기 위해 이미 적극적으로 크라우드소싱을 사용한다. 예를 들어 딜로이트의 센터 포 헬스 솔루션(Center for Health Solution) 및 센터 포 파이낸셜 서비스(Center for Financial Service)는 위키스트랫(Wikistrat)이 제공한 온라인 플랫폼에서 보험사 전문가들과 협업해 4일 만에 보험업에서의 블록체인 기술 사용 잠재력과 관련한 44건의 사용 사례를 도출했다. 온라인 플랫폼은 이러한 종류의 크라우드소싱의 성장을 가속화하는 데 중요한 역할을 한다.

앞으로 몇 년간 3가지 요소가 긱 경제의 급격한 성장을 추진할 가능성이 크다. 긱 경제는 자가 고용하는 개별 근로자들이 단기간의 과업 혹은 프로젝트 일자리에 응찰하는 고용 형태로 정의된다. 첫째, 기업이 점증하는 실적 압박에 직면함에 따라, 정규 고용의 형태를 취하는 고정 인건비를 비즈니스 수요의 갑작스런 증가가 있을 때만 발생하는 변동 인건비로 변환하려는 동기가 커질 것이다. 둘째, 구직자들은 자신들을 보다 다양한 프로젝트에 노출시켜주고 단일 고용주를 통한 경력보다 더 빨리 성장할 수 있게 도와주는 업무 경험을 점점 더 추구할 것이다(2013년 수행된 한 연구에서 1등급 혹은 2등급 학위를 가진 영국 대학생들의 87%가 프리랜싱이 "정말 매력적이고 수익성 좋은 경력 대안"이라고 말했다). 긱 경제의 성장을 이끄는 세 번째 요인은 신흥 경제권의 젊은 근로자, 선진국의 나이든 근로자, 전 세계의 비숙련 근로자 같이 무시되거나 고용되지 않고 있는 근로자들이 설사 정규직이 아닐지라도 어떤 생산적인 일을 찾고자 하는 욕구다.

긱 경제는 이미 미국에서 일의 중요한 요소가 되어가고 있다. 하버드 대학교와 프린스턴 대학교의 경제학자들이 공동으로 수행한 최근 연구에 따르면 2005년에서 2015년까지 순증가한 일자리의 94%가 '대안적 일자리'에 속하는데, 이는 독립적인 계약자나 프리랜서의 일로 정의된다. 2014년의 한 연구결과는 미국에는 5,300만 명이 프리랜서로 일하고 있으며(전체 노동력의 34%), 영국에서는 140만 명이 프리랜서라고 한다.

긱 경제는 장기간에 걸쳐 다른 무언가로 진화할 가능성이 상당히 크다. 운송 자동차 집단의 운전수나 기본적인 데이터 수집 업무 같은 오늘날 행해지는 많은 긱 업무들은 장기적으로 자동화될 가능성이 큰 반복적인 과업들이다. 인간의 역량에 기반한 긱 업무, 즉 호기심, 상상력, 창의성, 사회적 지능, 감정적 지능을 강조하는 업무가 시간이 지남에 따라 늘어날 가능성이 크다.

긱 경제가 보다 빠르게 진화하는 창의적인 일로 변해감에 따라 일이 이뤄지는 방식도 변화할 것으로 보이는데, 단기적 거래로부터 학습과 성과 개선을 가속하는 데 도움을 주는 장기적 관계로 바뀔 것이다. 이러한 더욱 창의적인 긱 업무는—이를 여전히 긱 업무로 볼 수 있다면—연장된 시간대에 걸쳐 서로 다른 프로젝트들에 관해 협업하는 소규모 팀 혹은 업무 집단들에 의해 점점 더 수행될 전망이다.

개인에 대한
시사점

새로운 일의 환경에서, 개인적 성공은 한 사람의 평생에 걸친 가속화하는 학습에 크게 의존하게 된다. 평생교육의 절대적 필요성이 자리잡아감에 따라, 개인들이 학습 강화에 도움이 되는 '작지만 다양한 업무집단'에 참여하는 사례를 많이 보게 된다. 근로자들이 성공을 위해 자신들의 잠재력을 향상시키려 스스로 행동을 취할 필요가 있겠지만, 그들이 노력한 결과는 일을 구성하는 다른 2가지 요소―기업 및 공공 기관―가 일의 속성의 변화에 맞춰 진화하려는 의지와 능력에 의해 크게 영향을 받을 것이다.

첫째, 개인은 평생교육에 참여해야 한다. 기술 및 시장의 빠른 변화가 모든 기존 기술의 유효 수명을 단축시킴에 따라, 근로자들은 특정한 기술과 자격증의 취득에서 평생학습을 위한 지속적이고 필수적인 기술을 추구하는 방향으로 변할 필요가 있다. 개인은 보다 빠른 발전에 도움을 줄 수 있는 타인을 찾을 필요가 있다. 소규모 업무집단, 조직, 그리고 보다 다양한 소셜 네트워크가 그들이다. 우리는 시간이 흐름에 따라 훨씬 풍부하고 보다 다양한 형태의 협력을 목격하게 될 가능성이 크다.

둘째, 스스로 경력 진로를 형성해야 한다. 과거에 경력은 조직 및 산업의 필요에 걸맞은 상대적으로 안정적이고 예측 가능한 역량의 집합으로 정의되었다. 여기에는 사전 결정된 기술의 점진적인 숙달이 포함되는데, 이는 조직 계층에서 봉급의 인상이 동반되는 승진을 위해 필수적이었다. 그러나 기술 및 전문지식의 반감기가 갈수록 짧아지고, 예상치 못했던 새로운 기술의 가치가 증가하고 있다. 이는 2가지 시사점을 가진다. 니즈가 지속적으로 변하는 동시에 고용주가 고용인에게 수년 혹은 수십 년에 걸친 잘 정의된 경력 경로를 제공하는 것이 어려워지고 있다. 또한 근로자는 자신들의 기술을 최신으로 유지하기 위해서, 학습의 가속에 필요한 일이 무엇이든지 갈수록 반드시 이를 해야만 하는데, 여기에는 다양한 업무 경험의 추구 혹은 동시에 복수의 '고용주'를 위해 일하는 것도 포함된다. 온정주의적인 고용주가 자신들의 경력 속성과 발전을 형성해주도록 의존하기보다, 근로자들은 개인화된 경력을 스스로 추진해야 한다. 그리고 일의 진화에 따라, 개인들은 '파도타기' 사고방식을 길러서 항상 새롭게 떠오르는 높은 가치의 기술을 주목하고, 이들 기술로부터 가장 많은 가치를 확보할 수 있도록 새로운 물결의 초기에 올라타야 한다. 너무 넓은 분야에 주의가 분산되는 것을 피하고 동기부여된 상태를 유지하기 위해, 근로자는 점점 늘어나는 기술과 관련된 기회를 자신들의 개인적인 열정이라는 필터를 통해 걸러야 한다.

셋째, 당신의 열정을 추구해야 한다. 일의 변환에 따른 성공의 장애물은 무엇일까? 아마도 가장 큰 장애물은 우리 자신일 것이다. 대부분의 사람들이 새로운 일의 형태로의 전환에 이미 동반되기 시작한 점증하는 실적 압박에 대해 이해할만한 부정적인 반응을 보이고 있다. 모든 격변적인 전환에 있어, 사람들은 공포 및 스트레스를 경험하고, 과거에 성공으로 이끌어줬던 무언가에 집착하려는 충동을 내보인다. 우리는 반드시 그러한 유혹에 저항하고 일과 고용의 속성 변환을 우리의 잠재력을 보다 발휘할 수 있는 기회로 사용해야 한다.

무엇이 우리를 도울 수 있을까? 일자리를 단지 급여를 위한 수단으로 보기보다 우리가 진정으로 열정을 가진 일을 추구하기 위한 길을 찾을 필요가 있다. 극도의 실적 개선이 지속적으로 이뤄지는 다양한 업무 환경—익스트림 스포츠부터 온라인 게임까지 모든 것들—에 대한 딜로이트의 연구에서, 우리는 참여자들이 가진 한 가지 공통된 요소를 파악했는데, 이는 매우 특정한 유형의 열정으로서 우리가 '탐험가의 열정'이라 부르는 그 무엇이다. 이런 유형의 열정은 3가지 요소를 가진다. 그 분야에서 영향력 증가를 위한 장기간의 헌신, 새로운 도전을 추구하는 탐구적 성향, 더 나은 해답을 빠르게 얻는 데 도움을 줄 수 있는 타인들을 찾는 연결적 성향이다. 이런 종류의 열정을 이용하면 사람들을 변화에 대한 두려움으로부터 뭔가 새로운 것을 배우고 더 큰 영향력을 가질 수 있는 기회에 관한 흥분으로 이끌 수 있다.

**조직에 대한
시사점**

고용주는 업무와 업무 환경을 재형성하고, 더 빨리 학습하고 실적 개선을 가속하도록 격려해 개인들의 이런 여정에 도움을 줄 수 있다.

첫째, 기술과 학습을 위한 일의 재설계가 필요하다. 기술 발전을 효과적으로 이용하기 위해 조직은 일 자체를 재설계할 필요가 있는데, 기계-인간 협업을 향상시킬 방법을 찾기 위한 프로세스의 최적화를 넘어서 양쪽 모두의 최고의 능력을 이끌어내고 분산화된 인재 시장에 대한 접근을 확장해야 한다. 기업은 단지 자동화에만 초점을 맞추지 말고, 근로자들이 보다 창의적이며 가치 부가적인 일로 이동함에 따라 디지털 기술이 근로자들의 성과를 강화 가능한 가장 유망한 영역을 파악하라는 조언을 받을 것이다. 예를 들어 어떻게 기술을 활용하면 그들의 업무에 관한 보다 풍부한 실시간 조망을 근로자들에게 제공해 '보이지 않는 것을 보이게' 만들 수 있을까? 기업이 어떻게 로봇을 이용해 인간에게 너무 위험한 환경에 근로자들이 접근 가능하게 할 수 있을까? 기계 혹은 인간이 홀로 하는 것보다 더 나은 결과를 달성하도록 AI 기반의 기술을 활용해 인간의 판단력과 맥락 관련 지식을 보강하는 방법에는 무엇이 있을까? 아마도 다음의 메시지가 다음 10년 동안 기업에게 가장 큰 도전과제일 것이다. '어떻게 하면 일의 재설계와 재발명을 계획해 기계와 인간의 능력을 결합하고, 의미 있는 일자리와 경력을 창출하며, 직원들이 빠르게 진화화는 환경을 헤쳐나가도록 학습을 지원하고 도울 수 있을까?'

조직은 단지 일의 재설계뿐만 아니라 이런 새로운 종류의 일을 지원하는 업무 환경 또한 재설계 할 필요가 있을 것이다. 업무 환경을 보다 즐겁고 유연하게 만들어 변화하는 근로자의 선호와 니즈에 부합하도록 재형성하는 데 많은 노력이 기울여져 왔다. 그러나 만약 학습 및 성과를 가속할 필요성을 최우선의 설계 목표로 채택한다면? 그러면 업무환경은 어떤 모습을 가지게 될까?

둘째, 네트워크를 통한 인재의 조달 및 통합이 필요하다. 점점 확장되는 가용한 인재 대안에 관한 조직의 이해도가 깊어짐에 따라, 특정한 업무에 대한 최고의 인적 자원에 접근할 수 있는 네트워크를 설계하고 진화시킬 필요가 있다. 자신의 조직에 직접 고용할 인재를 확보하는데 초점을 맞추는 것을 넘어, 조직은 좋은 사람들이 어디에 거주하건 간에 접근할 수 있는 역량을 개발할 필요가 있다. 이런 인재 시장이 빠르게 진화할 가능성이 크기 때문에, 이들 네트워크는 유연해야만 하고 변화하는 인재 시장에 빠르게 적응할 수 있어야 한다. 학습 및 성과 개선을 가속하기 위해, 조직은 어디서 진정으로 세계적 수준이 될 수 있는지, 그리고 어디서 최고의 글로벌 인재에 접근할 수 있는지 파악할 필요가 있다. 조직은 인재 원천의 연속체를 육성해야 한다. 재무제표상 고용인 및 부외 고용인, 프리랜서, 대중, 그리고 경쟁 업체 등으로 구성되는 이러한 연속체는 열린 인재 경제의 잠재력을 최대로 활용하고 인재가 지리적으로 어디에 거주하건 간에 그들을 활용한다.

셋째, 조직 구조, 리더십, 문화, 보상의 새로운 모델을 시행해야 한다. 조직 구조는 전통적인 계층구조에서 팀들의 네트워크로 진화 중인데, 이 네트워크는 개별 조직의 경계를 넘어서 확장된다. 계층 구조는 반복적인 과업에는 적합하지만, 예상치 못한 방식으로 서로 연결된 소규모의 다양한 업무집단들이 수행하는 보다 창조적인 일로 초점이 이동함에 따라, 보다 유연한 네트워크 구조가 점점 더 중요해질 전망이다. 인재 자원의 연속체가 확장되고 점점 더 다양화됨에 따라, 조직은 더 큰 비즈니스 생태계에서 더 풍부한 관계를 개발하고, 전문 지식에 대한 접근 및 성과 개선의 가속을 위한 협업 능력을 향상시키기 위해 확장 가능한 플랫폼에 보다 효과적으로 참여할 수 있는 방법을 찾아야 한다.

조직은 강력한 학습 문화를 구축하고 직원들이 기존의 안전지대에서 벗어나도록 동기 부여할 수 있는 새로운 리더십과 관리 접근법을 육성할 필요가 있다. 실제로 리더십 스타일은 협업을 위해, 고정적이고 잘 정의된 과업과 목표에 의해 형성된 안정된 업무 환경에 적합한 권위적인 유형에서 반드시 벗어나야만 한다. 일의 미래에서, 우리는 가장 영감을 자극하고 강한 영향을 주는 질문을 구성하고 팀들을 동기부여하며 관리할 수 있는 리더가 가장 강력한 리더가 될 것으로 예상한다.

이들 새로운 형태의 창조적인 일을 육성하기 위해, 조직은 참여자들에게 제공하는 보상을 재평가할 필요가 있을 것이다. 일상적인 과업이 일을 정의하는 세상에서는, 사람들은 동기를 유지하기 위해 현금 보상 같은 외적인 보상을 추구한다. 일의 속성이 빠르게 진화하는 보다 창조적인 업무로 변화함에 따라, 참여자들은 일의 목적과 영향력, 그리고 성장과 발전의 기회를 포함한 내적인 보상에 보다 초점을 맞출 것으로 보인다. 만약 직원들이 외적인 보상에만 초점을 좁게 맞춘다면, 조직은 직원들에게 의존하기가 점점 더 어려워짐을 깨달으리라.

공공정책에 대한
시사점

    정책 입안자는 새로운 형태의 일이 등장하는 것을 앞당기고—시민들의 평균 생활수준을 향상시키기 위해—전환 과정의 스트레스에 대비하는 데 관심을 가진다.

    첫째, 평생교육에 대한 재구상이 필요하다. 정책 입안자는 학생들의 창조적 역량을 이끌어낼 수 있는 교육에 대해 재고하고 모든 사람들이 전 생애에 걸쳐 자신들의 재능을 보다 빠르게 개발할 수 있도록 돕는 프레임워크를 수립해야 하는 중요하고 막대한 도전과제에 직면해 있다. 교육기관은 수십 년 전 혹은 심지어 수백 년 전에 설립되어 안정적인 경력을 위한 대중교육을 제공해왔다. 학습된 기술의 짧은 반감기와 빠르게 진화하는 기술적인 업무 환경은 지속적인 훈련과 교육을 지원하는 새로운 모델의 필요성을 제기한다. 어떻게 하면 직원들에게 셋, 넷 혹은 그 이상의 기술 재습득과 새로운 분야 및 경력으로의 이전을 지원하는 교육 모델과 자금 지원을 제공할 수 있을까?

    평생교육에 대한 이런 강조는 소외 계층 및 노동 시장에서 떠나길 원하지 않거나 적응할 수 없는 고령층을 위한 더욱 효과적인 집중 지원을 포함할 수 있다면 특히 강한 영향력을 가지게 된다. 급여 구조 및 장려금이 평생교육에 대한 이런 접근법을 지원할 수 있도록 설계 가능하다. 즉 서로 다른 많은 유형의 일을 포함하고 50년에 걸칠 수 있는 업무경력 전반을 관통하는 지속적인 교육과 훈련에 대한 접근을 용이하게 하는 것이다.

둘째, 전환 과정에서의 소득 및 의료에 대한 지원이 필요하다. 어떤 공공정책이 근로자가 자신들의 경력을 형성하고, 새로운 기술을 배우며, 글로벌 인재 네트워크에 참여할 때 직면할 수 있는 스트레스를 줄이는데 도움을 줄 수 있을까? 도전적이고 예상치 못한 전환에 직면한 사람들에게 어떻게 하면 공공 정책이 실업 기간을 단축하고, 필요한 재훈련을 지원하며, 건강보험 같은 기본적인 필수 서비스의 공급을 확보하는 데 도움이 될까? 디지털 기술 인프라와 개인들에 관한 향상되는 데이터 접근성이 사람들의 변하는 니즈에 부응하는 전환 프로그램의 맞춤화를 점점 더 가능하게 만들 것이다. 전 세계의 정부는 기본 소득의 보장을 다양한 방식으로 고려 및 검토하고 있고, 최근 제기된 일부 제안은 전환 지원 프로그램에 자금을 공급하기 위한 방편으로 로봇에 세금을 부과할 것을 주장한다.

셋째, 법률 및 규제 정책을 재평가해야 한다. 공공정책의 모든 차원이 보다 광범위한 계층의 노동 참여, 인재 개발, 혁신 역량을 가속하기 위해 어떤 역할을 할 수 있을까? 정부는 고용의 정의를 갱신해 프리랜서 업무와 긱 경제에 대응하고 이런 업무의 종사자들에게 국민 의료보험, 연금, 그리고 소액 지급 프로그램을 통한 기타 사회적 복지 혜택의 제공과 접근을 고려해야 한다. 회사 설립과 파산 관련 법률 또한 모험사업가들이 보다 쉽게 사업을 시작하고 끝낼 수 있도록 갱신되어야 한다. 일의 미래에는 높은 비율로 스타트업들과 소규모 기업들이 관계될 가능성이 크다. 정책 입안자는 소규모 사업을 더 쉽게 시작할 수 있도록 규제를 갱신하라는 압력에 처할 자신들의 모습을 발견할 가능성이 크다.

결론: 미래를 위한
프레임워크

일의 미래가 빠르게 펼쳐지고 있다. 오늘날 이들 구성원—개인, 기업, 공공기관—은 사납고 고통스런 전환과 앞에 놓인 가능성에 대비하고 있다. 이 프레임워크의 목적은 개인, 다양한 형태의 조직, 공공 정책 입안자에게 정보를 제공하고 동기를 부여해서, 선제적으로 일의 미래를 헤쳐나가고 협력하며 지금 당장 행동을 시작해 전환을 가능한 긍정적이고 생산적이며 매끄럽게 만드는 것이다.

- 개인은 여러 단계를 가진 장기적인 경력에 초점을 맞출 필요가 있는데, 각각의 단계는 지속적인 훈련과 기술 재습득이 수반된다.
- 기업은 반드시 일과 일자리를 재설계해 발전하는 기계의 역량을 활용하고, 사람들을 재훈련시키고 재배치해, 고부가가치를 가진 보다 생산적이고 몰입도 높은 일자리에서 스마트한 기계들과 다양한 유형의 근로자들—재무제표상 고용인 및 부외 고용인, 대중, 글로벌 인재—과 함께 일하도록 만들어야 한다.
- 공공기관은 선제적으로 교육 관련 도전과제에 대비해야 하는데, 이

들 도전과제에는 지속적인 교육을 위한 자금 지원, 전환 비용의 부담을 완화하기 위한 프로그램, 새로운 유형의 일자리와 근로자, 그리고 보다 모험사업가적인 경제를 지원하기 위한 규제 프레임워크의 갱신이 포함된다.

존 하겔(John Hagel)은 딜로이트 컨설팅 LLP의 매니징 디렉터이자, 딜로이트 LLP 센터 포 엣지(Center for Edge)의 공동 의장이다. 경영 컨설턴트, 작가, 연사, 모험사업가로서 35년 이상의 경력을 보유하고 있다.

제프 슈워츠(Jeff Schwartz)는 딜로이트 컨설팅 LLP의 프린시펄이자, 마케팅, 브랜드 분야 휴먼 캐피털 사업부의 글로벌 리더다. 인도 휴먼 캐피털 컨설팅 사업부의 시니어 어드바이저로도 활동하고 있다.

조쉬 버신(Josh Bersin)은 딜로이트 컨설팅 LLP의 프린시펄이자, 버신 바이 딜로이트(Bersin by Deloitte)의 설립자다. 딜로이트 휴먼 캐피털 트렌드 사업부 및 버신 바이 딜로이트를 위해 대외 전략, 분석, 연구 전략을 제공하고 있다.

2부

인공지능 시대의
일과 일자리

자동화와 인공지능,
그리고 인간의 필수적인 역할

비관주의자 혹은
낙관주의자?

　로봇의 부상에 대한 비관적인 예측이 현실화될까? 인간이 인공지능
(AI)과 로봇에 밀려 잉여화되어 일거리를 찾지 못하고 일자리의 부재
로 정의되는 미래에 직면하게 될까? 혹은 낙관주의자들이 맞다고 증
명될까? 과거의 전형적 사례가 다시 효력을 발휘해 기술이 없애는 일
자리보다 더 많은 일자리가 창출되어, 새로운 기술 및 지식과 작업 방
식을 필요로 하는 새로운 직업이 생겨날까?

　이러한 논쟁은 의심의 여지없이 당분간 지속될 것이다. 하지만 양

쪽 관점 모두가 일을 인간에 의해 주로 수행되는 전문화된 과업 및 행동의 집합으로 보는 전통적인 개념에 기반한다. AI의 역량이 보다 강화되어 이들 과업의 점점 더 많은 부분을 자동화함에 따라, 지금이야말로 제3의 길을 고려해야 할 때가 아닐까? AI가 일 자체의 재구성을 가능하게 만들지 않을까?

AI의 가장 효과적인 이용은 단순히 보다 많은 과업을 자동화하는 수단으로서가 아니라, 더 높은 수준의 목표를 달성하고 보다 많은 가치를 창출하기 위한 가능자로서의 역할일 수 있다. AI의 출현은 일의 재개념화를 가능하게 만들었는데―진정으로 요망되는―일을 사전 정의된 프로세스 내에서 처음부터 끝까지 나열된 일련의 단절된 과업들의 집합으로 보지 않고, 인간이 문제를 정의하고, 기계가 해결책의 발견을 도우며, 인간이 이들 해결책의 적합성을 검증하는 문제 해결을 위한 협업적 노력으로 보는 관점이다.

산업 자동화와
일의 재구성

산업시대 이전의 일은 제품을 중심으로 구성되었고, 숙련된 장인이 제품 제작 각각의 측면에 대해 책임을 졌다. 초기의 공장(당시엔 일반적으로 제조소로 불림)은 근본적으로 장인들의 집합체였는데, 재료 조달 및 제품 유통의 이점을 실현하기 위해 모두가 동일한 제품을 만들었다. 이와 대조적으로 현재의 일에 대한 접근법은 아담 스미스의 분업 개념에 근거한 과업의 형태를 취하고 있다. 실제로 산업혁명의 기반으로서 한 가지 아이디어만을 꼽으라고 한다면 이는 분업이 될 것이다. 예를 들어 시계를 만들 때 시계 전체를 만드는 것보다 코일 용수철만을 만드는 게 효과적이다.

특정한 과업에 대한 전문화는 근로자가 기술 및 기법을 탁월하게 연마해 생산성을 개선하는 것을 가치 있게 만들었다. 전문화는 또한 과업의 기계화를 위한 환경을 조성해, 근로자의 물리적 활동을 기계로 구현해 정확도를 개선하고 비용을 절감할 수 있었다. 기계화는 이후 자동화의 아버지가 되어, 인력을 수력으로, 다음은 증기력으로, 최종적으로는 전력으로 대체했고, 새로운 동력은 모두 생산 용량을 증가시켰다. 수직기(手織機)는 역직기(力織機)로 대체되었으며, 장인의 업무는 천을 짜는 것에서 기계 집단을 관리하는 것으로 변했다. 탄도 및 천문표 계산을 담당하던 인간 계산가 또한 유사하게 아날로그 컴퓨터 이후 디지털 컴퓨터와 컴퓨터의 하드웨어 및 소프트웨어를 개발하는 데 필요한 엔지니어의 팀으로 대체되었다. 워드 프로세서는 문서 작성의 책임을 타이피스트 집단에서 저자로 이전시켜 IT 부서의 성장을 가져왔다. 보다 최근에는 의료 화상의 해석을 책임지는 의사가 AI와 이를 지원하는 기술 전문가의 팀으로 교체되고 있다.

이러한 인상적인 산업 자동화의 역사는 단지 기술의 발전에서만 기인한 것이 아니라 전문화된 과업들의 집합으로 일을 구상화해서 이뤄졌다. 전문화 없이는 해결할 문제가 프로세스로 규격화되지 못했을 것이고, 프로세스는 잘 정의된 과업으로 쪼개지지 못했을 것이며, 과업은 기계화 및 자동화가 이뤄지지 못했을 것이다. 일이 과업으로 세분화되었기 때문에(개념적 및 문화적으로), 일자리는 크게 과업들의 구획화된 집합으로 비춰지게 되었다. 일자리 지원자는 그들의 지식 및 기술, 업무 기술서에서 설명된 과업을 수행할 수 있는 능력에 기반해 선택된다. 이런 개념의 현대적인 표명은 과업 기반의 크라우드소싱 사이트—예를 들자면 태스크래빗(TaskRabbit), 캐글(Kaggle) 같은 사이트—의 등장이다. 이들은 과업 수행의 상품화와 개별 작업화를 가능하게 해준다.

자동화는 일자리를 없애는가, 만드는가?

인공지능은 과거에는 오직 인간만이 할 수 있다고 생각되었던 고도로 복잡하고 전문화된 과업을 따라 할 수 있는 잠재력을 보여주고 있다(반면 겉보기에 보다 쉬워 보이는 일반적인 과업들, 예를 들어 걷기, 상식적 추론 등은 놀라울 정도로 어려운 일임이 밝혀지고 있다). 놀랄 일이 아니지만 일부 전문가들은 자동화의 시대가 이의 논리적인 결론으로 치닫고 있음을 우려하고 있다. 사실상 모든 일이 계속 확장되는 기계의 영역에 자리하게 되는 것이다.

이들 비관론자는 RPA(로보틱 프로세스 자동화)와 자율주행차 같은

AI 솔루션이 일자리를 없애버려, 인간이 경제에서 AI가 차지하지 못하는 얼마 없는 간극을 메우는 존재로 격하될 것이라 생각한다. 기술을 구축하고, 유지 보수하며, 향상시키기 위해 단기적으로는 더 많은 일자리가 창출될 수도 있다. 하지만 모든 사람들이 이에 필요한 지식, 기술, 경험을 갖추는 것은 불가능하다. 예를 들어 로봇에 의해 대체된 트럭·버스·택시 운전사 중 대부분이 그들을 대체한 알고리즘을 개발 및 유지 보수하는 데 필요한 소프트웨어 개발기술을 배우는 것은 현실적으로 가능하지 않을 것이다.

이에 더해 일반적인 졸업생들이 경력의 첫 단계로서 보통 수행하는 관리직 및 프로세스 중심의 과업 같은 많은(전부는 아니라 해도) 하급 일자리가 자동화되는 가까운 미래를 사람들이 고려해야만 한다고 이들 비관주의자는 계속해서 말한다. 만약 경력 사다리의 하부 단이 없어진다면, 사람들은 전문직에 종사하기 위해 분투하게 될 것이며, 늘어나는 새로운 일자리를 놓고 경쟁하기 위해서 줄어드는 인간 노동력 집단을 떠나게 될 것이다. 최근 AI의 발전은 우리들 중 대다수의 능력을 AI가 따라잡기까지 얼마나 남았을지 많은 이들이 궁금해하도록 만들었다. 기업과 관계된 사람이 오직 회사의 소유주뿐인 미래에서 우리는 얼마나 떨어져 있을까?

물론 다른 관점도 존재한다. 역사는 자동화가 일자리를 없애지 않았고, 일반적으로 새로운 일자리의 순수 증가를 일으킬 수 있으며, 그리고 신기술을 만들거나 그 기술을 다른 이들에게 훈련시키는 사람들을 대상으로 하는 일자리만을 만들지 않았음을 가르쳐준다. 이는 생산성과 효율성의 증가, 그리고 이로 인한 가격 하락이, 역사적으로 상품과 서비스에 대한 더 많은 수요증가로 이어졌기 때문이다. 예를 들어 19세기가 전개됨에 따라 신기술(예: 방직기)은 보다 많은 제품의 생산(예: 옷)을 더 적은 노력으로 가능하게 만들었다. 그 결과 가격이 급격히 하락했고, 이는 소비자들의 수요 증가로 이어졌다. 소비자 수요의 증가는 혁신적인 기술 개선을 통해 단지 추가적인 생산성의 개선만을 추진한 것이 아니라, 또한 적절한 기술을 갖춘 근로자들에 대한 수요도 크게 증가시켰다. 낙관적인 관점은 AI도 이전의 다른 자동화 기술과 거의 같은 효과를 낼 것이란 견해를 고수한다. 점점 더 복잡한 과업의 자동화를 통해 AI는 비용을 절감하고, 가격을 낮추며, 보다 많은 수요를 창출하고, 그리고 그 과정에서 더 많은 일자리를 창출할 잠재력을 가지고 있다.

생산성 문제와
패러다임의 종말

이런 논쟁에서 자주 간과되는 점은 자동화는 전통적으로 인간에 의해 수행되던 과업의 기계화에 관한 것이라는 양쪽 모두가 채택한 가정 그 자체다. 그리고 실제로 산업혁명시대 동안 도입된 기술이 점진적으로(비록 전부는 아니지만) 특정 과업에서 인간 근로자들을 대체한 것은 사실이다. 생산성 측면에서 측정한 결과, 산업혁명 말기에는 기술 발전으로 방직기의 일일 옷감 생산량이 50배 정도 증가했다. 하지만 현대적인 방직기가 아무리 효율적이라 해도 근본적으로는 사람이 하는 방식과 동일하게 일을 수행한다. 이는 오늘날에도 지속되는 패턴이다. 예를 들어 보다 정교한 기술이 재무 기능에 계속해서 도입되었지만(스프레드시트, 워드 프로세서, 비즈니스 인텔리전스 도구들이 일반적 사례다), 최신의 RPA 봇조차도 전통적인 방식으로 과업을 수행한다. 사람이 키보드를 가지고 하는 것처럼 양식 문서를 작성하고 이메일을 보내고 하는 것이다. 한편 '예외 사항'은 여전히 인간 직원이 처리한다.

우리는 일을 과업들이 연속된 절차로, 자동화를 그러한 과업들의 점진적인 기계화로, 직업을 과업에 부합하는 기술이 필요한 역할로 보는 관점에 너무나 익숙하기 때문에 이들을 다른 관점에서 보기가 쉽지 않다. 그러나 일을 이렇게 정의하는 개념의 유효 수명이 거의 한계에 다다랐다는 징조가 나타나고 있다. 그 중 한 가지 중요한 조짐은 기술이 지속적으로 발전함에도 불구하고 산업혁명시대 이후 특징화된 생산성 향상을 더이상 달성하지 못함을 보여주는 문서화된 사실이다. 사실 단기 생산성 향상은 2.82%(1920~1970년)에서 1.62%(1970~2014년)로 떨어졌다. 이를 설명하기 위해 많은 설명이 제시되었는데, 여기에는 측정 문제, 기술 변화의 빠른 추세를 따라가지 못하는 사람들의 무능력, 그리고 오늘날 자동화되는 과업이 근본적으로 '낮은 생산성'을 가진 업무라는 아이디어 등이 포함된다. 『미국의 성장은 끝났는가(The Rise and Fall of American Growth)』에서 저자 로버트 고든(Robert Gordon)은 오늘날의 저성장 환경은 1850년과 1980년 사이에 발명된 기술과 보다 최근에 발명된 기술 간의 중요한 차이에 기인한다고 주장한다. 고든은 산업혁명 이전의 평균 성장률은 1.79%(1870~1902년)에 불과했음에 주목하며, 오늘날 벌어지고 있는 일은 이러한 평균으로의 회귀임을 시사한다.

이들 설명 중 어떤 것도 만족스럽지 않다. 측정에 대한 의문은 거의 쓸모 없을 정도로 논쟁이 이뤄져왔고, 오늘날 과거보다 더 빨리 기술이 발전하고 있다는 증거 또한 거의 없다. 다시 말해 자동화 봇으로 이뤄진 팀을 관리하는 금융전문가가 왜 여러 대의 방직기를 관리하는 방직공이 달성했던 생산성 향상을 실현하지 못하는가에 대한 뚜렷한 이유를 찾을 수가 없다. 로버트 고든의 기술 발전에 대한 아이디어가 매력적이긴 하지만 에누리해서 받아들여야만 한다. 인간 독창성의 과소평가는 언제나 위험하다.

하지만 지금까지 고려되지 않은 한 가지 설명은 산업화 패러다임 그 자체―일자리가 잘 정의된 과업들로 구성된다는―가 수명을 다하고 있다는 것이다. 우리는 일자리가 사회적인 구성물임을 잊고 있다. 일자리가 무엇인가에 관한 우리의 현재 관점은 산업혁명 초기의 자본과 노동에 대한 토론의 결과물로 생성된 것이다. 하지만 만약 우리가 일이 완전히 달라진 미래, 오늘날의 우리가 가진 것의 진화가 아닌 완전히 새로운 미래로 향하고 있다면, 우리는 앞으로 어떻게 해야 할까?

인간에게도 기계에게도
적합하지 않다

사전 정의된 일련의 과업을 중심으로 일을 구성하는 것은 인간에게도 기계에게도 적합하지 않다. 한편으론 단조로운 업무, 비합리적인 일정, 불안정한 일자리를 불평하는 근로자들이 있다. 비용 절감 압력과 인간은 단지 과업을 수행하는 한 가지 수단이라는 믿음으로 인해 많은 기업들이 그 어느 때보다 업무를 잘게 쪼개서 비정규직의 사용을 늘리고, 보다 짧은(그래서 보다 유연한) 시간 단위를 이용해서 인력의 일정 계획을 설정하고 있다. 이에 대한 반작용은 일자리를 다시 나눠서 보다 인간적으로 만들고, 인간의 장점을 최대로 활용하는(그 결과 사람들을 보다 생산적으로 만드는) 새로운 일자리를 설계하려는 욕구의 증가로 나타난다. 한편으로 자동화 기술이 인간 노동력과 유사한 방식으로 배치되고 있는데, 이는 기술 활용의 최적화로 이어지지 않을 수 있다.

낮아진 생산성 향상 폭의 수수께끼는 어쩌면 저활용되는 인력 및 기술로 인한 것일 수 있다. 인간을 과업 수행자로 취급하고, 비용을 절감해야 할 것으로 보는 관점은 일반적인 통념이었다. 그러나 제이넵 톤(Jaynep Ton)이 발견한(그리고 그녀의 저서인 『좋은 일자리 전략(The Good Jobs Strategy)』에서 기술한) 사실은 다양한 산업에 걸쳐 다수의 기업—사우스웨스트 항공, 토요타, 자포스(Zappos), 웨그만스(Wegmans), 코스트코(Costco), 퀵트립(QuickTrip), 트레이더 조(Trader

Joe's) 같은 유명 기업을 포함한─이 자사 직원들의 내재적인 속성을 활용해 이들이 사회적인 동물 및 창조적인 문제 해결사가 되도록 일자리를 공들여 가공함으로써 평균 이상의 서비스 제공, 이익 창출, 성장을 이룰 수 있었다는 점이다.

유사하게, 많은 AI 기술의 잠재력을 실현하지 못하는 우리의 무능력은 기술 자체의 한계로 인한 것이 아니라 AI를 독립적인 기계화된 과업 수행자로 취급하는 우리의 고집때문일 수 있다. AI를 과업의 자동화에 사용할 수 있는 것은 분명하다. 하지만 AI 잠재력의 완전한 실현은 보다 중요한 목적에 이를 사용하는 데 달려 있을 수 있다.

신기술이 수년 간, 가끔은 수십 년 동안 보다 효과적인 사용법이 실현되기 전까지는 최적화되지 못한 방식으로 사용된 역사적 사례가 있다. 예를 들어 초기에 공장에서 증기 대신 전기를 사용한 방식은 단지 깨끗하고 조용한 업무환경이란 결과만을 낳았다. 30년 후 엔지니어들이 전기력이(전선을 통해) 기계력보다(기계축, 벨트, 도르래 등을 통해) 분배하기 쉽다는 점을 깨달은 후에야 전기를 통한 생산성 증가가 이뤄졌다. 증기 시대의 유물인 단일의 중앙 집중화된 엔진(그리고 기계적인 동력 분배)은 각각의 기계에 직접 부착되는 소형 엔진들(그리고 전기 배선)로 대체되었다. 이로 인해 공장 현장의 동력 배분이 아닌 업무 흐름을 중심으로 한 최적화가 가능해졌고, 급격한 생산성 향상이 실현되었다.

인간과 기계 사이의
새로운 경계

이제 새로운 의문이 제기된다. AI 잠재력의 완전한 실현이 인간에 맞춰 설계된 과업들의 자동화를 통해 가능하지 않다면, 가장 적합한 사용법은 무엇인가? 여기서 딜로이트가 제안하는 최선의 권고는 인간과 기계 지능을 상호 대체재가 아닌 보완재로 볼 때 최선의 결과를 낳는다는 점―인간과 AI가 협업할 때 각자 홀로 일할 때보다 더 나은 결과를 이룰 수 있음―을 시사하는 증거에 기반한다.

이에 대한 고전적 사례가 자유형 체스다. 1997년 IBM의 딥블루(Deep Blue)가 체스 그랜드마스터 개리 카스파로프(Garry Kasparov)를 꺾었을 때 '인간 두뇌의 최후의 보루'가 무너졌다고 선언되었다. 8년 후 그 이야기는 '기계가 인간을 완파한 것'보다 훨씬 흥미로운 것임이 분명해졌다. '자유형 체스'라고 불리는 대회가 개최되어 인간과 컴퓨터 체스 선수의 어떤 조합으로도 경쟁에 참여하는 것이 허용되었다. 그 대회는 나중에 카스파로프가 다음과 같이 회고한 '예상치 못한 승리'로 끝이 났다.

대회는 놀라운 결과로 끝이 났다. 우승자는 최신의 PC를 갖춘 그랜드마스터가 아니라 3대의 컴퓨터를 동시에 이용한 2명의 아마추어 미국인들이었다. 컴퓨터를 조작하고 '지도'해서 판세를 매우 깊게 들여다볼 수 있게 한 그들의 능력은 상대방 그랜드마스터의 체스에 대한 우월한 이해력과 다른 참가자들의 강력한 컴퓨터의 연산 능력에 효과적으로 맞섰다. '약한 인간+기계+우월한 프로세스'의 조합은 독자적인 강력한 컴퓨터보다 뛰어났을 뿐만 아니라, 보다 놀랍게도 '강한 인간+기계+열등한 프로세스'의 조합보다 뛰어났다…인간의 전략적 지도와 컴퓨터의 전술적 예리함의 조합은 압도적이었다.

여기서의 교훈은 인간과 기계 지능이 상반적이라기보다 상보적인 방식으로 서로 다르다는 점이다. 그들은 똑같은 문제를 풀고자 한다 해도, 이 문제를 서로 다른 방향에서 접근한다. 기계는 고도로 복잡한 과업을 쉽게 찾아내지만, 어떤 사람이라도 할 수 있는 것처럼 보이는 단순한 과업에 어려움을 겪는다. 둘이 동일한 지식을 이용한다 해도, 어떻게 이를 이용하는가는 서로 다르다. 인간과 기계를 짝지어 잠재력을 최대한 실현하려면, 그들의 개별적인 역량보다 양쪽이 어떻게 상호작용하는지에 초점을 맞출 필요가 있다.

과업 vs.
지식

과업에 초점을 맞추는 것보다, 우리는 인간과 기계에 공통된 원재료인 지식에 초점을 맞춰 일을 개념화해야 할까? 이 질문에 답을 하려면, 우리는 먼저 지식이 대개 사회적 구성물로서 인간과 기계가 서로 다른 방식으로 취급하는 것임을 인식해야만 한다. '고양이'라고 이름 붙여진 생물들의 집단을 생각해보자. 인간과 로봇 모두가 '고양이'를 인식하는 법을 같은 방식으로 배운다. 즉 고양이란 푯말이 붙은 예시들(이미지들)의 집합을 학습함으로써 배우는 것이다. 비록 고양이가 세상에 존재하는 사물임이 분명하지만, '고양이'에 대한 개념—지식, 범주에 대한 파악, 경계, 성격 등을 묘사하는 꼬리표—은 공동체 내 대화의 결과다.

우리가 상식으로 치부하는 것 중 많은 경우가 사회적으로 정의된 결과다. 예를 들어 공손한 행동은 단지 어떤 사람의 문화 내에서 일반적인 관행일 뿐이며, 다른 사람들 및 문화권에서는 무엇이 올바른 행동인지(그리고 무엇이 용납 불가한지)에 대해 상당히 다른 관점이 있을 수 있다. 우리가 고객을 세분화하는 방식—미터법 및 기타 표준들 및 측정법들—과 우리가 문제를 비즈니스 프로세스로 분해하고 그에 속한 과업을 나누는 방식, 비즈니스 실적을 측정하는 방식, 교통 규칙을 정의하고 차를 운전하는 방식, 일반적인 규제와 규범, 에스키모의 눈을 가리키는 말이 수백 가지는 아니라 해도 수십 가지가 있다는 속설 등이 지식은 사회적으로 형성된 결과물임을 알려준다. 심지어 걷기—그리고 로봇이 걷도록 만드는 행위—조차 사회적인 구성물이다. '걷기'를 현상으로서 파악하고, 이름을 붙이고, 엔지니어들이 걷는 로봇을 만들도록 동기부여하는 현상은 사회 공동체의 행위다. 또한 걷기는 관찰과 격려를 통해 사람들과 로봇들이 배우는 그 어떤 것이다. 세계를 표상하고 현실을 나눠서 분류하는 많은 가능한 방법이 있는데, 이를 통해 사물의 속성과 서로 간의 관계를 이해하고, 우리를 둘러싼 세계와 상호작용한다. 그리고 우리가 세상을 표상하는 데 사용하는 방법은 단지 우리가 그렇게 하기로 동의한 방법일 뿐이다. 다른 단어들이나 의미들을 제쳐 놓고 어떤 한 단어나 의미를 골라 쓰는 것은 존재론적인 필요성만큼이나 사회적인 관습의 영향을 받은 결과다.

사회적으로 형성된 지식은 문화화된 지식으로서 기술될 수 있는데, 무엇이 고양이고(그리고 무엇이 아닌지) 결정하는 것은 우리의 문화이기 때문이다. 무엇은 좋은 일이고 그렇지 않은 것인지를 결정하는 것이 문화인 것처럼 말이다(심지어 지식이 사람들 내부에서라기보다 사람들 간의 상호작용에 의해 생성된다고 말해도 무방하다). 문화화된 지식은 정규적인 논리학, 수학, 자연과학에까지 확장된다. 조사를 위해 현상을 파악하고 정의하는 것은 사회적인 프로세스로, 연구자들이 실질적인 일이 시작될 수 있기 전에 반드시 수행해야 하는 그 무언가다. 유사하게, 수학과 논리학에서 이용되는 규칙·구조·규범은 오랜 시간에 걸쳐 합의된 관행이다. 물고기는 우리 모두가 그것을 물고기라고 부르는 한 물고기다. 우리의 '물고기'에 대한 개념은 공동체와의 대화를 통해 형성된다.

결과적으로 물고기에 대한 개념은 시간에 따라 변화해왔다. 과거에 '물고기'에는 오징어(그리고 전부는 아니지만 일부 다른 두족류 동물들)도 포함되었지만, 현재는 그렇지 않다. 우리가 사고하고 이론화하며 결정하고 명령하기 위해 사용하는 개념들은 사회적으로 정의된 것인데, 공동체 및 집단에 의해 정의되고 이들과 함께 진화한다.

지식과 이해,
그리고 AI

지식에 관한 이런 논의가 AI와 어떻게 관계가 있는가? 고양이를 담고 있는 이미지를 인식하는 문제를 다시 한번 살펴보자. 인간 혹은 기계가 고양이를 인식하기 전에, 우리는 무엇이 '고양이'인지에 대한 합의가 필요하다. 그런 후에야 학습을 위해 필요한 꼬리표가 붙은 이미지들의 집합을 수집할 수 있다. 인간과 기계지능 간의 차이는 인간 공동체는 공동체 내의 지속적인 대화의 결과로, 새로운 지식을 계속해서 만들고(고양이의 종에 대한 분류 사례) 과거의 지식을 파기한다는 점이다. 틀을 깨는 새로운 현상이 파악될 때, 새로운 기능 및 관계가 분리되어 토론이 이뤄지고, 과거의 지식이 재검토되며, 개념이 뒤섞이고, 기존 지식의 잊힘이 일어나며, 우리의 지식은 진화한다.

1798년 유럽인들의 오리너구리 발견이 그러한 경우다. 존 헌터(John Hunter) 선장이 오리너구리의 모피를 영국에 보냈을 때, 많은 과학자들의 초기 직감은 그것이 가짜라는 거였다. 한 전문가는 그것이 아시아의 박제사에 의해 만들어진 것일 수 있다는 견해를 제시하기도 했다(그리고 바느질 자국을 찾으려 시간을 투자했다). 유럽 사회는 이 새로운 사물을 어떻게 기술하고 분류해야 할지 알지 못했다. 논쟁이 뒤따랐고, 새로운 증거를 탐색했으며, 특성이 파악되어, 공동체는 결과적으로 오리너구리가 가짜가 아니라고 결론을 내렸다. 그리고 동물의 분류에 대한 우리의 이해는 이에 대응해 진화했다.

인간은 세상의 모든 멋진 너절하고 형편없이 정의된 속성을 경험하는데, 개념은 잘못 정의되어 있고 진화하며 관계는 유동적이다. 인간은 이런 혼란하고 시끄러운 세상에서 활동할 수 있는 상당한 역량을 갖추고 있다. 행간의 의미를 읽고, 약한 신호를 활용하며, 통상적이지 않은 것과 이름 없는 것을 관찰하고, 자신의 호기심, 이해력, 직감을 이용해 상충되는 우선순위들의 균형을 잡고 누군가가 실제로 의미한 뜻이 무엇인지 또는 해야 할 가장 중요한 일이 무엇인지를 결정한다. 실제로 제이넵 톤이 『좋은 일자리 전략』에서 기술했듯이, 회사의 공식적인 지표·정책·규칙뿐만 아니라 직원들에게 자신의 판단력을 활용하고, 자신만의 경험과 관찰 결과를 활용하며, 그들이 이해하려(그리고 해결하려) 노력하는 문제의 맥락을 고려하도록 권한을 부여하면, 그들이 더 현명하게 의사결정하고 결과적으로 더 높은 실적을 거두게 할 수 있다.

불행히도 AI는 말로 표현되지 않은 내포된 의미 및 간접적 영향, 맥락과 뉘앙스, 사람이 하는 방식의 의사결정이나 행동을 고려하지 못한다. 아이디어나 문제에 관한 맥락을 참조하는 능력—보다 적합한 해결책을 고안하거나 새로운 지식을 발견해 창조(그리고 학습)하는 능력—은 인간 고유의 것이다. 기술은 이러한 환경에서 작동할 수 없다. 기술은 조건이 구체화되어야 하며 목표가 분명히 제시되어야만 한다. 잘 정의되고 완전히 맥락의 전후 사정이 개념화된 환경에서만 기술은 안정적으로 작동 가능하다.

기술이 활용될 수 있으려면, 사전에 문제를 파악하고 규격화시켜야 하고, 입력 정보와 출력 정보를 명확히 정의해야만 한다. 예를 들어 AI가 고양이를 인식할 수 있으려면 고양이가 무엇인지를 사전에 정의해야만 한다(예를 들거나 규격화된 기술을 통해서). 그리고 AI가 이를 가지고 작업할 수 있는 잠재적인 고양이들을 제시하는 방법을 찾아야 한다. 유사하게, 최근의 자율주행차붐은 아주 우월한 알고리즘의 발전보다는 개선된 센서 및 고도로 정확한 지도의 발전에 크게 빚지고 있는데, 이들이 AI의 작동에 필요한 계기판을 제공해주기 때문이다.

지식을 구축하는 사회적 프로세스를 통해 사람들은 협업을 수행해 문제를 파악하고, 문제의 경계 및 종속성을 정의하며, 알려지지 않은 것을 발견하고 제거해서, 지식과 기술을 적용하기에 충분할 정도로 문제가 정의되는 지점에 도달할 때까지 작업한다.

인간과 기계 사이를
잇는 다리

인간과 기계 사이에 경계선을 긋는다면, 이는 지식의 창조와 사용 간의 구분이 될 것이다. 한쪽은 모르는 것들의 세계(알려진 것과 알려지지 않은 것 모두의), 완전하게 명확히 표현할 수 없는 모호한 개념들의 세계로, 이는 인간의 땅이며 우리가 세상의 의미를 파악하기 위해 협업하는 곳이다. 다른 한쪽은 조건과 정의가 확립된 곳으로, 문제가 알려져 있고 모든 변수가 계량화되며 자동화가 가능하다. 두 세계를 잇는 다리는 지식을 창조하는 사회적 프로세스다.

'행복한 은퇴'가 무엇인지에 대한 질문을 생각해보자. 우리 모두가 원하지만, 그게 뭔지는 일반적으로 명확히 표현할 수 없다. 이는 순환적인 정의를 가진 모호하고 주관적인 개념이다. 행복한 은퇴는 그 상황에서 당신이 행복한 은퇴다. 우리가 AI 기반의 로보어드바이저를 투자 포트폴리오 작성에 사용할 수 있으려면, '행복한 은퇴'에 대한 우리의 개념을 확립할 필요가 있다. 먼저 개념의 기초를 다진다(내가 생각하기에 '무엇이 나를 행복하게 만들까'가 아닌 '실제로 나를 행복하게 만드는 것이 무엇일까'를 파악). 다음으로 합리적인 기대치를 수립하고('내가 펀드로부터 무엇을 기대할 수 있는가'를 파악), 태도와 행동을 설정한다('투자할 현금을 확보하기 위해 얼마만큼 내 습관을 바꿀 수 있는가' '어떻게, 어디에 돈을 쓸 것인가'를 파악). 로보어드바이저가 근거해 활동할 수 있는 계량화 가능한 데이터(투자 목표, 소득 흐름, 리스크 선호도)에 도달하기 전에 이런 작업을 해야 한다. 상층부의 계량화 가능한 투자 목표와 소득흐름은 사회적 세계로서, 우리의 행복한 은퇴가 어떤 것이 될 수 있는지 발견하고, 문제를 정의하며 지식을 창조하기 위해 다른 사람들과 협업할 필요가 있는 곳이다. 하층부는 뛰어난 정확성과 방대한 데이터 처리 용량을 가지고 자동화가 궁극적인 투자 전략을 만들어낼 수 있는 영역이다. 이상적으로는 이들 두 계층 간에 상호작용이 존재해—자유형 체스에서처럼—자동화는 인간이 다양한 가정을 실험하고 그들이 문제를 어떻게 정의하느냐에 따라 해결책의 영역이 어떻게 변하는지 탐색하도록 해준다.

산업시대 이전, 수공시대의 일의 기반은 제품이었다. 산업시대에는 과업, 전문화된 지식, 그리고 생산 공정에서 단계 수행에 필요한 기술이 일의 기반이었다. 논리적으로 볼 때 산업후시대의 일의 기반은 문제—달성해야 하는 목표—가 될 것인데, 프로세스에 의해 제공되는 해결책에서 한 단계 나아간 것이다.

만일 우리가 문제를 중심으로 일을 조직하고 성공적으로 인간과 AI를 동일한 조직에 통합시킨다면, 우리의 주요 관심사가 되는 것은 해결책을 제공하기 위한 프로세스의 일부로서의 과업이 아닌 바로 문제 정의의 관리가 될 터이다. 인간은 문제를 정의하는 책임을 져야 하는데 고려할 데이터, 시각적 아름다움, 행동할 선택 사항 등을 다뤄야 한다. 문제 정의를 위해 사람들은 주변의 사람들과 협력하고, 이를 수행하는 그들이 보유한 기술은 해결책이 얼마나 추가적인 가치를 창출할지를 결정할 것이다. 그리고 자동화(AI 포함)는 인간의 능력을 일련의 디지털 행위자를 통해 증강시킴으로써(행위가 특정한 상황 혹은 자극에 대응해 작용하는 방식인 영역에서) 그들을 지원할 것이다. 디지털 행위자는 특정한 인간의 행위를 흉내내지만, 보다 많은 데이터를 활용하고 정확한 답변을 할 수 있는 능력을 갖췄다. 그리고 그 과정에서 인간이 빠지기 쉬운 다양한 인지적 편향의 희생자가 되지 않는다. 마지막으로 인간은 제공된 해법의 적절성과 완전성을 평가한 후 그에 따라 행동하게 된다.

실제로 만약 산업시대의 자동화가 이전에는 고립된 인간에 맞춰 정의된 과업의 복제물이었다면, 산업후시대의 자동화는 이전에는 인간 고유의 것이었던 행위를 고립시켜 잘 정의한 복제물이다.

인간과
AI의 통합

노년층 돌보기의 난관에 대해 생각해보자. 영국에서 최근 추진되는 계획은 전문화된 헬스케어 전문가들이 현재 일하고 있는 분리된 영역들 간의 장벽을 허물려 시도중이다. 매주 한 명의 환자에 관계된 전문가들—헬스케어 보조자, 물리치료사, 작업치료사 등—이 모여 환자에 대해 논의한다.

각 전문가는 자신의 견해와 각자의 전문 영역에 관한 지식을 회의에서 제시하지만, 어떻게 하는 게 환자를 돕는 데 최선인지에 대한 큰 그림을 집단으로서 구성하는데, 각자의 다양한 전문가적 관찰 결과를 통합할 뿐만 아니라 환자와 상호작용할 때 자신들이 내렸던 보다 암묵적인 관찰 결과 또한 토의함으로써 이를 수행한다. 초점을 수행해야 할 과업에서 정의되어야 할 문제—어떻게 환자의 삶의 질을 개선할 것인가—로 이동시킴으로써 프로젝트의 1단계는 처음 9개월 동안 환자의 상태를 크게 호전시키는 성과를 거뒀다.

AI(그리고 기타 디지털) 도구를 이 환경에 통합해 인간을 증강시키면 시기 적절한 더 나은 의사결정을 제공하고 인지적인 편향을 회피해,

더 높은 품질의 진료를 제공하는 결과를 낳아 환자에게 더 큰 혜택을 주게 된다. 이를 수행하기 위해 팀의 토론 내역을 저장할 수 있는 공통의 디지털 작업공간을 만들 수 있다. 흰색 칠판(또는 검은색 칠판)은 이에 대한 적절한 비유인데, 팀이 칠판 앞에 서서 중요한 사항들을 칠판에 적거나 이미지, 차트, 기타 데이터를 공유하면서 환자에 대해 토의하는 모습을 상상해보기 쉽기 때문이다. AI(그리고 비 AI) 디지털 행위자들의 집합 또한 이 환경에 직접 통합 가능하다. 인간 팀이 칠판 앞에 서 있는 동안 디지털 행위자들은 칠판 뒤에서 팀의 토의 내용을 듣고, 필기 내용과 데이터가 포착되는 것을 관찰하며, 적절하게 반응하고, 직접적인 요청에도 대응한다.

테스트와 의료용 모니터에서 얻은 데이터는 디지털 칠판에 직접적인 입력이 가능한데, 예측적 행위자는 데이터 흐름에 지속적으로 주의를 기울여 뭔가 불행한 일이 발생하지 않을지 여부를 판단한다(이는 전력 소비의 특징적인 출렁임을 관찰함으로써 전기적인 고장을 예측할 수 있는 것과 비슷하다. 또는 학생들의 의사소통, 출석, 과제 제출의 패턴을 관찰함으로써 학습에 고전하는 학생들을 조기경보하는 데 AI를 이용할 수 있는 것과 같은 방식이다). 가능성 있는 문제들을 표시해 사건이 발생하기 전에 팀이 개입해 이를 방지하게 해준다. 음성의 문자변환 행위자는 지속되는 토의 내용을 문자 기록으로 만들어 토의된 내용을 쉽게 검색하고 참조 가능하게 만든다. 의료용 화상—아마도 MRI—촬영이 잠재적인 문제를 추가적으로 탐색하기 위해 시행되면, 촬영 결과 이미지가 디지털 칠판에 직접 투사되고, 암질환 감지 행위자는 이를 분석해 팀의 전문가가 검토할 수 있도록 문제 가능성이 있는 영역을 강조해 보여준다. 진단 결과를 손에 들고, 팀은 유전적 약제적합성 행위자와 협업해 이 환자에 대한 최선의 가능한 대응책을 찾는다. 약제 부작용 점검 행위자는 환자의 과거이력, 처방, 제안되었던 개입 수단을 연구해 이들 정보가 현재의 치료 요법에 어떻게 맞물릴 수 있는지 판단하고, 다른 가능한 치료 전략의 효과성을 탐색한다. 일단 치료 전략이 합의되면 계획 행위자가 전략을 상세한 계획으로 전환하는데—긴급성, 순차성, 그리고 각각의 개입 수단에 있어 선호되는 공급업체 등을 고려해서—실행할 개입 수단들을 나열하고 언제 어디서 각각이 이뤄져야 하는지와 그 과정에서 수집될 데이터를 제시한다. 그리고 기존의 예약이 취소되어 의료용 화상장비가 빨리 사용가능해지는 것 같은 상황 변화를 반영해 이런 계획을 갱신한다.

이상적으로 우리는 이런 문제해결 환경을 행위자들의 포괄적인 집합으로 채우길 원한다. 이들 행위자는 예측의 수행도 가능한데, 발생 가능한 사건을 일어나기 전에 미리 표시해주는 것이다. 체스 컴퓨터가 자유형 체스에서 쓰이는 것이나 바로 앞의 사례에서 언급한 약제적합성 및 약제 부작용 AI의 활용처럼, 이들은 사람들이 문제 영역을 탐색할 수 있게 해준다. 이들은 분석적으로 행동해 사람들이 인지적 편향을 회피하도록 도움을 준다. 또한 문제 해결에도 활용 가능한데, AI 계획 엔진이 치료 전략의 요건과 그 전략에 필요한 자원의 가용성 관련 제약 조건을 입력 받아 치료의 실행을 위한 상세 계획을 생성하는 것을 예로 들 수 있다. 또한 이들 행위자에는 비 AI 기술도 포함될 수 있으며, 여기에는 계산기, CRM(Customer Relation Management, 고객관계관리 시스템) 같은 업무용 애플리케이션(환자의 보험옵션을 판단하기 위해), 그리고 물리적인 자동화와 심지어 체크리스트 같은 비기술적인 솔루션도 포함된다.

고유하게
인간적인

방금 예로든 노령층 의료와 유사한 시나리오가 폭넓은 범위의 육체 노동직 및 사무직 일자리에 걸쳐 존재한다는 점을 주목해야 한다. 토요타 생산 시스템은 육체 노동직에 대한 특히 좋은 사례인데, 여기서는 생산라인의 일이 차량의 조립에 필요한 과업보다는 차량의 제조에 사용되는 프로세스의 개선 문제를 중심으로 맞춰진다.

일반적으로 지식의 창조는 학계의 전문가들 책임이라고 생각하는 경우가 많다. 실제로는 토요타가 발견했듯이, 현장에서 문제를 발견하고 조금씩 해결해가는 사람들이 대량으로 신지식을 창조한다. 우리를 둘러싼 세상을 시험하고 설명하고자 이끄는 것은 인간의 탐구적인 속성이고, 그 과정에서 새로운 지식을 창출하고 세상을 개선한다. 투자 상품의 판매는 앞서 논의한 것처럼 이 특정한 고객에게 행복한 은퇴란 무엇인가를 결정하고 그 목표의 달성을 위해 고객을 인도하는 데 초점을 맞추는 일로 재구성될 수 있다. 전력의 송전을 가정의 에너지 소비 관리능력 개선을 위한 도전과제의 해결로 생각하는 방식이 더 나은 결과를 낼 수 있는 것처럼 말이다. 상품의 구매에서 소비 서비스로의 일반적인 전환은 개인들이 이들 서비스를 어떻게 소비할지 개선을 돕는 기회를 풍부하게 창출한다. 이들 서비스는 화장실 휴지의 구독부터 차량 및 노령층 진료(혹은 기타 의료 및 건강관리 서비스)를 지나 제트엔진의 대여까지 무엇이든 가능하다. 한편 이들 서비스를 제공하는 기업은 내부적으로 이들 서비스가 어떻게 창출되는가를 개선하는 데 집중하는 팀을 갖추게 될 것이다.

발전(및 생산성 개선)은 일반적으로 기술을 갖춘 호기심 많은 실무자들이 문제를 해결하면서 이뤄진다. 이것이 방직기의 끊어진 실을 연결하는 더 빠른(하지만 보다 복잡한) 방법을 발견하고 공유하는 공장의 직공이건, 흑색종이 자연적으로 소멸될 때 피부에 가끔씩 나타나는 하얀 반점을 눈여겨본 병원의 진단업무 담당의사이건 간에 말이다. 발견의 사슬은 현장에서 특이한 혹은 문제 있는 점을 눈여겨볼 수 있는 인간의 능력에서 시작된다(미지의 흐름과 완전히 설명되지 않는 모호한 개념을 거슬러 올라가는 능력에서 비롯된다). 이것이 세상을 파악하고 지식을 창조하기 위해 우리가 협력하는 지점이다. 그것이 개인에게 행복한 은퇴가 무엇을 의미하는지에 대한 개인적인 지식이건, 우리를 둘러싼 세상을 형상화하는 데 도움이 되는 거창한 개념이건 관계없다. 집합적으로 세상을 파악하는 이 능력이 우리를 고유하게 인간적으로 만들고 로봇과 구별해준다. 그리고 이는 사회의 모든 계층에 걸쳐 적용된다.

만약 우리가 일자리를 관련 과업들의 집합과 거의 차이가 없다고 보는 관점을 고집한다면, 과업은 이를 수행하는 데 필요한 지식과 기술에 의해 가치가 결정되는 영역이기 때문에 우리는 자동화가 결국에는 모든 가능한 일을 차지하게 될 거라 예상해야만 한다. 왜냐하면 모든 잘 정의된 과업은 아무리 복잡하다 하더라도 궁극적으로는 자동화될 거라고 가정할 수밖에 없기 때문이다. 이는 높은 비용이 수반되는데, 기계가 학습할 수는 있지만 스스로 새로운 지식을 만들지는 않기 때문이다. AI 도구가 데이터에서 패턴을 발견할 수는 있지만, 그 데이터 집합이 흥미로운 것임을 인식하고 기계가 발견한 패턴에서 의미를 추론하는 주체는 바로 '인간'이다. 우리가 점점 더 과업을 기계에게 맡겨버림에 따라, 우리는 발견되어야 하는 문제와 이를 찾고 정의하는 인간 간의 관계를 손상시키고 있다. 우리의 기계가 학습을 할 수 있어 그들이 하는 일을 더 잘할 수는 있겠지만, 그들은 무엇이 이뤄져야만 하는지를 새롭게 생각하지 못하고, 알고리즘의 한계를 넘어 생각할 수도 없을 것이다.

결론: 인간의 속성을 활용한
일자리의 필요성

이 칼럼의 시작 부분에서, 우리는 비관주의자들이 맞을지 혹은 낙관주의자들이 맞을지 질문했었다. '일의 미래는 인구 대부분에게 적절한 일자리가 없는 상황으로 정의될 것인가? 또는 역사적인 전형이 되풀이 되어, 자동화는 없애는 것보다 더 많은 일자리를 창출할까?' 2가지 가정 모두가 상당한 가능성이 있다. 왜냐하면 우리가 종종 망각하듯이 일은 사회적인 구성물이고, 일이 어떻게 구성되어야 할지는 우리의 결정에 달려 있기 때문이다.

하지만 제3의 길이 있다. 우리가 프로세스와 과업을 중심으로 일자리를 구축하는 관행, 즉 인간과 기계 누구에게도 최적이 아닌 해법에서 벗어나 문제를 중심으로 일자리를 구축하는 방법이다. 어려운 점은 생산을 능률화해야 할 프로세스가 아닌 해결해야 할 문제로서 정의하는 데 있다. 이렇게 하기 위해 우리는 먼저 문제에 대한 맥락을 확립해야만 한다(혹은 맥락들, 대규모 생산 문제를 상호 관련된 일련의 작은 문제들로 분해해야 한다). 각각의 맥락 내에서 무엇이 알려져 있고 무엇이 알려져 있지 않은지, 그리고 발견될 필요가 있는 니즈가 무엇인지 파악해야 한다. 그런 후에야 각각의 문제에 대해 인간 혹은 기계 또는 인간과 기계가 문제의 진전을 위해 최적으로 배치되어 있는지를 판단할 수 있다.

일의 재구성, 일을 어떻게 조직화하느냐의 토대를 이뤄져야 할 과업에서 해결해야 할 문제로 변경(그리고 과업의 복제에서 행위의 복제로의 자동화의 결과적인 재구성)해야 산업시대의 생산성 향상 S자형 곡선에서 산업후시대의 S자형 곡선으로 도약하는 기회가 생길 것이다. 산업시대 S자형 곡선의 윗부분으로 우리의 이동을 추진한 것은 더욱더 복잡한 과업에 대한 점진적인 자동화의 발전이었다. 산업후시대 S자형 곡선으로의 경로는 더욱더 복잡한 행위에 대한 점진적인 자동화의 발전일 수 있다.

　도전과제는 단순히 일자리를 창출하는 것이 아니라, 창조적인 문제 식별자로서 우리 인간의 속성을 최대로 활용하는 좋은 일자리를 만드는 활동이다. 산업혁명 시작시점에는 무엇이 좋은 일자리인지가 분명하지 않았다. 헨리 포드(Henry Ford)의 초기 공장은 거의 380%에 달하는 이직률과 10%의 일일 결근율을 경험했었다. 좋은 일자리가 어떤 모습을 가져야 할지를 결정하기 위해 자본과 노동 간의 협상이 필요했고, 이들 좋은 일자리를 지원하는 인프라, 정책, 사회적 기관을 만들기 위해 막대한 규모의 노력이 투입됐었다. 만약 우리가 현재 경로를 변경해 제3의 대안을 선택하고 문제를 중심으로 일을 구성하도록 결정해 인류의 능력과 로봇의 능력을 최대한 활용할 수 있으려면, 비슷한 대화를 나누고자 하는 의식적인 의사결정이 필요할 것이다.

피터 에반스 그린우드(Peter evans-Greenwood)는 딜로이트 센터 포 엣지 오스트레일리아의 선임 연구원이며, 딜로이트 컨설팅 Pty. Ltd.의 지원을 받고 있다.

하비 루이스(harvey lewis)는 딜로이트 MCS 유한회사의 디렉터이며 영국 테크놀로지 컨설팅 사업부의 인지 컴퓨팅 부문을 이끌고 있다.

제임스 구스차(James Guszcza)는 딜로이트 컨설팅 LLP의 미국 수석 데이터 과학자다.

현실보다 더 진짜 같은
증강현실을 통한 일의 변환

새로운 방식으로
정보를 보기

인간이 사용한 최초의 도구는 나뭇가지나 작은 돌보다 조금 나은 수준이었다. 이후 업무가 점점 더 복잡해짐에 따라 도구 또한 그렇게 변해갔다. 좀더 복잡해진 도구는 과거에는 꿈꾸지 못한 새로운 유형의 일을 가능하게 해주었다. 갈릴레오가 새로 조립한 망원경을 통해 달 표면의 고르지 못한 점들이 사실은 분화구와 산맥으로 인한 그림자인 것임을 처음으로 분명히 보게 된 모습을 상상해보라. 그는 과학 연구의 필요성 때문에 망원경을 만들었는데, 그 과정에서 또한 새로운 학문 분야를 창조했다. 갈릴레오가 알지 못했던 것은 그가 달의 표면을 스케치한 후 3.5세기 만에 완전히 새로운 분야의 일꾼—우주비행사—이 바로 그 분화구 위를 걷게 되리라는 점이었다.

단순한 업무는 단지 단순한 도구만을 필요로 하지만, 오늘날의 근로자는 점점 더 복잡한 일을 수행하도록 요구받는다. 막대한 데이터를 살펴 추려내고, 복잡하고, 다양하며, 그리고 종종 특정 데이터에 접근하고 이해할 수 있는 능력을 필요로 하는 예측 불가능한 과업을 수행해야 한다. 또한 그 과정에서 과중한 업무부하를 빠르게 곡예 하듯이 헤쳐 나가야 한다. 제트엔진 터빈에서 거의 눈에 보이지 않는 실금을 찾아내거나 배달 트럭의 최적 운송경로를 파악하는 것과 같은 일은 방대한 규모의 정보에 접근하고, 종합하며, 분석한 후, 이에 근거해 행동할 수 있는 역량을 근로자에게 요구한다. 이런 정보는 인간이 암기할 수 있는 것보다 훨씬 큰 규모이며, 실세계의 환경을 따라 끊임없이 변화한다. 근로자가 압도당하는 것을 방지하고 미래의 일이 실제로 '일이 되도록' 만들려면, 근로자는 정보를 살펴 추려내고 당면한 과업에 관계 있는 정보가 어떤 것인지 파악할 수 있는 능력이 필요하다. 이는 현대의 근로자에게 정보 및 과업에 새로운 방식으로 접속할 수 있는 전적으로 새로운 도구가 일반적으로 필요하게 됨을 의미한다.

새로운 도구는 사물인터넷(Internet of Things, IoT)으로 가능해진 증강현실(Augmented Reality, AR)의 미래에서 찾아볼 수 있다. 과거에 망원경이 그랬던 것처럼, AR은 정보를 새로운 방식으로 보고 사용하는

그림 1 증강현실은 실제로 어떻게 보이는가?

기회를 제공해준다. AR은 디지털 정보를 사용자의 실제 세계에 대한 시야 위에 덧입혀 보여준다(〈그림 1〉). 예를 들어 풍력터빈의 통제장치의 배선을 연결하는 작업을 하는 기술자는 기술 책자를 뒤지느라 시간을 낭비하는 대신 AR을 통해 각각의 전선이 정확히 어디로 가야 하는지를 쉽게 볼 수 있다. 한 실험에서 겉보기에 사소해보이는 이러한 불편을 제거한 결과 설치시간이 34%나 빨라졌다. 이런 방식으로 디지털과 물리적 정보를 결합시켜 AR은 보다 현실적인 훈련, 반복적인 과업의 처리속도 향상, 그리고 완전히 새로운 형식을 가진 업무의 도입을 가능케 한다. 인간과 디지털 도구와의 관계를 재구성해 일이 수행되는 방식에 대한 신선한 인사이트뿐만 아니라 협업과 원격 업무에 대한 새로운 기회를 제공한다. 이런 측면에서 AR은 인간과 디지털 기술의 협업을 기반으로 서로의 내재적인 장점을 활용해 각각이 홀로 이

룰 수 있는 것보다 더 큰 결과를 달성 가능한, 인간과 공동 작업이 가능한 도구로 볼 수 있다.

증강현실이란
무엇인가?

많은 사람들은, '증강현실'이란 용어에서 데이터를 멋지게 보여주는 이미지, 즉 예를 들어 실시간 동영상 혹은 안경 위에 투사되는 디지털 이미지를 떠올린다. 하지만 이는 단지 AR의 한 단면에 불과하다. AR은 오늘날의 일터에 훨씬 많은 가치를 제공 가능한 잠재력을 가지고 있다. AR은 디지털 정보를 근로자가 실제 세계를 지각하는 방식에 통합시켜, 업무 완수 과정에서 실시간으로 그 정보를 활용해 선택과 행동에 반영하게 해준다.

다음의 3가지 핵심 요소가 AR을 뒷받침한다(〈그림 2〉).

- 데이터의 원천
- 데이터가 제시되는 방식
- 행동의 추진력으로서 데이터와의 상호작용 및 사용

이들 3가지 요소는 함께 결합되어 AR을 강력한 잠재력을 가진 도구로 만든다.

그림 2 AR의 3가지 핵심 요소와 기술

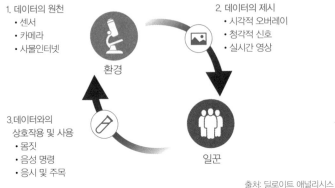

1. 데이터의 원천
   • 센서
   • 카메라
   • 사물인터넷

환경

2. 데이터의 제시
   • 시각적 오버레이
   • 청각적 신호
   • 실시간 영상

3. 데이터와의
   상호작용 및 사용
   • 몸짓
   • 음성 명령
   • 응시 및 주목

일꾼

출처: 딜로이트 애널리시스

:: 데이터의 원천

발단, 즉 정보가 생성되는 곳부터 시작하면, 순수한 AR 영역의 외부에 속한 또 다른 연결 기술을 살펴봐야 한다. IoT(Internet of Things, 사물인터넷)가 그것이다. 간단히 말해 IoT는 연결된 도구·시스템·물체들로부터 정보의 흐름을 생성하는데, 종합된 정보는 세계를 조망해 보여주는 보다 총괄적인 관점을 생성하고 새로운 인사이트를 밝히는 데 사용된다. 정보는 작업 시간의 진행을 추진할 수 있다. 작업자는 한 가지 형태 혹은 또 다른 형식의 정보를, 어떤 정보 원천 혹은 또 다른 출처로부터 얻어 과업의 완수에 사용한다. 이들 정보 중 많은 부분을 데이터베이스 혹은 참조 자료에서 쉽게 가져올 수 있지만, 빠른 속도의 현대 작업현장에서는 수압펌프의 설계상 압력 수치나 지난 달의 압력 수치가 어떠했는지 아는 것은 큰 도움이 되지 않는다. 작업자가 만일 특정 펌프를 정확하게 사용하거나 관리해야 한다면 그 펌프의 현재 압력 수치를 지금 당장 알아야 한다. 센서들로부터 세상에 대한 디지털 정보를 수집하고, 그 정보를 소통시켜 정보를 종합·분석하고 이에 근거해 행동하게 지원하는 것이 IoT의 존재 의의다.

:: 데이터의 제시

적절한 정보의 보유만으로 항상 충분하지는 않다. 근로자가 너무 많은 정보를 제시 받으면 빠르게 압도당할 수 있고, 이는 실질적인 실적 악화로 이어질 수 있다. 대신에 정보가 연관성이 있을 때만 제시하려 노력하고, 근로자가 쉽게 흡수할 수 있는 방식으로 제공해야 한다. AR에 대한 현재의 많은 연구는 어떻게 디지털 정보를 더 자연스럽고, 맥락에 맞는 방식으로 제공하는가에 초점을 맞춘다. 예를 들어, 초기의 시스템은 어디에 어떻게 정보를 표시할 것인지를 컴퓨터에게 지시하기 위해 실선 혹은 바코드 같은 특정한 표식이나 신호에 의존해야 했지만, 현재의 연구개발은 보다 매끄럽게 디지털 콘텐츠를 사용자의 시야에 짜 넣는 게 가능한 표지신호 없는 시스템에 초점을 맞추고 있다.

:: 데이터와의 상호작용과 사용

적절한 데이터를 보유하고 적절하게 제시한다 해도, 이를 행동으로 연결시키지 못하면 어떤 가치도 창출할 수 없다. 가치는 근로자가 정보를 뭔가 새로운 것—적절한 부품을 빠르게 찾거나 전문가로부터 도움을 얻는 데—을 하는 데 사용해야만 창출된다. 이는 AR이 단지 디지털 정보를 보여주는 것뿐 아니라, 점점 더 자연스런 방식으로 정보를 통제하는 긴 궤적의 최종 단계에 위치함을 의미한다.

초기의 컴퓨터는 데이터를 테이프 출력물로 보여주었고, 다음 세대는 명령어 인터페이스를 통한 화면 표시로 발전했다. 근로자는 이들 기계를 키보드 혹은 천공카드로 제어했지만, 일단 데이터가 인쇄된 후에는 쉽게 데이터를 '수정' 혹은 통제할 수 없었다. 이후 그래픽 사용자 인터페이스와 마우스가 디지털 정보의 소비와 통제를 용이하게 만들었다. 하지만 AR은 이를 더욱 발전시킬 수 있다. 이는 사람들이 자연스럽게 세계를 인식하는 방식으로 정보를 구체화해 표시해줄 뿐만 아니라, 점점 더 몸짓 혹은 응시와 같은 움직임을 통해 근로자가 그 정보를 통제하도록 해준다.

AR은 근본적으로 인간과 기계가 팀을 이뤄 혼자서는 할 수 없는 결과를 달성하게 한다. 이러한 팀워크는 21세기의 복잡하고 데이터가 풍부한 환경에서 성공의 열쇠가 된다.

AR은 어떻게 최적화된 신기술이 일의 미래를 바꾸는지 보여주는 대표적인 사례다. 결국 일이란 근본적으로 사람과 도구 간의 상호작용이다. 새로운 도구는 업무 성과에서 측정 가능한 개선점을 창출하는 새로운 역량을 제공한다. 자유형 체스(Freestyle Chess)가 이를 보여준다. "사람과 기계 중에 무엇이 더 나은가?"라고 묻는 대신, 이 질문을 좀더 발전시켜 "인간과 기계가 팀을 이룬다면 무슨 일이 생길까?"라고 물어볼 수 있다. 자유형 체스에서는 참가자들이 수를 선택하는 데 도움을 얻기 위해 어떠한 기술적 도구나 참조 자료도 사용 가능하다. 이는 종종 시합에서 승리를 위해 사람과 컴퓨터로 구성된 대규모 팀의 조직으로 이어지곤 한다.

　2005년 플레이체스닷컴(playchess.com)은 자유형 체스대회를 개최했다. 최고의 컴퓨터로 무장하고 시합에 참가한 소수의 그랜드마스터들이 가장 우승 가능성이 높다고 여겨졌다. 하지만 이들 그랜드마스터 중 누구도 우승하지 못했다. 대신에 3대의 가정용 컴퓨터를 사용한 2명의 아마추어 선수들이 우승을 차지했다. 어떻게 그들은 불리함을 극복했을까? 시합에서 가장 중요한 것은 기술 혹은 선수의 실력이 아니라 컴퓨터와 선수 간 의사소통의 질임이 밝혀졌다. 전 세계챔피언 개리 카스파로프(Garry Kasparov)가 훗날 설명한 바에 따르면, "약한 인간＋기계＋더 나은 프로세스의 조합이 강한 컴퓨터 홀로보다 우월하고, 보다 인상적이게도 강한 인간＋기계＋열등한 프로세스의 조합보다 뛰어났다."고 한다. 유사하게 AR은 근본적으로 인간-기계의 팀이 가능한 자연스럽게 협업하도록 해준다.

왜 지금
AR인가?

　AR이 첨단기술로 보일 수 있지만, 이는 사실 새로운 기술이 아니다. 이 기술의 기원은 제2차 세계대전으로 거슬러 올라가는데, 영국 기술자들은 레이더 정보를 사격조준기와 결합시켜 전투기 조종사가 야간에도 목표 공격이 가능하게 했다. 하지만 그 후 수십 년 동안 AR

은 일터에서 자리잡는 데 실패했다. 아마도 업무를 완수하는 데 꼭 필요하지 않았기 때문일 것이다. 하지만 21세기 들어 일의 속성이 변환됨에 따라 과업도 변화하고 있다. 미래에는 인간-기계 간의 관계가 점점 더 조직적 성공에서 중요해질 가능성이 크다. 매일 수백 통의 이메일, 소셜 미디어 포스트, 게시글로 폭격을 맞고 있는 우리들에게 전 세계 정보의 규모가 매일 증가하고 있다는 사실은 아마도 전혀 놀랍지 않을 것이다. 사실 2003년 당시 전화 통화에 포함된 정보의 규모가 과거부터 그때까지 사람들이 말해온 모든 말의 규모보다 3배 이상 많았다. 보다 많은 기업들이 이들 정보로부터 가치를 끌어냄에 따라, 복잡한 업무를 위해 적절한 데이터 조각을 찾고자 정보의 산맥을 꼼꼼하게 살펴보는 활동에 대한 수요가 대부분 사람들의 역량을 넘어서게 될 전망이다.

이로 인해 AR은 대규모의 데이터가 필요한 작업 혹은 고도로 변동성이 큰 작업에 점점 더 필요 불가결해질 것이다. 심리학·경제학·산업디자인 분야의 연구결과는 사람들이 과업을 완수하기 위해 어떻게 정보를 처리하는지 결정하는 2가지 주요 요인이 존재함을 알려준다. 데이터의 규모·복잡성과 과업의 변동성이 바로 그것이다.

:: **데이터의 규모 및 복잡성**

데이터는 의사결정 및 과업 성과에 귀중한 자산이지만 수확 체감의 특성을 가지고 있다. 약간의 정보는 도움이 되는 반면, 너무 많은 정보는 실질적으로 성과를 악화시킬 수 있다. 이는 정보 과부하가 근로자의 핵심 업무에 대한 집중을 흐트리고 관련된 상세사항을 놓치게 하는 경우가 많기 때문이다. 고속도로 교통사고 통계는 이러한 원칙을 잘 보여준다. 자동차 제조사가 차량의 안전성을 계속해서 향상시키고 있지만 2015년 고속도로 사상자는 실상 증가했다. 미국 고속도로교통안전국(National Highway Traffic Safety Administration)에 따르면, 이는 산만한 운전의 증가가 어느 정도 원인이라고 한다. 현재 더 많은 운전자들이 운전대를 잡은 채로 전화 및 기타 기기들을 사용하고 있다. 스마트폰 앱이 제공하는 상세한 경로안내가 도움이 되긴 하지만, 이는 또한 앞에 가는 트럭의 브레이크 안내등 같은 훨씬 중요한 정보를 운전자들이 놓치게 만들 수 있다.

:: **과업의 변동성**

반복되는 업무가 변동성이 클 때 관련된 데이터 조각을 파악하기가 어려워질 수 있다. 이 경우 인간이 컴퓨터보다 우위를 가지게 된다. 컴퓨터는 대규모의 데이터를 다루는 일을 더 잘하지만, 인간은 변동성의 처리에 훨씬 뛰어나다. 예를 들어 인간의 언어는 변형과 문맥이 매우 풍부하다. 따라서 휴가 중에 비가 올 때, 친구가 날씨가 "끝내준다."고 말하면 사람은 이 말이 빈정대는 뜻임을 빨리 파악하지만, 컴퓨터는 비가 오는 상황에 대한 감탄 외에 다른 뜻을 감지하는 데 어려움을 겪는다.

이들 두 요소 모두 업무 성과에 부정적 영향을 미칠 수 있고, 현대의 근로자에게 요청되는 과업에 내재화되는 경우가 점점 더 늘고 있다.

오늘날의 과업을 달성하기 위해 사람들은 디지털 도구와 상호작용하기 위한 새로운 방법을 필요로 하게 될 것이다. 사람들은 스스로에게만 의존할 수 없는데 인간은 충분한 정보를 처리하거나 기억할 수 없기 때문이다. 하지만 오로지 자동화에만 의존할 수도 없다. 자동화는 프로그램된 일만 할 수 있고 변동성을 다룰 수 없기 때문이다. 따라서 서로가 장점을 최대한 발휘하는 사람과 기계 간의 협업이 점점 더 필요해질 것임은 분명해보인다. 짧게 말해, 많은 현대적 과업에 있어 우리는 AR로부터 혜택을 볼 수 있다.

기업에 의미하는 바는 무엇인가?

오늘날의 업무 환경은 근로자에게 점점 더 데이터 집중적이며 변동성이 큰 과업의 수행을 요구하는 경우가 많다. 이 2가지 속성은 AR이 조직에 줄 수 있는 가치를 결정한다. 대규모 조직은 여러 범주에 걸친 광범위하고 다양한 일자리를 계속해서 제공할 것이고, 여기에 AR은 서로 다른 방식으로 가치를 제공할 수 있다. 따라서 각각의 일자리가 필요로 하는 과업의 유형을 이해하는 것이 AR이 어떻게 도움이 되는지 이해하는 첫 단계다. 업무의 다양성 및 데이터의 규모와 같은 개념이 추상적으로 보일 수 있지만, 조직은 이 과정을 보다 직관적으로 만들기 위해 다음 2가지 질문을 해볼 수 있다.

- 이 일을 성공적으로 수행하려면 무엇을 알 필요가 있는가(정보의 복잡성)?
- 어디에, 그리고 얼마나 자주 이 일에서 판단과 직관이 작용하는가(업무의 변동성)?

이들 질문을 '예.' 혹은 '아니오.'로 각각 독립적으로 답할 수 있기 때문에, AR이 업무에 줄 수 있는 혜택과 개선은 4가지 범주로 분류할 수 있다(〈그림 3〉).

:: **진화 I: 평형**

이 시나리오에서 데이터 복잡성 및 업무의 변동성은 낮은 수준이다. 여기서 직원들은 AR을 주로 자신이 현재 하고 있는 일을 단지 약간 더 낫게 수행하는 데 사용 가능하다. 이 단계에서 AR은 일반적인 근로자가 쉽게 구할 수 없는 인사이트를 제공하는 데 활용되어 보다 효율적이고, 보다 생산적이며, 심지어 보다 정확한 업무결과를 낳게 된다. 이는 AR을 인간의 지각 혹은 능력의 약점을 보충하는 데 이용하는 것과 관계되어 실세계 영상에 중첩된 열화상 지도를 통해 물체의 온도를 파악하고, 3차원으로 시각화된 지형 모델을 관찰하며, 기타 시각적 지각 향상을 통해 도움을 받고, 화면에 덧입혀진 측정 척도를 이용해 건설·조립·수리 업무에서 더 높은 정확도를 달성할 수 있다. 예를 들어 AR은 로마시대 아치형 천장을 공들여 복원하는 작업에 사용되어 왔는데, 천장의 타일 조각을 정확한 위치에 부착하도록 안내해주고, 잘

그림 3　AR이 업무에 줄 수 있는 혜택과 개선

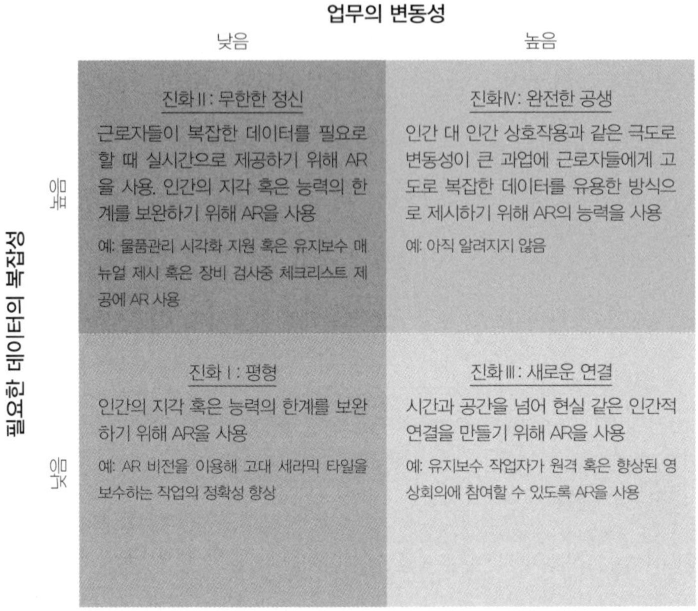

업무의 변동성

	낮음	높음
높음	**진화II: 무한한 정신** 근로자들이 복잡한 데이터를 필요로 할 때 실시간으로 제공하기 위해 AR을 사용. 인간의 지각 혹은 능력의 한계를 보완하기 위해 AR을 사용 예: 물품관리 시각화 지원 혹은 유지보수 매뉴얼 제시 혹은 장비 검사중 체크리스트 제공에 AR 사용	**진화IV: 완전한 공생** 인간 대 인간 상호작용과 같은 극도로 변동성이 큰 과업에 근로자들에게 고도로 복잡한 데이터를 유용한 방식으로 제시하기 위해 AR의 능력을 사용 예: 아직 알려지지 않음
낮음	**진화I: 평형** 인간의 지각 혹은 능력의 한계를 보완하기 위해 AR을 사용 예: AR 비전을 이용해 고대 세라믹 타일을 보수하는 작업의 정확성 향상	**진화III: 새로운 연결** 시간과 공간을 넘어 현실 같은 인간적 연결을 만들기 위해 AR을 사용 예: 유지보수 작업자가 원격 혹은 향상된 영상회의에 참여할 수 있도록 AR을 사용

(세로축: 필요한 데이터의 복잡성)

출처: 딜로이트 애널리시스

못된 위치에 타일을 놓았을 경우 피드백을 제공해준다.

AR은 새로운 정보를 '발견'하는 데도 사용될 수 있다. 즉 기계 혹은 기기가 과도한 열 혹은 방사능을 배출하는 것을 감지하거나, 사람이 볼 수 없거나 스스로 길을 찾을 수 없는 환경(안개, 불, 암흑 등)에서 지형에 대한 향상된 가시성을 제공해준다.

다른 사례의 경우 AR은 데이터와 정보를 사용자를 위해 자동으로 기록해 근로자들이 정보를 포착·보고·공유하는 방식을 변환한다. 이는 순차적으로 생산성을 높이고, 문서의 오류를 줄이며, 감사 혹은 회계 절차를 간소화해준다. 이는 또한 물리적 과업과 노동력의 추적이 가능해 근로자의 가용성 및 역량에 근거해 인력 할당 및 일정 계획을 최적화하는 데 도움을 준다. 이러한 모든 AR 활용은 역량의 진화라기 보다는 현재 업무 프로세스의 간소화와 잠재적 개선 방안을 제시한다.

:: 진화 I의 시사점: 새로운 사고방식

진화 I이 근로자가 수행하도록 요청 받는 과업을 크게 변화시키진 않지만, 이는 과업 달성을 위해 근로자가 어떻게 요청을 받는지에 상당한 영향을 미친다. 파이프에서 새는 곳을 검사하든 로마시대 아치 천장을 복원하든 간에, 일꾼들은 익숙한 업무를 새로운 방식으로 수행하도록 요청 받는다. 이런 변화의 이유는 반드시 명확하게 소통되어야 하며, 근로자가 그로 인한 어떤 이득을 인지할 수 있어야 한다. 그렇지 않으면 그들은 과거의 보다 친숙한 기법으로 그냥 돌아갈 것이다.

:: 진화 II: 무한한 정신

근로자는 점점 더 막대한 규모의 데이터를 다루도록 요구 받고 있다. 많은 경우 인간의 정신이 다룰 수 있는 규모를 훨씬 상회한다. 정보의 규모는 많지만 과업은 상대적으로 예측 가능한 경우, AR은 막대한 정보의 규모에도 불구하고 여전히 과업의 달성을 가능하게 하는 방식으로 현실 화면에 데이터를 덧입혀 근로자에게 제공하는 데 사용될 수 있다. 여기서 AR은 근로자가 새로운 과업을 완료하거나 혹은 새로운 방식으로 기존 과업을 처리 가능하도록 시작할 수 있다.

예를 들어 항공모함의 정비요원은 전투기부터 헬리콥터까지 극도로 복잡한 매우 다양한 기계들을 정비하고 수리해야만 한다. 이는 고도의 기술력을 필요로 할 뿐만 아니라 두꺼운 매뉴얼을 참조해야 할 필요가 있다. 정비요원은 과업 완수를 위한 정확한 설명을 찾기 위해 문서를 살펴보느라 업무를 중단하고 다시 시작하기를 반복하는 자신들의 모습을 깨닫곤 한다. AR은 정비요원이 많은 목록을 기억하거나 두꺼운 매뉴얼을 가지고 다닐 필요를 없애줄 수 있다. 필요할 때마다 정비요원의 시야에 실시간으로 설명서를 띄워주는 방식으로 말이다. 이는 작업을 빠르고 보다 정확하게 만들어주며, 과업을 용이하게 수행할 수 있도록 양손을 자유롭게 해준다. 사실 이런 일은 지멘스가 수행 중인 베타 테스트를 통해 이미 현실이 되어가고 있다. 지멘스는 자사의 벡트론(Vectron) 기관차에 AR 매뉴얼을 탑재하고 있다. 이들 AR 매뉴얼은 작업자 자신이 바라보고 있는 바로 그 부품에 대한 CAD 도면 혹은 수리 설명서를 투사해주어, 작업자가 수천 장에 달하는 정보에 쉽게 즉시 접근할 수 있도록 해준다.

:: 진화 II의 시사점: 새로운 기술

진화 II는 근로자가 막대한 규모의 데이터를 사용할 수 있도록 해준다. 이는 그들이 과거에는 불가능했던 과업을 수행할 수 있게 해주지만, 방대한 양의 정보를 탐색하기 위한 새로운 기술을 요구한다. 예를 들어 이제 기관차 운전사는 기관차의 운전방법뿐 아니라 AR 태블릿을 어떻게 보고 사용할 수 있는지 배워야 한다. 훈련 과정에 주의를 기울여야 하고, 필요한 새로운 기술에 따라 교육 담당자를 고용할 필요가 생길 수 있다.

:: **진화 III: 새로운 연결**

진화 III에서 AR을 이용해 새로운 연결을 형성하면, 단순한 정보 요건을 가졌으나 고도로 변동성이 큰 과업의 수행을 가능하게 만들 수 있다. 이런 속성을 가진 과업의 대부분은 인간의 상호작용이 관계되는데, 이는 서로 차이가 있으며 예측하기가 매우 어렵다. 일부 과업은 작업자의 손끝에 있지 않은 데이터에 대한 사용자의 접근을 요구한다. 따라서 이 단계에서는 그러한 종류의 정보를 준비하고 맥락에 따른 접근이 구현되어 높은 생산성이 가능해진다. 이런 종류의 새로운 연결은 가장 단순한 형태로 '내가 보는 것을 공유'하는 형식을 취할 수 있다.

시동이 걸리지 않는 기관차와 모든 일반적인 진단 및 수리 절차를 시도해보았으나 고장의 원인을 파악할 수 없었던 작업자를 상상해보자. 문제가 뭔지 알 수 없기 때문에, 작업자는 기관차의 수리를 위한 절차 설명서를 불러오는 데 AR을 사용할 수 없다. 작업자는 중앙 본부에 있는 소수의 고위 전문가 집단과 접촉할 수 있다. AR을 통해 이들 전문가에게 현장의 일꾼이 보는 것을 그대로 보여주어, 전문가들의 문제 진단에 도움을 준다.

또한 AR은 특화된 지식을 포착하고 전파하는 데 사용 가능하다. 예를 들어 인명을 구할 수 있는 새롭고 잠재적인 기법을 방금 막 개발한 외과의사는 AR을 이용해 손쉽게 동료들과 정보와 절차를 공유하고,

의학 논문을 통해 전파하는 것보다 빠르고 효과적으로 소문을 퍼뜨릴 수 있다. 이를 통해 동료들은 수술 과정 동안 이 정보에 빠르게 접근할 수 있게 된다. 즉 어떤 주어진 상황에서도 그때 필요한 특화된 지식을 볼 수 있는 것이다. 다른 시나리오에서는 엔지니어와 디자이너가 AR을 이용해 디자인 프로세스를 보다 효율적이고 덜 소모적으로 만들어준다. 제품 아이디어의 시험을 위해 인쇄하거나 물리적 물체를 제조하지 않고, AR을 이용해 디자인 과정에서 제품을 기획하고 시험하거나 가상의 시제품을 작업함으로써 설계를 개선한다.

:: 진화 III의 시사점: 자유로워진 작업

진화 III은 장소의 제약에서 벗어날 수 있는 기회를 제공한다. 이제 정비공은 기계장치가 있는 곳에 직접 위치할 필요가 없다. 근로자는 전세계에 걸쳐 설계에 관해 협업하거나 의견을 공유 가능하다. 인터넷에 의해 가능해진 원격작업 혁명과 유사하게, AR의 이러한 활용은 직접적인 접촉이 없어도 효과적인 협업이 가능한 응집력 있는 팀을 구성하기 위해서 어느 정도의 주의가 필요할 것이다.

:: 진화 IV: 완전한 공생

이 최종 진화 단계는 업무 현장에서 AR 활용의 최정점을 제시한다. 고도의 변동성을 가질뿐더러 또한 상당한 규모의 정보를 필요로 하는 과업을 담당한 근로자를 지원하는 과정에서, AR은 대규모의 데이터를 처리하며 접근하고 분석하면서 동시에 실시간으로 다른 자원과 연결해주는 컴퓨팅 능력을 가지고 직감·창조성·적응력에 대한 인간의 장점을 강화하고 보완해 새로운 역량을 가능케 하고 성과를 최대화한다. 이는 인간과 기계의 장점을 결합해, 기계는 어떤 인간이 할 수 있는 것보다 더 복잡한 데이터를 다루게 하고, 사람은 어떤 컴퓨터보다도 빠르고 신뢰성 있게 다양성에 적응하도록 해준다. 이런 방식으로 진화 IV는 인간-기계 상호작용과 일의 미래를 서술한다.

이들 시나리오에서 AR은 인간 작업자를 디지털 공급망에 연결시킬 수 있다. 예를 들어 공급, 예상 선적시간, 생산 스케줄, 외부 데이터, 기계의 기능에 대한 정보를 사용자 시야에 겹쳐 투사해서 공정을 계획하고 혹은 문제가 발생한 운송업무의 경로 재설정을 실시간으로 수행해 생산 현장에 제시간에 도착시킨다. 이런 방식으로 AR은 계속해서 변하는 정보의 복잡한 전체 네트워크를 한데 모아, 즉각적인 의사결정이 가능하도록 맥락에 맞게 가시적으로 제시해 줄 수 있다.

이렇게 풍부한 데이터, 빠른 속도의 AR 활용에서 인간-기계 상호작용은 근로자와 도구 간의 단순한 상호작용을 넘어선다. 인간과 기계가 진정한 팀을 이루게 된다. 미항공 우주국(NASA)이 수행한 우주 탐사에서의 AR 활용에 대한 연구결과는 이러한 미래 인간-로봇 협력이 어떠한 모습일지를 어렴풋이 보여준다. 인간-로봇 연합 팀에 대한 연구를 통해, NASA는 우주비행사들과 과학자들이 복잡한 임무를 수행할 때 AR을 통해 자연스럽게 로봇 및 컴퓨터시스템과 협력할 수 있는 방법을 연구중이다. NASA는 "인간 업무의 과부화, 비용, 피로로 인한 오류, 위험을 제거하려면 지능적인 로봇 시스템이 임무 설계의 상당

부분을 담당할 필요가 있다."고 지적했다. NASA는 특히 '기초 교육, 상황 인식, 공통된 준거점, 공간적 참고' 같은 활동이 NASA 업무의 효과적 수행에 필수적임을 지적하고, 이들 도전과제 해결을 위한 유용한 파트너로서 AR을 채택했다. 공간적인 방식의 대화를 이용해, NASA는 AR을 전체적인 시스템의 일부로서 인간과 로봇 간의 협력을 촉진하는 수단으로 생각한다. 지구 상에서는 유사한 AR 기반 시스템을 수색 및 구조 임무 같은 고도로 예측 불가능하고 잠재적으로 위험한 상황에서 인간을 지원하는 도구로 사용 가능하다.

장기적으로 AR의 이러한 사용은 일이 수행되는 방식을 완전히 재형성할 잠재력이 있다. 2025년을 상상해보자. 한 사이버보안 분석가가 아침에 사무실로 출근한다. 컴퓨터 네트워크의 방어는 막대한 규모의 데이터를 꼼꼼히 살펴보는 작업이 필요할 뿐만 아니라, 다른 측면에서는 인간 해커들의 예측할 수 없는 변동성에도 대응해야 한다. 아침 커피를 한 잔 마신 후에 분석가는 터미널 앞에 앉아 시스템에 다음과 같이 질문한다. "오늘 아침 네트워크에 특이한 점이 뭐가 있지?" 만일 시스템이 뭔가 특이한 점을 감지한다면, 모든 비정상적인 매개 변수들을 조명해줄 뿐 아니라 용의자인 개별 해커들을 파악하고 그들이 노리는 것이 무엇인지를 알려줄 수도 있다. 이 정보를 가지고 분석가는 상황의 다양성에 맞게 더 나은 대응을 하고, 해커의 목표를 차단하고 시스템을 보호하기 위해 적절한 행동을 취한다.

더이상 SF소설의 영역이 아닌, 이러한 시스템의 구성 요소들은 이미 존재한다. 남은 것은 리더들이 자신들의 조직에 적합한 방식으로 이들을 결합하는 일이다.

:: **진화 IV의 시사점: 경계의 확장**

AR의 다른 사용단계보다, 진화 IV는 인간-기계 인터페이스의 경계를 확장해 과거에는 알지 못했던 기술의 사용방식을 발견한다. 알려지지 않은 영역을 탐사하는 모든 탐험의 경우와 마찬가지로, 이로 인해 AR의 설계자나 운영자가 예상하지 못했던 새로운 문제가 발견될 수 있다. 그 결과 이런 막대한 변환에서 큰 이득을 얻고자 노력하는 기업은 필연적인 부작용을 대비하고 새로운 세계를 탐사하는 순전한 도전에서 동기 부여를 받는 인력이 필요하다.

미래로의
진화

이들 4가지 AR의 진화 기준은 기술이 어떻게 사용될 수 있는지를 제약하는 확고한 범주가 아니다. 반대로 이들은 AR이 업무 환경을 어떻게 변화시킬 수 있는지 이해하는 데 도움을 주는 단순한 안내서일 뿐이다. 그 결과 이들 진화 단계는 시간이 흐름에 따라 합쳐질 수 있고, 그리고 그렇게 될 가능성이 크다. AR이 이미 널리 시험되고 있는 2가지 영역을 예로 들어보자. 물품관리의 시각화 지원과 '내가 보는 것을 보여주기'를 통한 전문가 지원이 바로 그것이다. 물품관리의 시각화 지원은 AR 사용의 진화 II 단계로, 창고 작업자는 스마트 글래스를 통해 물품목록을 관리하고, 정확한 선반 위치를 안내 받아 물품을 찾는다. '내가 보는 것을 보여주기' 전문가 지원에서 진화 III의 일환으로 작업자는 전문가와의 통화를 통해 문제의 즉각적인 진단에 도움을 받을 수 있다.

몇 년 후의 미래로 좀더 가보자. 이 2가지 사례가 어떻게 확대되고 AR의 잠재력 경계가 어떻게 확장되었는지를 볼 수 있다. 앞의 물품 관리자는 다음에 집어야 할 물건이 어디에 있는지뿐만 아니라, 다른 작업자들 및 그들의 위치를 볼 수 있어 목록의 물품에 누가 가장 가까운지에 따라 물품을 가져올 사람을 지정할 수 있다(진화 III). 창고 안에 있는 소수의 직원들은 재고 운반 같이 덜 어렵고 반복적인 많은 과업을 수행할 수 있는 자동화 기기의 지원을 받는다(진화 IV). 추가로 물품의 포착에 대한 수동적 데이터는 들어오고 나가는 수송품의 기록을 자동화하는 데 도움을 줘 일을 중단하고 전화에 응대하며, 운전사와 대화하고, 컴퓨터 앞에 앉아 작업할 필요가 없어진다(진화 I). 웨어러블 AR 기기는 매끄러운 통합 도구가 되어 근로자가 최대한의 유연성, 정보에 대한 접근성, 그리고 IoT 기능을 갖춘 기계류부터 기존의 비디오 영상 및 통신 시스템까지 다양한 종류의 시스템과 인터페이스할 수 있는 능력을 제공한다.

'내가 보는 것을 보여주기' 지원에 관해서도 비슷한 이야기가 가능하다. 이 시스템은 계속해서 실시간 영상 지원을 제공하지만, 이는 전에는 접한 적이 없었던 것으로 보이는 문제를 해결하기 위한 마지막 수단으로만 사용된다. 현장 작업자는 이제 과거의 문제들에 대한 데이터베이스로부터 편집된 해결책 라이브러리를 보유하고 있는 웨어러블 기기를 장비한다. 시야 내의 문제 있는 부품에 단순히 초점을 맞추기만 하면, 웨어러블 기기는 특정한 부품을 인식하고 센서로부터 그 부품에 대한 성능 데이터를 다운로드 한다. 그러면 예측적 유지보수 알고리즘이 작업자에게 직접 어떤 부품이 고장 날 가능성이 있는지 보여줄 수 있다(진화 IV). 만약 부품의 교체가 필요하면, 어떻게 작업해야 하는지를 실제 세계의 화면에 겹쳐 보여주는 영상이 현장 작업자에게 적시에 제공되어 순서, 적절한 도구, 절차 전반에 걸쳐 유용한 정보를 포함한 단계별 정보를 보여준다(진화 II). 작업이 완료되면 AR 기기는 유지보수 절차를 기록하고 그 데이터를 기존 데이터에 추가해, 미래의 부품 고장을 더 잘 예측하고 문제가 발생하기 전에 유지보수의 필요성을 파악하게 해준다(진화 I).

일의 미래는 인간 및 기계를 한 팀으로 융합해 그들이 다양한 유형의 과업을 빠르고 직관적으로 달성하게 해준다.

미래를
실현하기

이러한 일의 미래가 어떻게 현실화될 수 있는가? 당연히 기술이 계속해서 발전해야만 한다. 현재 AR은 여전히 몇 가지 한계를 가지고 있는데, 여기에는 유선으로 연결될 필요(연산 능력 때문에 PC 혹은 노트북 컴퓨터에 연결해야 함), 3차원 물체의 인식 불가, 실제 공간지각력의 결여 등이 있다. 현재 대부분의 AR이 2차원 이미지밖에 인식하지 못하는데, 이는 기기가 제한된 각도 내에서만 3차원 물체를 인식할 수 있음을 의미한다. 그리고 현재의 기술이 쉽게 3차원 물체 위에 2차원 화면을 겹쳐 표시할 수 있지만, 이들 디지털 항목을 물리적 환경에 고정시키는 능력 없이는 뭔가 의미 있는 것을 달성하기가 어렵다. 하드웨어 또한 계속해서 발전해야 한다. 많은 헤드셋들이 투박하고 부자연스러우며 매우 제한된 시야각만을 가지고 있어, 기기들이 제약이 많은 것처럼 보이고 고위험 환경(창고, 산업 현장 등)에서 위험할 수 있다.

위에서 나열된 사항이 긴 단점 목록처럼 보일 수 있지만, 이들은 잘 알려진 사항이고 이미 개선책이 개발중이다. 따라서 AR이 약속하는 일의 미래를 달성하기 위한 진정한 도전은 기술적 문제가 아니다. 이는 AR이 일 자체를 어떻게 바꿀 수 있느냐에 달려있다. 다시 말해 AR의 영향은 단순한 기술을 넘어서 확대 가능하고, 우리가 개인 및 팀으로서 어떻게 일하느냐를 다루게 된다. 여기가 AR에 대한 진정한 장애물이 놓여있는 곳이며, 결과적으로 조직이 AR이 융합된 업무 환경을 이루기 위해 중요한 첫 발자국을 내디뎌야 할 영역이다.

조직의 리더는 강화된 업무환경의 부상을 지원할 필연적인 기술의 맹습에 직원들을 대비시키기 위해 혁신 및 협업을 향한 직장 문화의 전환이 필요하다는 점을 이해해야 한다. 리더는 또한 기술과 적시의 학습을 조직의 DNA에 통합시키기 위해 보상 방안을 제공해야 한다.

다음은 리더가 보다 혁신적이고 협력적인 문화를 구축하기 위해 채택할 수 있는 몇 가지 실무 방안의 사례다.

- 탐색적인 '적시' 학습을 높이 사라. '점심시간을 통한 학습'을 통해 문제에 대한 솔루션과 우수 운영사례를 동료들과 공유하는 것뿐만 아니라 테드 강연(TED Talks) 동영상의 시청이나 교육적인 팟캐스트의 청취 같은 활동을 하는 직원들에게 가산점을 부여하라. 이들 비공식적인 교육 활동은 특히 적극적인 문제 해결을 가치 있게 여기는 문화의 육성에 도움을 줄 수 있다.

- 새로운 생산성 도구들이 사용 가능해질 때 도입률을 높이기 위해 새롭게 떠오르는 도구들[예: 스카이프(Skype), 페이스타임(Face Time), 스피치투텍스트(Speech to Text)]의 사용을 촉진하라. 도구의 사용을 쉽게 만들고, 실행 계획에 신기술 사용에 대한 포상을 포함시켜서 이를 달성 가능하다. 예를 들어 보다 많은 원격회의를 개최하거나 재택근무 기회를 제공함으로써 직원들이 웹캐스트, 화면 공유, 실시간 채팅 도구를 사용하도록 권장할 수 있다.

- 기술 통합과 놀이의 문화를 창조하라. 기술 솔루션을 빠르게 채택하는 조직은 놀이의 권장이 자주 이뤄지는 탐구적 문화를 수립해왔다. 문제 해결에 어떤 도구가 사용될 수 있는지 파악하기 위한 '놀이 시간'을 동료들에게 제공하는 해커톤 같은 활동을 개최함으로써, 혁신과 문제해결이 조직의 중요한 측면으로 인식되는 문화를 창조 가능하다.

- 직원들 사이에 빠른 실패를 통해 배우는 문화를 육성하라. 실패에 대

한 두려움이 혁신을 제약하고, 문제 해결을 억누르며, 일터를 보다 효율적으로 만들 수 있는 도구의 채택을 지연시킬 수 있다. '빠른 실패' 사고방식을 장려하는 문화에서는 실험이 지원되고 실패가 학습의 기회—따라서 성공을 향한 경로의 디딤돌로 취급되는—로 여겨져 시장에서 혁신이 등장하자마자 빠르게 이에 적응할 수 있다.

이러한 특성을 직원들 사이에 녹아 들게 해, 조직이 AR의 혜택을 활용하는 태세를 갖추도록 확실히 함으로써, 기술의 발전이 어디로 향하든(심지어 달까지라도) 따라갈 수 있을 것이다.

조 마리아니(Joe Mariani)는 딜로이트 서비스 LP의 매니저이며, 조직의 통합 리서치 센터에서 사물인터넷 연구를 이끌고 있다.

브렌나 스나이더만(Brenna Sniderman)은 딜로이트 서비스 LP의 시니어 매니저이며, 조직의 통합 리서치 센터에서 디지털 연구를 이끌고 있다.

캐리 하(Cary Harr)는 딜로이트 컨설팅 LLP 디지털 사업부의 시니어 매니저이다. 지도 기술, 시뮬레이터 개발, 게임 디자인, 프로젝트 관리에 대한 전문지식을 보유하고 있다.

모빌리티의 미래는
어떻게 일자리와 고용을 재형성할까?

모빌리티의 미래에서의
고용과 일자리

　모빌리티의 미래는 사람과 상품이 이동하는 방식의 변환을 약속하는데, 공유 및 자율주행차량이 보다 빠르고 깨끗하며 저렴하고 안전한 운송의 기회를 제공하기 때문이다. 이러한 잠재적인 변화가 수반되면 노동력의 급격한 변화가 일어날 수 있다. 운송 방식이 근본적으로 바뀔 때, 거의 700만 명에 이르는 미국 자동차 업계의 근로자들과 약 400만 명의 직업 운전자들에 대한 시사점은 무엇일까? 모빌리티의 미래가 창고근로자와 공공업무 직원처럼 운송이 어떻게 제공되느냐에 크게 좌우되는 수많은 보조적인 일자리에 어떤 영향을 미칠까? 모빌리티가 제품 중심에서 서비스 중심으로의 변화를 확대시키고, 데이터가 더욱 큰 역할을 할 것으로 예상됨에 따라 기업과 정부는 이러한 잠재적인 변화의 요구를 그들의 노동력이 충족시킬 수 있도록 어떻게 준비시키고 적응시킬 수 있을까?

이 칼럼은 모빌리티의 미래가 어떻게 기업의 인재 니즈와 더 광범위한 노동력에 영향을 미칠 수 있는지 살펴본다. 우선 새로운 모빌리티 생태계로 이어지는 것으로 보이는 사회적 및 기술적 변화를 살펴보는 일부터 시작한다. 그런 후 모빌리티의 환경 전반에 걸쳐 노동력에 영향을 미칠 것으로 예상되는 대단히 중요한 트렌드를 파악한다. 마지막으로 자동차, 트럭운송, 노령층 의료 등 몇몇 특정 부문을 들여다보고 이들 트렌드가 다양한 맥락에서 어떻게 펼쳐질지를 간략하게 살펴보겠다.

이 칼럼의 목표는 어떤 일자리가 가장 영향을 받을지, 어떤 새로운 기회가 생기고 이를 실현하기 위해 무슨 기술이 필요할지, 모빌리티의 미래와 일의 미래를 위해 조직이 어떻게 스스로를 준비하고 소속 직원들을 어떻게 준비시킬지를 알아보는 것이다.

장기적으로, 그리고 종합적으로 보면 낙관할만한 이유가 있다. MIT 경제학자 데이비드 오터(David Autor)가 말했듯이 "모든 성인이 오로지 건전한 생각과 좋은 성격만을 기반으로 생계를 유지할 수 있게 보장하는 근본적인 경제법은 없지만" 역사적으로 노동에 대한 수요는 기술이 발전함에 따라 증가하는 경향이 있다. 하지만 그 여정이 순탄

한 경우는 거의 없어서 종종 임금 양극화로 이어지는 격변과 중요한 경제적·정치적·사회적 혼란을 일으킬 가능성이 있다. 떠오르는 모빌리티 생태계의 이해관계자들이 어떻게 내일의 노동력을 벼릴 것인지를 고심할 때, 러다이트가 기술 그 자체에 반대한 것이 아니라 그 적용에 반대했다는 사실을 기억해야 한다. "러다이트는 견습직을 거친 근로자가 기계를 돌리고 적당한 임금을 받기를 원했다. 그것이 유일한 관심사였다."

이런 점에 있어 모빌리티 생태계 전반의 이해관계자들은 그들의 비즈니스 모델과 노동력을 위해 늘어난 자동화 및 혁신으로 인한 '격변의 수용'을 잘 행해야만 한다. 직원들의 여정에의 동참이 이들 기회의 활용에서 필수적이다. 이러한 기술의 최전선에서 길을 찾기 위해 기업은 지속적인 학습 기회를 창출하고, 기술 역량을 진화시키며, 일자리를 조율하고 재고하는 방안을 고려 가능하다.

모빌리티의 미래에 대해
이해하기

운송의 변화가 어떻게 근로자에게 영향을 미칠 수 있는지 이해하려면 먼저 모빌리티 생태계가 어떻게 진화할 수 있는지 이해해야 한다. 사회적 및 기술적 트렌드의 수렴—특히 공유 모빌리티와 자율주행 차량의 전망—은 사람과 상품이 A지점에서 B지점으로 이동하는

그림 1 미래 모빌리티 생태계

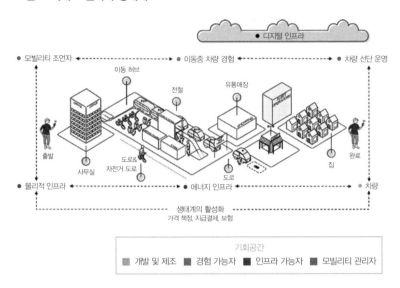

출처: 딜로이트 애널리시스

방식을 재형성하는 중이다. 특히 도심 지역에서는 공유된 자율주행차가 다른 유형의 이동수단과 통합되어, 끊김 없는 주문형 복합 운송을 제공하는 모빌리티 생태계를 창조할 수 있다(〈그림 1〉).

그러한 시스템이 작동되려면 다양한 일련의 참여자가 필요하다. 차량 개발(Vehicle development)은 중요성을 유지할 것으로 보인다. 자동차 제조사업은 소형의 실용적인 자율주행 '팟(Pod)'부터 고도로 맞춤화된 개인 소유의 자율주행차까지 신제품들을 등장시킬텐데, 이들 차량은 심지어 오늘날 이미 고도로 자동화된 산업에서도 자동화된 생산에 훨씬 더 적합할 수 있다. 차량 내 운송 경험(In-vehicle transit experience)도 핵심 역할을 하게 된다. 미국의 운전자들은 하루에

약 1억 6천만 시간을 운전석에서 보내는데, 그만큼의 시간이 공유 및 자율주행 모빌리티 덕분에 자유로워진다. 콘텐츠 제공자, 데이터 및 애널리틱스 회사, 광고회사, 엔터테인먼트 장비 제공자, 소셜 미디어 기업을 포함한 '경험 가능자(Experience enabler)'들이 이 공백을 채우기 위해 몰려들어 여정을 편안하고 생산적이며 재미있게 만들 것이다.

물리적 인프라 가능자(Physical infrastructure enablers)는 교통흐름 관리뿐만 아니라 스마트 통행료 징수와 도로이용료 동적 가격책정 서비스의 제공을 고려할 수 있다. 에너지 공급업체와 유통업체는 배터리 충전 및 교환을 포함해 점점 더 복잡해지는 공급사슬을 관리하게 된 자신들의 처지를 깨닫게 될 수 있다. 데이터가 새로운 석유가 되면서 병렬 디지털 인프라가 모든 면에서 중요해질 수 있다. 이 분야에서 성공하려면 기업은 모바일 기기와 사물인터넷(Internet of Things) 체제뿐만 아니라 차량들을 이어줄 수 있는 생태계 전반에 걸쳐 공유되는 수평적인 운영 시스템, 끊김 없는 연결성, 네트워크 보안을 제공해야 한다.

모빌리티 관리(Mobility management)는 생태계의 또 다른 중요 요소가 될 가능성이 크다. 모빌리티 조언자는 용이한 접근성, 최고 수준의 이동 중 경험의 제공, 원활한 지불프로세스 및 고객 만족을 보장해 매끄러운 복합운송의 경험을 구현하는 것을 목표로 한다. 조언자는 고객의 선호, 교통 데이터 등을 사용해 각 여정에 대한 가장 편리하고 비용 효과적인 모빌리티 계획을 맞춤화한다. 이는 모빌리티 데이터 수집, 예측적 애널리틱스, 사용자 제어, 관계 매니지먼트를 개발하는 것을 의미한다.

분명히 이들 변화가 일으키는 효과는 자동차 산업을 훨씬 넘어 보험 및 금융산업부터 정부, 에너지 산업, 그리고 그 이상의 모든 분야에 영향을 미칠 전망이다. 또한 새로운 모빌리티 생태계가 사람과 상품이 이동하는 방식을 변화시킴에 따라 여러 영역에서 일의 본질을 변환시킬 수 있다. 일부 직업에 대한 수요가 감소하고, 기존의 직업이 변하며, 새로운 유형의 직업이 생겨나고, 성공을 위해 필요한 기술이 바뀌게 된다.

모빌리티 노동력 변화의
3가지 동인

일이 무엇인가와 어떻게 이뤄지는가에 영향을 미칠 수 있는 모빌리티의 미래에서 비롯된 3가지 중요한 트렌드를 살펴보자.

:: 자동화와 증강

자동화는 확장된 글로벌 자동차 산업에서 새로운 것이라 하기 어렵다. 논쟁의 여지없이 자동차 산업은 자동화에 기반하고 있다. 세분화되고 부분적으로 자동화된 반복 과업을 수행하는 조립 라인을 통해 제조업체는 약 1세기 전부터 자동차를 대중에게 제공 가능했고, 자동차 제조사는 새로운 많은 생산 프로세스를 구현하는 최전선에 있어왔다. 그러나 점점 더 정교한 인지 기술이 출현하고, 여기에 사물인터넷을 통해 온갖 종류의 사물을 저렴하게 모니터링할 수 있는 능력의 향상이 동반됨에 따라 기계 제어가 가능해진 과업의 범위가 상당히 늘어남이 시사된다.

모빌리티의 미래에 있어 이러한 경향은 자율주행차량의 등장에서 가장 극적으로 그리고 분명하게 나타날 수 있다. 자율주행 승용차 및 트럭은 380만 명이 넘는 미국의 직업 운전자들(차량 호출 및 기타 서비스에 대한 계약직 운전자와 파트타임 운전자 수천 명은 제외한 것으로 추정되는 수치)에게 도전과제를 제기한다. 이 기술은 시장 준비가 완료될 때까지 몇 년이 남아있고, 기술의 채택은 매우 고르지 않을 가능성이 크며 규제와 소비자 태도에 달려 있을 것으로 보인다. 그럼에도 불구하고 그 영향은 심대할 수 있다. 딜로이트의 예측에 따르면 2040년까지 승객 이동거리의 60% 이상이 완전 자율주행차량에 의해 이루어질 것이라고 한다. 일부 직업 운전자들이 그 영향을 완화하기 위해 준비하고 있다는 것은 전혀 놀랍지 않다.

택시 운전사와 트럭 운전사에 대한 영향은 언론에 대서특필될 수 있으며, 인공지능과 관련 기술이 모빌리티 생태계 내의 다른 직종에 미치는 영향 역시 이에 못지 않게 심대할 가능성이 크다. 예를 들어 이미 고도로 로봇화된 자동차 조립이 더욱 자동화되는 중이고, 산업용 로봇이 더 많은 종류의 과업을 수행할 수 있게 해주는 역량(예: 센서를 사용해 '보는' 기능)을 획득하거나, 인간 근로자를 지원하는 새로운 형태(예: 반복된 동작으로 인한 손의 스트레스를 줄여주는 '로봇형 장갑')

그림 2 일부 선택된 모빌리티 관련 직업들의 자동화 잠재력

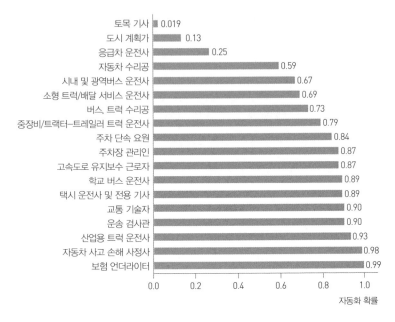

직업	자동화 확률
토목 기사	0.019
도시 계획가	0.13
응급차 운전사	0.25
자동차 수리공	0.59
시내 및 광역버스 운전사	0.67
소형 트럭/배달 서비스 운전사	0.69
버스, 트럭 수리공	0.73
중장비/트랙터–트레일러 트럭 운전사	0.79
주차 단속 요원	0.84
주차장 관리인	0.87
고속도로 유지보수 근로자	0.87
학교 버스 운전사	0.89
택시 운전사 및 전용 기사	0.89
교통 기술자	0.90
운송 검사관	0.90
산업용 트럭 운전사	0.93
자동차 사고 손해 사정사	0.98
보험 언더라이터	0.99

자동화 확률

출처: 칼 프레이(Carl Frey)와 마이클 오스본(Michael Osborne), '고용의 미래: 일자리들이 컴퓨터화에 얼마나 취약한가?' 기술적 예측 및 사회적 변화 114(2017); 미국 노동통계청; 딜로이트 애널리시스

를 취하고 있기 때문이다. 보험 인수부터 주차 단속, 자동 대출 개시에 이르기까지 다양한 개별적 과업이 점점 더 센서, 데이터 분석, 인지 기술의 일련의 조합에 의해 이뤄짐을 볼 수 있다.

영향의 크기와 범위는 산업에 따라 다를 수 있지만, 〈그림 2〉는 많은 모빌리티 관련 직업들이 자동화(또는 수치를 계산한 어느 경제학자의 용어에 따르면 '컴퓨터화')에 매우 취약함을 시사한다. 〈그림 2〉의 추정치는 완전하거나 확정적인 것이 아니고 예시를 통한 설명을 목표로 한다. 하지만 자동화가 모빌리티 생태계 전반에 걸쳐 많은 역할에 영향을 미친다는 점은 분명해보인다.

:: 물리에서 디지털로, 상품에서 서비스로

새로운 기술이 일이 이뤄지는 방식을 자동화하고 증강할 때, 왜 일이 이뤄져야 하는지에 대한 이유에도 똑같이 근본적인 변화가 일어날 수 있다. 개인 소유 차량이 특히 도시 지역에서 개인 모빌리티의 개념과 분리될 수 있기 때문에, 가치는 물리적 자산을 벗어나 안전하고 깨끗하며 효율적이고 맞춤화된 여행을 가능케 하는 디지털 역량으로 점점 더 이동할 수 있다(〈그림 3〉 참조). 결과적으로 데이터, 네트워크, 소프트웨어 및 서비스가 이동의 모든 면에서 점차 중요해지고, 이것이 전통적인 제조업의 희생을 일으킬 수 있다.

이러한 변화에 대한 일부 징후는 이미 있었다. 예를 들어 차량 호출 서비스 제공업체인 우버의 시장 가치(아직 미상장)는 오랫동안 확고한 입지를 다져온 자동차 제조업체들의 가치를 초월한다. 딜로이트의 분석에 따르면, 연결성을 필요로 하는 미래 모빌리티 사용 사례들의 통신 대역폭이 2020년까지 매달 약 0.6엑사바이트(1엑사바이트=10억 기가바이트)의 데이터 통신량을 생성할 것으로 예상된다. 이는 미국 전체 무선 데이터 통신량의 약 9%에 해당한다.

가치가 물리에서 디지털로, 상품에서 모빌리티 서비스로 이동할 가능성이 크기 때문에 어떤 기술이 요구될지 어떻게 가치가 매겨질 지에도 변화가 일어날 수 있다. 미래 모빌리티 생태계에 필수적인 기술 및 서비스에 유창한 사람들의 인기가 높아지고 그에 걸맞은 보상이

그림 3 미래 모빌리티 가치 시스템

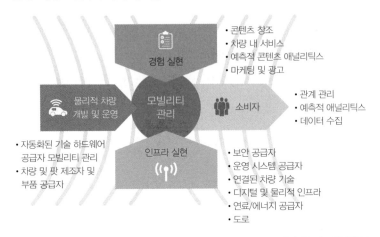

출처: 딜로이트 애널리시스

이뤄질 것으로 예상된다. 딱 한 가지 예를 들자면 자동차 공급 부문에서 '컴퓨터 시스템 소프트웨어 엔지니어'는 몇 년 동안 연속으로 가장 많은 구인광고가 제시된 일자리다. 그러나 여기에는 난제가 있다. 모빌리티의 미래를 정의할 것으로 보이는 기술 중심 일자리는 더 높은 기술력을 요구하고, 더 나은 임금을 제공하며, 더욱 향상된 생산성을 약속하지만 오늘날의 확장된 운송 산업에 비해 훨씬 일자리의 수가 적을 가능성이 크다. 이는 재교육 및 소득 지원 등의 프로그램을 포함해 그러한 전환을 원활하게 도와주는 정책 메커니즘이 실질적으로 필요함을 시사한다.

:: 향상된 모빌리티가 더 많은 모빌리티 수요를 추진할 수 있다

기술이 노동력을 단순히 대체하는 것이 아닌 보완하는 정도에 따라, 이는 생산성 향상과 전반적인 일자리 증가를 위한 강력한 동력을 종종 창출하게 된다. 딜로이트의 분석결과는 모빌리티 생태계를 다시 상상해서 새롭게 개방 가능한 엄청난 잠재 가치가 존재함을 시사한다. 운송의 마일 당 비용은 공유된 자율주행 차량의 세계에서 오늘날 대비 2/3로 줄어들 수 있다. 모빌리티가 잠재적으로 더 저렴하고, 더 빨라지고, 더 편리해짐에 따라 새로운 인구집단(예: 노령층)이 접근성을 얻고, 전반적인 수요가 늘어날 수 있다. 딜로이트는 2040년까지 미국의 총 이동거리가 20% 증가할 것으로 추정한다. 전자 상거래의 부상으로 인한 물동량의 증가는 2000년 이후 꾸준했으며, 둔화될 조짐이 거의 없다.

이 모든 것이 인력에 대한 상당한 수요를 가리키는 것일 수 있으며, 자동화 혹은 가치 창출 원천의 이동이 초래할 수 있는 모든 마찰을 최소한 상쇄하거나 심지어 무효화시킬 수 있는 잠재력을 가지고 있다. 그러한 고용이 기존에 존재하던 유형의 일에 대한 더 큰 수요에 의해 비롯될 수도 있지만, 아직 등장하지 않은 완전히 새로운 종류의 직업군에서 창출될 가능성도 있다.

경제적 측면에서 볼 때 가정에서 궁극적으로 상품(이 경우 모빌리티를 지칭)을 더 적게 소비하는 경우에도, 가정은 다른 곳에(차량 내 콘텐츠 소비 혹은 모빌리티 관리 서비스에) 그 자금을 할당할 수 있고, 일자리는 대개 소비를 따라가는 경향이 있다.

모빌리티의 미래를 위한
노동력 준비

이들 3가지 트렌드가 어떻게 전개될지는 부문별로 매우 다를 수 있으며, 조직의 근로자를 준비시키기 위한 모범 사례도 마찬가지로 달라질 수 있다. 이제 서로 다른 산업들이 어떻게 영향을 받을 수 있는지, 그리고 기업이 어떻게 최선의 대응을 할 수 있는지에 관해 몇 가지 두드러진 사례를 살펴보자.

:: 자동차 제조사 및 공급업체

지난 몇 년간 기록적인 매출을 이어온 덕분에 자동차 제조사는 모빌리티의 미래에서 자신의 위치를 정의하고 공격적으로 투자를 시작할 수 있는 여력을 갖고 있다. 이들이 새로운 비즈니스 모델, 협력 기회 및 기술을 탐색함에 따라 이런 활발한 활동이 또한 노동력 내부의 변화와 마찰을 일으킬 수 있다. 서로 다른 기술과 니즈를 가진 새로운 자동차산업 근로자의 역할이 크라우드 소싱과 유연한 내부 인재 시장 같은 새로운 조직적 구조와 함께 나타날 수 있다.

이들 새로운 역할의 니즈를 충족시키는 일은 수십 년 동안 자동차산업을 정의해왔던 기존의 노동력과 어떻게 기업이 관계하고 유지할 수 있는가에 대해 예외 없이 영향을 미치게 된다. 그러한 도전과제는 새로운 디지털 노동력을 유치하고 유지하며 개발하기 위해 진화 중인 니즈를 충족시키는 미래 지향적인 인재 모델을 생성할 가능성이 크고, 동시에 결과적인 문화적 및 운영상의 변화를 조직의 광범위한 니즈와 균형을 맞출 것이다.

자동차 회사는 차량 공유와 모빌리티 서비스를 중심으로 하는 새로운 비즈니스 모델 및 자율주행차량을 추구하는 동시에, 이러한 큰 흐름을 상업화하는 데 필요한 기술에 대해 숙고해야 한다. 많은 기업들이 중요한 영역에서 입지를 다지는 빠른 방법으로 '기업 인수'에 의지해왔지만, 유입한 인재를 유지한다는 것은 자동차 회사가 유연성·목적·경험을 중시하는 기술 중심적 인재 시장의 구미에 반드시 맞춰야 함을 의미한다. 이들 디지털에 능숙한 근로자들은 일반적으로 독립성과 투명성에 익숙하다. 따라서 그들은 팀, 생산성, 권한 부여를 중심으로 설계된 '완전한 종단간 경험'을 기대한다. 이는 할당된 업무들 간을 매끄럽게 전환할 수 있는 능력부터 의미와 목적 있는 업무에 중점을 둔 인재 경험을 창출하는 디지털 플랫폼의 사용에 이르기까지 모든 것을 망라할 수 있다. 경력 개발 및 내부이동성의 중요성이 강화되기 시작할 수 있는데, 이는 수천 건의 개인화된 경험을 관리하기 위한 자체 프레임워크를 필요로 한다. 이들 경험은 그들을 둘러싼 기술이 진화하는 속도만큼이나 빠르게 움직인다.

새로운 유형의 근로자, 기술, 역량을 기존의 검증된 모델에 통합하는 일이 쉽지 않은 경우가 많다. 미시간 주(州)의 "우리는 지성에 기반해 운영한다" 같은 캠페인은 인식을 바꾸고 신세대에게 중서부지역의 자동차 업계 경력이 실리콘밸리의 경력만큼 보람 있는 일임을 확신시키는 것을 목표로 한다. 그러나 단순히 근무시간 코드화, 직장 보육,

2부 인공지능 시대의 일과 일자리 149

유연한 근무 환경 같은 기술 기업의 과시적인 요소를 채택하는 활동만으로는 충분하지 않을 수 있다. 자동차 제조사는 이 잠재적으로 새로운 유형의 근로자들을 지원하고 성공을 가능케 하는 경험을 창출하기 위해 적절한 인프라를 필요로 한다. 궁극적으로 중간 관리자는 매력적인 경험을 통한 '항시' 학습과 발전의 새로운 문화를 창조해야만 한다. 이를 통해 오늘날의 인재 모델을 유연하고 개방된 인재 시장으로 전환해 새롭게 떠오르는 인재 니즈를 효과적으로 수용 가능하다.

인재풀이 바뀌고 확대될지라도 자동차 제조사는 수십 년 동안 불을 밝혀온 경영 본부와 생산라인의 노련한 직원들에게 계속 의존할 것이다. 그러나 심지어 그런 곳도 생산하는 차량의 유형(상대적으로 단순한 자율주행차인 '팟' 같은)과 수량이 변할 수 있기 때문에 이들 근로자의 수와 기량이 바뀔 수 있다. 자동차 제조사가 모빌리티의 미래에서 성공하는 데 중요한 이들 근로자는 경력 개발에 대해서 서로 다른 정의를 가진 경우가 많다. 그리고 자동차 회사가 인재 방정식을 바로 잡길 추구함에 따라 이들 서로 다른 관점들 간의 균형을 맞출 필요가 있다. 이는 이미 자리 잡은 유구한 역사에 기반해 건설하는 일과 미래에 대한 매우 명확한 비전을 창조하는 일, 2가지 모두를 의미한다. 흥미진진한 미래는 기술에 의해 가능해진 고객 중심의 미래다.

인적 자원 조직은 새로운 인력 계획 사고방식을 추진하는 데 있어 중요한 역할을 한다. 애널리틱스·로봇공학·인공지능을 중심으로 한 기술 요건, 그리고 그 이상을 예측해야 할 필요성은 일이 이뤄지는 방식을 기술이 어떻게 변화시킬 수 있는지에 대한 장기적인 구상을 필요로 한다.

또한 이들 변화를 가능하게 하기 위해 떠오르는 새로운 기량이 언제 필요하고, 이들 기량이 조직의 어디에 자리 해야 할지를 알아야 한다. 변화의 추세가 오로지 가속되기만 할 것으로 예상되기에, 변화하는 니즈의 스펙트럼을 지원하기 위한 '적절한 속도'의 인재 부서에 걸맞은 보다 유연한 모델을 만드는 작업이 조직에 필수적이다. 관리자와 HR 리더는 다음과 같이 시작할 수 있다.

- 팀들의 네트워크를 자유롭게 하라. 목표 중심적이고 교차기능적인 결과를 보다 빨리 산출할 수 있는 '집중적이고 자율적이며 덜 계층적인' 팀들을 통한 조직의 생태계를 구축함으로써 스타트업의 사고방식을 활용하고 부서 간의 장벽을 무너트리는 방안을 고려하라.

- 계층구조를 재고하라. 조직의 네트워크가 전통적인 계층 구조를 대체함에 따라, 지속적인 학습에 뿌리를 둔 다목적의 유연한 경력 경로를 탐색함으로써 '경력'의 의미와 이를 개발하는 데 무엇이 필요한지를 다시 점검해보라. 이는 특히 혁신적인 모빌리티 기회를 모색하는 조직의 일부에 적용 가능하다.

- 디지털 리더를 육성하라. 위험 감수는 고(高)성과 리더십 문화의 가장 중요한 동인들 중 하나가 된 것으로 보이며, 새로운 디지털 기술을 배우지 않는 리더는 1년 내에 조직을 떠날 가능성이 6배나 높을 수 있다. 이러한 상황이 디지털 매체 및 가상 플랫폼 전반에 걸친 새로운 도구와 관리 접근법을 편안하게 느끼는 대담한 리더의 육성을 어느 정도

중요하게 만들 수 있다.

- 직원들을 활기차게 만들라. 매력적인 직원 경험을 구축하기 위해 성과 관리, 참여, 보상을 어떻게 조직하고 접근할 것인가에 있어 내부 크라우드소싱 및 해커톤의 활용을 고려하라.

- 실시간 측정의 문화를 창조하라. 조직이 정보에 기반한 그 순간에 딱 맞는 인재 의사결정을 내리는 데 도움이 되도록 참여, 채용, 이직에 대한 실시간 지표를 제공하는 애플리케이션에 투자하는 것을 고려하라.

- 학습을 인식하는 것은 모든 사람들의 일이다. 학습은 조직의 각 부분에 매끄럽게 내재되어야 하는 필수 요소가 되어가는 중이다. 즉흥적인 점심 모임이나 주문형 오픈소스 플랫폼 같은 공식적 및 비공식적인 지식 공유를 통해, 직원들이 그 안에서 자신들의 발전 과정을 계속하길 원하는 환경을 조성하기 위한 학습 문화의 창조를 고려하라. 새로운 자동차, 새로운 조립 기법 및 완전히 새로운 비즈니스 모델이 자동차 산업에서 점점 더 중요한 역할을 할 수 있기 때문에 이는 아마도 필수적일 것이다. 이는 자동차 제조업체에게는 도전적이고 흥미로운 시간인데, 상징적인 글로벌 브랜드들에 의해 정의된 산업을 재형성할 수 있는 기회를 차세대 인재들이 가지기 때문이다. 지금은 자동차 산업이 과거와 연을 끊고, 투지와 헌신을 기울여 미래의 자동차 산업 근로자를 위한 새로운 장을 시작할 때인 듯하다.

확장된 운송 부문:
트럭운송

확장된 운송 부문보다 모빌리티의 미래가 보다 가시적이고 획기적으로 영향을 미칠 수 있는 산업 분야는 아마 없을 것이다. 운전사는 보이지 않고 전적으로 센서와 소프트웨어가 주행하는 18륜차─8만 파운드의 강철 및 화물─가 고속도로를 순항할 가능성은 운송 회사를 흥분시키는 동시에 과속하는 트럭 운전사에게 걱정을 안길 가능성이 크다.

운송 부문은 미국 경제의 상당 부분을 차지하며, 2045년에는 총 GDP 중 1.6조 달러에 해당하리라 예상된다. 화물 이동의 가장 큰 부분을 담당하는 트럭운송 산업은 2040년까지 화물운송 용적 톤수의 43% 증가가 추정된다(132억에서 188억으로 증가). 이러한 성장의 수용은 이미 무리하고 있는 노동력을 포함해 산업의 모든 구성요소에 엄청난 압박을 가할 것이다. 1980년대 이후, 트럭운송 산업은 높은 수준의 자발적인 이직률을 경험해왔다. 그 중 많은 부분이 저임금, 고령화되는 근로자, 그리고 장거리 운전과 연관된 건강상의 악영향에 기인한다. 이러한 도전과제는 업계의 규정 준수 및 안전 기록에서 드러나고 있다(근무시간 위반은 트럭운송 산업을 괴롭히는 주요 문제 중 하나다). 역사적인 기준으로 볼 때는 여전히 낮은 수준이긴 하지만, 최근 몇 년간 대형 트럭이 관련된 충돌 사고도 늘어났다. 비즈니스 모델 및 인재 풀의 중요한 변화가 없다면, 증가하는 수요를 충족시키기 위해 2025년까지 필요하다고 미국 트럭운송 협회가 예상하는 89만 명의 새로운 운전사들을 어떻게 트럭운송 산업이 끌어 모을지 방법을 찾기 힘들 수 있다.

자율주행차량(AV) 기술의 등장은 이러한 노동 문제의 많은 부분을 개선하거나 제거 가능하다. 영향의 상당 부분은 미래의 차량이 단지 부분적으로만 자율적인지, 운전자 보조 기술을 채용하는지 혹은 인간이 운전석에 있을 필요가 없거나 혹은 있다고 기대되지 않는 진정한 무인화가 이뤄지느냐의 여부에 달려 있다.

고속도로 환경을 위한 적응식 정속주행 시스템 같이 상대적으로 대단치 않은 수준의 자동화조차 근로시간 위반을 크게 줄이는 게 가능하다. '모니터링을 수행하는' 운전자의 부담이 능동적으로 운전대를 조작하는 운전사의 부담보다 경미함을 규제당국이 인식하고 시대에 보조를 맞춘다고 가정할 때 말이다. 가까운 장래에 만약 운전자의 휴식시간이 늘어나 전반적인 건강과 복지가 개선된다면, 운전자 부족과 이직이 크게 감소할 수 있다. 젊은 운전자들은 새롭고 정교한 기술이 사용되기에 이 업계에 끌리게 된다. AV 기술을 운영하고 유지하는 데는 보다 정교한 기술 집합이 필요하기에 임금도 인상된다.

보다 먼 미래에는 AV 기술이 트럭운송 산업에 침투하기 시작하면서 완전 자동화된 시스템이 '운전사'를 트럭에서 완전히 제거하게 될지도 모른다. 그들은 아마도 대신에 중앙 운영센터에서 몇 대의 트럭에 대한 원격 감독을 수행하거나, 트럭 집단의 선두 차량에서 이동 중의 계획 및 물류에 집중할 것이다. 고객 관계 관리, 장비 관리, 경로 계획 및 화물 관리 같이 인간의 개입을 필요로 하는 업무가 새로운 중요성을 가지게 된다.

하지만 새롭게 확장된 책임은 AV 선단을 관리, 운영 및 유지하는 데 필요한 기술과 잠재적인 일자리 유형의 변화를 필요로 하게 된다. 예를 들어 중앙 허브에서 일하는 '선단 감시자'는 도로상의 차량들이 원활하게 작동하는지 확인하기 위해 추적 시스템, 동적 경로 변경 및 AV 기술을 어떻게 이용하는지를 이해해야 한다. 조사관과 심지어 법률 집행관도 신기술을 인식하고 그 신기술을 관장하는 주정부 및 연방정부의 규제를 이해할 필요가 있다. 운송 기업을 위해 일하는 기술자들은 점점 정교해지는 자동화된 운영 시스템을 어떻게 수리할 수 있는지 배워야 한다.

업계에서 AV 기술을 채택하는 속도는 투자 수준과 규정 변경 및 트럭 산업에 확실한 이점을 제공할 수 있는 인프라지원의 출현에 크게 영향받을 것이다. 부분적 자율운행조차 널리 보급되는 데는 적어도 수십 년이 걸리고, 아마도 완벽한 자율주행 트럭의 등장은 그보다 10년 이상 걸릴 전망이다. 즉 업계 노동력의 준비를 시작할 필요가 있다. 부분 자율주행차량의 세계에 대처하기 위해 트럭운송 회사는 다음을 고려해야 한다.

- 자율주행 시스템을 트럭 선단에 통합하는 일의 경제성은 무엇인가? 운송 노선의 거리와 복잡성, 주요 화물 유형 및 노동 관련 난제의 성격에 따라 부분 자율주행차량에의 투자가 타당하지 않을 수 있다. 우리는 이 기술의 가장 큰 혜택이 장거리 이동시 운전자의 피로 감소,

교통사고 감소 및 연료 경제성 개선(군집 주행을 통한)에서 비롯될 것이라고 예상한다. 최종 단계 배송에 중점을 둔 사업체는 기존 시스템을 업그레이드해도 이득이 크지 않을 수 있다.

- 이것이 소유-운영자 노동 모델에 영향을 미치고, 독립 계약자가 전통적으로 부담했던 무거운 부채 부담을 포함해 계약 조건에 영향을 미칠 것인가? 단기적으로 부분 자율주행차량은 소유-운영자가 더 멀리 더 오래 운전할 수 있게 해줄 것이다.

- 대형 운송업체에 있어, 신기술 습득 수준에 관해 광범위한 차이가 있는 운전사 집단을 교육시키기 위한 가장 효과적인 방법은 무엇일까? 기업은 다양한 이러닝 대안을 시작점으로 고려하거나 또는 최신 시스템에 익숙한 직원들을 채용하기 위해 자연적인 인력 퇴직을 활용하는 방안을 생각해볼 수 있다.

- 이것이 보상 모델에 영향을 미쳐 트럭운송 회사가 직원들에게 지불하는 급여가 인상될 것인가? 부분자율주행 트럭을 운영하기 위해 새로운 면허 혹은 기술역량이 요구된다면 인건비가 상승할 수 있다.

장기적으로 완전자율주행 시스템이 운전사를 완전히 대체하기 시작할 수 있기 때문에, 운송회사는 자사의 노동력을 근본적으로 재형성할 필요가 있다. 고려해야 할 주요 질문은 다음과 같다.

- 어떻게 고용주가 자율주행 트럭 선단을 유지, 운영 및 감시하는 데 필요한, 상당한 교육수준을 갖춘 고숙련 인력을 유치할 수 있을까?

- 소유 – 운영자는 어떻게 될 것인가? 운전자의 필요성이 없어지면, 소규모 소유 – 운영자 및 화물 운송을 위해 이들에 의존하는 운송회사의 비즈니스 모델의 생존 능력이 의심받을 수 있다.
- 조직 구조는 어떻게 조정될 것인가? 지금까지의 운전자가 파견 또는 운영 역할을 맡는다면, 기업의 자산 구성 및 지리적 공간에 영향을 미치고, 이들을 수용하기 위한 새로운 운영 허브가 필요해질 가능성이 있으며, 혹은 가상 인력 활용으로의 전환 가능성도 있다.

의존적 모빌리티에서
벗어나는 노인들

새로운 모빌리티 생태계의 노동력에 대한 함의는 우리가 예상치 못한 경제의 구석 부분까지도 미친다. 노년층의 삶의 방식 선택에 모빌리티의 미래가 심대한 영향을 미칠 수 있는 영역인 노인 부양에 관해 생각해보자.

일반적으로 고령자에게 중요한 전환점은 그들이 운전 능력을 상실하는 날이었다. 이는 많은 노인들이 두려워하는 개인적인 독립성의 손실과 같다. 결과적으로 사회적 모임, 쇼핑, 병원 방문을 위해 사랑하는 사람들에게 의존해야 하는 상황은 많은 노인들의 자아 의식, 자율감, 행복감에 큰 영향을 미친다. 이러한 '의존적 모빌리티'로의 전환은 종종 노인과 그 가족들을 요양원으로 옮기게 만든다. 하지만 대부분의 노인들은 자신의 집에 머무는 것을 더 원한다고 말한다.

편리하고 비용 효과적인 승차공유 서비스의 출현으로, 노인들은 이제 개인의 운전 능력을 상실해도 자신의 집에 머무는 게 가능하다. 사용하기 쉬운 앱, 번거롭지 않은 승차경험, 어디에서나 사랑하는 이들을 위해 그 가족이 승차 일정을 짤 수 있다는 장점을 가지고, 오늘날의 승차공유 업체는 노인들이 오랫동안 전통적인 택시 이용에 있어 직면해왔던 많은 난제들을 개선했다. 이제는 배차 담당자에게 전화를 하거나, 택시가 도착할 때까지 얼마나 걸릴지 알지 못하고 마냥 기다리거나, 택시 운임을 두고 왈가왈부할 필요가 없다.

승차공유 모델 덕분에 더이상 고령의 많은 비운전자들이 중요한 병원 예약이나 카드게임 주간 모임에 갈 교통편을 제공받기 위해, 직장이나 학교에서 시간을 낸 친구나 가족에게 의지할 필요가 없어진다. 개인의 자유와 모빌리티의 복원이 가능하다. 주요 승차호출 서비스 제공업체는 주요 도시, 의료 서비스 제공자, 기타 기관들과 협력해 고령자를 위한 교통 수단을 제공하고 있다.

이와 병행해 노령자들의 집 앞에 빠르고 편리하게 상품을 가져다주는 새로운 서비스는 가게나 약국까지 차를 몰고갈 필요를 종종 없애준다. 집에 있는 노인들에게 보다 쉽게 상품과 서비스를 배달해주는 모빌리티 솔루션의 수요가 증가할 전망이며, 이러한 유형의 배송 서비스의 유지 관리 및 운영과 관련된 일자리가 늘어날 수 있다.

이러한 역동성이 어떻게 노동력에 영향을 미칠까? 승차공유 업체의 잠재적인 이익과 가정 배송 서비스에 대한 수요 증가를 넘어서 노년 의료 부문에 영향을 미칠 것이다. 미국에는 약 150만 명의 노년 의료 부문 정규직 근로자들이 있지만, 나이 들어가는 베이비붐 인구를 돌보려면 2020년까지 무려 500만 명의 근로자가 필요해, 심각한 인력 부족 문제가 발생할 가능성이 있다. 그러나 만일 보다 유연한 모빌리티 대안이 더 많은 노인들을 집에 머물 수 있게 해준다면, 이런 인력 부족 문제의 완화가 가능하다. 지속적인 주의가 필요하지 않은 노인들에 대한 가정 기반 진료의 수요 또한 상응해 증가할 수 있다. 이들 역할은 오늘날 존재하지만 수가 제한적인데, 그 이유는 고정된 기관의 역할이 지배적이기 때문이다. 대략 85%의 노년 의료 근로자들이 요양원과 생활 보조 시설에 기반을 두며, 단지 10%만이 가정 진료 서비스를 제공한다(이들 가정 진료 서비스 제공자는 자신들의 고객이 즐겨 사용하는 승차공유 서비스를 활용함으로써 '왕진'을 위해 개인 차량을 이용해야 할 필요를 극복할 수 있다).

주거형 노령 진료에 대한 수요 완화의 또 다른 결과로, 전통적인 요양 및 통합진료 시설이 요양 시설로 옮길 필요가 없는 노인들을 유치하기 위해 자신들의 서비스를 재구성하는 모습이 나타날 것이다. 노인들은 보다 연결된 공동체 경험, 증가된 사회적 활동 또는 이들 시설이 제공할 수 있는 기타 기능에 이끌릴 수 있다. 주거형 요양 시설은 노인들을 매일 시설로 데려오기 위해 모빌리티 서비스 업체와 팀을 이루는 방안을 선택할 수도 있다. 이는 새로운 또는 확장된 일자리 기회를 열 수 있는데 이들 시설 운영자가 '고객 경험'의 확장을 추구할 수 있기 때문이다. 시설 운영자는 마케팅, 영업, 판촉, 지역 사회 관계, 의

사소통, 디지털 범위 확장 또는 소셜 프로그램 지도 등의 역할을 추가하거나 확장할 수 있다.

다른 많은 부문들과 마찬가지로 노인 부양은 개인 모빌리티의 급격한 변화로 인한 격변의 채비를 갖추고 있다. 새로운 일자리가 등장하고, 많은 현재의 일자리들의 초점 혹은 제공 방식이 변할 것으로 보인다. 노인 부양의 경우, 현재의 인구 통계학적 상황(매일 평균 1만 명의 베이비붐 세대가 퇴직)과 이 분야에서의 노동력 부족으로 인해 고용 증가의 기회가 이미 존재한다. 따라서 그 영향은 잠재적으로 윈-윈 상황이 될 수 있는데, 더 나은 실행력을 갖춘 노인 부양 근로자들이 선호도에 맞는 업무 스타일을 선택하는 더 많은 기회를 가지게 되거나 혹은 새로운 비즈니스 모델이 서로 다른 확장된 유형의 일자리들을 제공함에 따라 노인 부양 부문의 일자리 기회가 증가할 수 있다.

모빌리티의 미래가
작동하도록 만들기

역사는 신기술이 종종 영향 받는 분야의 노동력 참여 증가를 이끌었음을 보여준다. 유명한 사례로, 1970년대 후반의 ATM 도입 이후 은행창구 직원 및 지점 직원의 수는 실제로 증가했다. 하지만 그들이 수행하는 일과 과업의 속성은 변해왔다. 근로자의 진정한 도전과제는 기계로의 대체에 있지 않고, 그보다는 발전된 기술이 가져다 주는 새로운 도구 및 역량과 나란히 일하기 위해 기술을 어떻게 다시 익히느냐에 달려 있다.

새로운 모빌리티 생태계의 노동에 대한 시사점은 심대할 수 있으며, 이 칼럼은 단지 표면만을 건드릴 뿐이다. 딜로이트는 앞으로 일의 미래와 모빌리티의 미래가 상호교차하며 내일의 노동력을 형성할 수 있는 무수한 방법을 계속 탐구할 계획이다.

버트 레아(Burt Rea)는 딜로이트 컨설팅 LLP의 휴먼 캐피탈 사업부의 매니징 디렉터다.

스테파니 스타츄라(Stephanie Stachura)는 딜로이트 컨설팅 LLP의 휴먼 캐피탈 제조업 사업부의 시니어 매니저다.

로린 월리스(Laurin Wallace)는 딜로이트 컨설팅 LLP의 휴먼 캐피탈 사업부의 전문가 리더로, 운송 부문에 집중해 민간 부문에서 일하고 있다.

디렉 M. 팬크라츠(Derek M. Pankratz)는 딜로이트 서비스 LP 소속의 리서치 매니저로, 조직의 센터 포 인티그레이티드 리서치에서 일하고 있다.

미래 미국의 노동력,
고령화되고, 교육 수준이 높아지다

미래 노동력의
트렌드를 살펴보기

　미국 기반의 조직으로서 미래의 근로자를 찾고 있는가? 주위의 일터를 둘러보자. 밀레니얼 세대 중 최고참은 37살에 불과하며, 이들은 앞으로 수십 년간 지속해서 일할 가능성이 높다. 노동력의 많은 중요한 특성을 결정하는 인구통계적 변화는 느리게 발생한다. 하지만 일어난다는 사실은 분명하다. 시간이 흐르면서 이 같은 인구 변화는 누적되어 큰 차이를 만들 수 있다. 그리고 그 차이를 우리는 이미 목격하고 있다. 노동력에서 발생하는 장기적인 주요 변화는 사실 새로운 것이 아니다. 고용주들은 수십 년 동안 이러한 변화에 적응해왔다. 그러나 이들 변화는 조직의 노동력 계획부터 다양성 추진계획까지 모든 사안에 대한 조직의 접근 방식에 중요한 영향을 미칠 수 있다. 그 변화의 특징은 다음과 같다.

첫째, 미국의 노동력은 나이 들어가고 있으며 계속해서 노령화할 것이다. 일부는 낮은 출산율에 기인한다. 하지만 나이 들어가면서도 계속해서 일하는 사람들이 더 많아졌기 때문이기도 하다. 70살이 새로운 50살이라면 우리는 70살 근로자가 많아지는 일에 놀라지 말아야 한다. 이는 이미 벌어지고 있는 일이며, 미래에는 더 많이 발생할 것으로 예상된다.

둘째, 미국의 노동력은 더 다양해지고 있다. 미국 이민의 양상변화와 더 많은 여성들의 노동력 참여로 1960년대에 이러한 과정이 시작되었고, 앞으로도 지속될 가능성이 크다. 현재의 추세가 지속된다면 미래의 노동력은 오늘날보다 성별, 민족, 문화, 종교, 성적 취향, 신원, 그리고 아마 우리가 현재는 알 수 없는 특성 측면에서 훨씬 더 다양해질 것이다.

셋째, 미국인들의 교육 수준이 계속 높아지고 있다. 모든 인구통계적 과정이 그러하듯이 변화의 느린 속도는 생산 기술의 빠른 변화에 대처하는 고용주에게 분명하지 않게 느껴질 수 있다. 하지만 점점 더 많은 젊은이들이 대학에 진학하며, 많은 근로자들이 경력 중반에 교육 수준을 높이려는 시도를 더욱 늘리는 중이다. 미래의 근로자는 오늘날의 근로자와 거의 비슷하다고 말할 수 있겠지만, 그 정도에 차이가 있을 것이다. 고령화, 다양성, 높은 교육 수준의 노동력으로 인한 도전과 제와 혜택은 이미 많은 부분에서 뚜렷이 나타나고 있고, 미래에는 그 정도가 심화될 가능성이 크다.

변화하는 인구,
변화하는 노동력

노동시장에서 어떤 단일 세대보다 가장 높은 비중을 점하고 있는 밀레니얼 세대가 중심 역할을 하는 가운데 Z세대(밀레니얼 이후 세대, 1995년 이후 출생자)는 이제 막 노동시장에 진입하고 있다. 이러한 상황에서 미래의 미국 노동력이 점차 젊어질 것이라고 생각할 수도 있다. 하지만 예측 결과는 전반적으로 미국의 미래 노동력이 현재의 노동력보다 더 고령화된다고 시사한다. 또한 여성의 비중이 증가하고, 인종과 민족이 더욱 다양해지리라고 예상된다.

이러한 노동력의 연령 변화는 노년층 인구의 증가와 이들의 노동력 참여 증가, 더불어 젊은 층 인구의 감소와 노동력 참여의 축소가 결합된 결과다. 〈표 1〉에서 볼 수 있듯이, 앞선 20년 동안 그랬던 것처럼 가장 연령이 높은 세 인구 집단의 노동 참여율이 2024년까지 증가한다고 예측된다. 노동력의 가장 큰 중간 부분인 25~40세 집단의 노동 참여율은 지난 20년간 감소 추세를 보이다가 약간 반등할 것으로 예상된다. 가장 젊은 집단인 16~24세는 후에 더 자세히 살펴보겠지만 더

표 1 연령 집단에 따른 노동 참여율(현재 및 예측)

집단	1994년	2004년	2014년	2024년
16~24세	66.4%	61.1%	55.0%	49.7%.
25~54세	83.4%	82.8%	80.9%	81.2%
55~64세	56.8%	62.3%	64.1%	66.3%
65~74세	17.2%	21.9%	26.2%	29.9%
75세 이상	5.4%	6.1%	8.0%	10.6%
합계	66.6%	66.0%	62.9%	60.9%

출처: 미국 노동통계청

표 2 노동력 연령대 구성 변화의 원천

집단	노동 참여율	일반 인구	총 노동 참여율 변화
16~24세	−9.6%	−3.8%	−13.1%
25~54세	0.4%	3.5%	3.9%
55~64세	3.4%	3.1%	6.6%
65~74세	14.1%	36.1%	55.4%
75세 이상	32.5%	40.0%	85.5%
합계	−3.2%	8.5%	5.1%

출처: 미국 노동통계청

많은 젊은이들이 학교에 더 오래 머무르면서 감소 추세를 지속할 것으로 보인다. 각 집단의 예상된 노동 참여율을 집단의 인구 크기와 곱하면, 〈표 1〉의 마지막 행에서 볼 수 있듯이, 참여율의 하락이 지속되는 전반적인 그림이 그려진다.

다양한 집단에 걸친 인구 증가율의 변화가 이러한 노동 참여 트렌

그림 1 연령에 따른 미국의 노동력

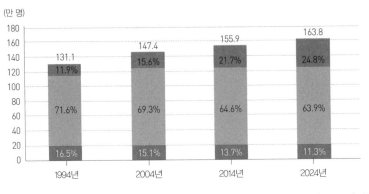

(만 명)

출처: 미국 노동통계청

드를 보조 설명해준다. 노령 집단의 인구가 증가하면서(《표 2》) 이들
이 노동력에서 가지는 존재감 또한 상승한다. 65~74세 집단은 55.4%
증가, 75세 이상 집단은 85.5% 증가가 예상된다. 가장 젊은 연령층 인
구의 절대감소는 노동력에서 차치하는 비율의 13.1% 하락으로 해석
가능하다. 미국 노동 통계청(Bureau of Labor Statistics, BLS)의 예측에
따르면 25~54세 집단의 근로자들이 차지하는 비율은 16~24세 집단
의 비율과 마찬가지로 감소하겠지만(《표 1》), 그럼에도 불구하고 이 집
단아 여전히 노동력의 대부분을 차지할 것으로 보인다. 2014년에서
2024년 사이 점유율의 상승이 예측되는 유일한 연령 집단은 55세 이
상의 집단이다.

　나이가 미래 노동력을 구분 짓는 유일한 인구통계학적 특성은 아니
다. 여성의 참여도는 계속 증가해 2014년 노동력의 46.8%에서 2024년

에는 47.2%에 도달한다고 예측된다. 비록 전반적인 노동 참여율은 하락한다고 추산되지만(〈표 1〉), 흥미롭게도 25~54세 여성의 노동 참여율은 2014년과 2024년 사이에 증가가 예측된다(73.9%에서 75.2%로 증가). 반면 이 연령 집단 남성의 참여율은 감소가 예상된다(88.2%에서 87.3%로 감소).

2024년까지 지속이 예상되는 또 다른 추세는 노동력의 다양성 증가다. 2024년까지 노동력의 60% 미만이 자신을 "백인이며 히스패닉계가 아니다."라고 정의할 가능성이 있다. 1994년 당시에는 노동력의 3/4 이상이 그 범주에 속했다. 히스패닉은 2024년 노동력의 20%를 차지할 것으로 추산된다. 흑인이 차지하는 비율은 2014년 12.1%에서 2024년 12.7%로 증가가 예측된다. 아시아계는 2014년 5.6%에서 2024년 6.6%로 증가한다고 추산된다.

교육 수준의
증가

미국 노동력의 교육 수준은 각 후속 세대에서 점진적으로 상승해왔다. 그리고 이러한 추세는 둔화되지 않을 전망이다. 교육 수준을 측정하는 간단한 방식은 노동력(혹은 인구)에서 최소한 학사 학위를 가진 사람의 비율을 측정하는 것이지만 이는 일부 핵심 세부사항들을 무시한다. 특히 미국 교육시스템에서 커뮤니티 컬리지(Community college)

그림 2 학사 학위 이상 소지자의 노동력 비율

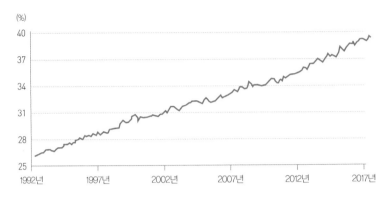

출처: 미국 노동 통계청; 해버 애널리틱스(Haver Analytics)

의 중요한 역할을 고려하지 않는다. 하지만 교육 성과에 대한 덜 상세한 묘사가 전체 이야기를 바꾸는 것은 아니며, 전체 그림은 상당히 명확하다. 고등학교 졸업 후 그 이상의 교육을 받으려는 젊은 사람들이 점점 증가하고 있고, 중년(혹은 더 나이 많은)들도 평생에 걸쳐 학위 증서의 취득을 계속하고 있다.

〈그림 2〉를 보면 최소한 학사 학위를 보유한 근로자의 비율이 비즈니스 주기, 금융위기, 기술 기업 주가 및 주택 시장의 거품 생성과 붕괴, 그리고 기타 주요 경제적 사건을 거치며 꾸준히 증가하고 있다는 점이 나타난다. 학사 학위 및 그 이상의 학위 보유자들이 노동력에서 차지하는 비율은 앞으로 25년 내에 25%에서 40%로 증가할 전망이다. 교육 수준의 지속적인 향상은 젊은 사람들의 대학 진학률이 증가하고 교육을 완료하거나 향상시키고자 학교로 돌아가는 나이 먹은 사람들이 증가하는 사실을 반영한 결과다.

표 3 교육 수준의 변화: 과거와 예상치

	고등학교 이하	일부 대학/준학사	학사 학위	고등 교육
2005년	45%	26%	19%	10%
2015년	42%	26%	21%	12%
2025년	36%	28%	23%	13%

출처: 미국 통계국, 현재 인구현황 조사: 2015 연간 사회 및 경제 증보판; 딜로이트 계산 결과

현재의 청년은 장년층보다 교육 수준이 높다. 연령이 높고 교육 수준이 낮은 집단이 노동력에서 이탈하고, 보다 교육 수준이 높은 집단이 진입함에 따라 시간이 지나며 전체적인 노동력의 교육 수준은 높아졌다. 1999년에는 미국 인구의 23%가 학사학위를, 4%가 석사 학위를 취득한 상황이었다. 2015년까지 이들 수치는 각각 27%와 7%로 상승했다. 증가 속도가 빠르지는 않았지만 지속적으로 이어졌다. 그리고 이런 추세는 장기간에 걸쳐 수십 년 전과는 매우 다른 노동력을 형성할 수 있다.

〈표 3〉은 2025년 노동력의 다양한 교육 수준 비율의 예측치를 보여준다. 이 예측은 가장 젊은 집단의 교육 수준이 1995년과 2015년 사이의 평균 비율만큼 증가하고 각 집단의 교육 수준은 나이가 들어도 변하지 않는다고 가정한다. 한 추산에 따르면 2025년까지 노동력의 거의 2/3가 고등학교 이상의 교육을 받을 것으로 예상된다. 이는 불과 10년 전인 2005년만 해도 절반에 약간 못 미쳤던 것과 비교하면 매우 대조적이다.

이 전망은 심지어 수치를 적게 잡은 것인지 모른다. 각 기존 집단의

표 4 시간에 따른 교육 수준의 증가

2005년의 나이	2005년 학사 학위 이상	2015년 학사 학위 이상	2005~2015년 사이의 변화율
25~29세	28.8%	36.0%	25.0%
30~34세	32.0%	36.5%	14.1%
35~39세	31.1%	34.7%	11.6%
40~44세	28.9%	31.7%	9.7%
45~49세	28.5%	30.3%	6.3%
50~54세	30.6%	31.6%	3.3%
55~59세	30.1%	31.3%	4.0%
60~64세	26.5%	26.9%	1.5%
65~69세	21.1%		
70~74세	19.9%		

출처: 미국 통계국, 현재 인구현황 조사: 2015 연간 사회 및 경제 증보판

교육 수준이 동결된다고 가정하기 때문이다. 반면에 사람들은 인생의 후반기에도 계속해서 학교에 가곤 한다. 〈표 4〉는 5년 단위로 구분되는 인구 집단의 2005년 교육 수준과, 동일한 집단(10년 더 나이 먹은)의 2015년 교육 수준을 비교하고 있다. 모든 집단에서 교육 수준이 높아졌다. 인상적인 점은 2015년까지 학사 학위를 받은 40~44세 집단의 숫자가 1.6%만큼 증가한 것이다. 더 젊은 층은 심지어 상승폭이 더 크다. 교육의 가능성은 '일반적인' 졸업 연령과 함께 끝나지 않는다는 점이 명백하게 드러난다. 그리고 청년층 및 장년층의 사람들이 교육을 지속하고자 하는 경우가 종종 있다.

사람들은 무엇을 공부하는가? 이 질문은 최근 몇 년간 관심의 초점

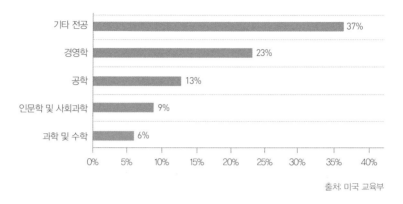

그림 3 2014~2015 전공별로 수여된 학위의 비율

출처: 미국 교육부

이었다. 일부 정책 입안자들은 미국의 고등 교육이(그들의 주장에 따르면) 보다 중요한 과학·기술·공학·수학 부문보다 가치가 덜한 인문학과 사회과학 부문에서 훈련받은 졸업생들을 점점 더 배출하고 있다는 우려를 표한다. 하지만 직장에서 인문학과 사회과학 기술이 중요하다는 점 외에도 고등 교육 시스템이 이들 전공에 과도하게 치우쳐 있다는 생각은 아무리 좋게 봐줘도 지나친 단순화다.

〈그림 3〉은 2014~2015학년도에 수여된 학사 학위의 전공 비율을 넓은 범주의 기준으로 보여준다. 표에 따르면 미국 대학 졸업생의 대다수가 교육, 커뮤니케이션, 법(법률 대학원이 아닌 학사 학위로 이들 졸업생은 법학 학위가 아닌 준법률가 자격을 취득)과 같은 전문 분야에서 학위를 취득했다. 가장 비중이 높은 단일 전공은 경영학으로 미국 학위 전체의 약 25%를 차지했다. 공학 또한 인기 있는 학과다. 상당히 많은 학생들이 인문학과 사회과학보다 공학 분야에서 학사학위를 받았다.

왠지 비평가들이 전공자들이 과도하게 몰리고 있다고 주장하는 분야는 사실 많은 학생들을 유치하지 못했다. 겨우 9천 명 이상의 학생이 철학 학위를 취득했을 뿐이다. 역사와 영어 전공자는 그보다 많았지만 이들 중 다수가 이들 과목의 고등학교 교사 자리에 대한 많은 수요에 맞춰 취업을 했다. 하지만 인문학 전공은 전체 졸업생 중 낮은 비율을 구성해왔을 뿐이다.

애널리스트는 노동력에 대한 대학 전공의 관련성을 해석하는 데 주의해야 한다. 단지 약 27%의 대학 졸업생만이 전공과 직접 관련된 직업에서 일한다. 전통적으로 미국의 기업은 학위와 직업을 연결시키는 데 매우 융통성이 있었는데, 아마도 학사 학위를 구체적인 지식이라기보다 지식과 유연성에 대한 보다 일반적인 지표로서 여겨왔기 때문일 것이다. 이러한 점은 노동력의 미래에 대한 중요한 질문이 대학 졸업생들이 공부한 구체적인 전공 과목보다, 대학 졸업생의 증가율에 있음을 시사한다.

미래의 직업은
어떻게 변화할까?

동력의 방정식 측면에서, 직업은 공급보다 수요를 나타낸다. 노동력의 교육 수준이 높아졌을 때 교육 수준이 높은 근로자에 대한 수요 또한 일반적으로 증가하리라고 예측된다. 이러한 추세가 잘 알려

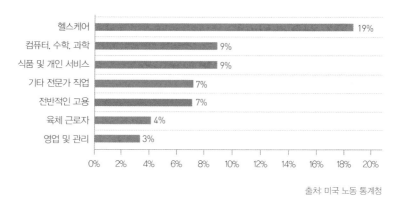

그림 4 2014~2024 직업별 고용 성장률 예측

헬스케어	19%
컴퓨터, 수학, 과학	9%
식품 및 개인 서비스	9%
기타 전문가 직업	7%
전반적인 고용	7%
육체 근로자	4%
영업 및 관리	3%

출처: 미국 노동 통계청

져 있을 수도 있지만, 일부 중요한 상세 사항이 잘 이해되지 못한 경우가 종종 있다.

〈그림 4〉는 광범위한 직업군의 앞으로 10년간의 성장률 예상 수치를 보여준다. 미국 노동 통계청은 총 고용은 7% 성장하지만 직업군 간 비율은 달라질 것이라 전망한다. 전통적인 육체 노동직과 관리 및 영업직은 평균에 비해 보다 느리게 성장할 것이다. 순일자리 증가의 약 25%가 헬스케어 직군에서 이뤄질 것으로 예상되는데, 향후 10년 간 거의 20%가 증가할 전망이다. 비록 헬스케어 실무자 및 기술자의 일자리가 헬스케어 지원 일자리보다 느리게 늘어날 수 있지만, 절대치로 본다면 전자의 새 일자리 수가 후자보다 많을 수 있다. 왜냐하면 오늘날 헬스케어 실무자의 수가 약 2배 정도 많기 때문이다. 따라서 실무자 일자리의 느린 성장률은 기존 기반이 훨씬 큰 것에 기인한다.

컴퓨터·수학·과학 관련 직업들은 상대적으로 빠르게 성장하리라고 예상된다(그러나 헬스케어 직업 성장률의 절반). 하지만 이들 직업은 모든 새로운 일자리에서 차지하는 비율이 7%에 불과할 전망인데, 이들이 총고용의 상대적으로 작은 부분을 차지하고 있기 때문이다(2014년에 5%). 외식 산업과 개인 서비스 직업 역시 상대적으로 빠르게 증가하리라고 예측된다. 이는 미국 노동력이 점점 더 '고숙련, 높은 급여의 전문직'과 '저숙련, 낮은 급여의 직업군', 이렇게 2가지로 분화되는 현상을 반영한다. 전통적인 육체 근로자와 관리직 같이 중간 수준의 기술을 요구하고, 중간 수준의 급여를 받는 직업은 상대적으로 줄어든다.

직업적인 정의와 요건은 유동적이며 시간이 흐름에 따라 변한다. 예를 들어 오늘날 회계사는 기본적인 컴퓨터 기술을 필요로 하지만 30년 전에는 전혀 필요 없었다. 이는 직업 전망이 노동력의 필요 조건에 대해 불완전한 그림을 보여준다는 뜻이다. 특히 일부 애널리스트는 육체 노동직도 점점 더 컴퓨터와 수학 능력이 필요하리라고 예측하는데, 이는 과거에는 들어본 적이 없던 일이다. 특정 직업에 대한 일련의 기술이 고정적임을 암시하는 이와 같은 직업 전망은 미래 노동력에서 정량적 기술을 갖춘, 보다 고등 교육을 받은 근로자에 대한 수요를 줄여서 말하는 것일 수 있다. 심지어 '저숙련' 직업조차 이러한 기술을 요구하는 상황에서 말이다. 딜로이트의 연구진은 이러한 일반적인 능력—구체적인 직업 기술이라기보다—에 대한 수요가 어떻게 영국에서의 고용 증가를 추진할 것으로 예상되는지를 설명해왔다. 그리고 미국에서도 매우 비슷한 추세를 볼 수 있을 것으로 예상한다.

미래의 직업에 대한
국제적 전망

전 세계 다른 국가들과 비교했을 때 미국의 노동력은 이웃 국가인 캐나다, 멕시코와 함께 계속해서 축소될 전망이다. 〈그림 5〉에 나타나듯이 현재 전 세계 생산가능인구의 약 5%를 차지하는 북미는 20년 후에는 단지 4%만 점유할 것으로 전망된다. 아시아의 지분도 동반 하락할 가능성이 크다. 국제적으로 미래의 노동력은 점점 더 아프리카에서 찾을 수 있을 텐데, 이 지역의 전 세계 노동력 점유율은 약 6%의 상승이 예상된다.

미국에서처럼 생산가능인구의 느린 증가세는 평균기대수명의 증가와 결합해 은퇴자 대비 생산가능인구 비율인 의존율(Dependency ratio)의 상승을 가져올 것이다. 북아메리카에서 이 비율은 현재의 생

그림 5 세계 생산가능인구의 현재와 미래 비교

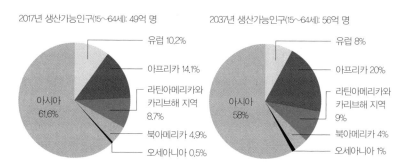

2017년 생산가능인구(15~64세): 49억 명

- 유럽 10.2%
- 아프리카 14.1%
- 라틴아메리카와 카리브해 지역 8.7%
- 북아메리카 4.9%
- 오세아니아 0.5%
- 아시아 61.6%

2037년 생산가능인구(15~64세): 56억 명

- 유럽 8%
- 아프리카 20%
- 라틴아메리카와 카리브해 지역 9%
- 북아메리카 4%
- 오세아니아 1%
- 아시아 58%

출처: 미국 통계국: 국제 데이터베이스

그림 6 전 세계 지역별 은퇴자 의존율

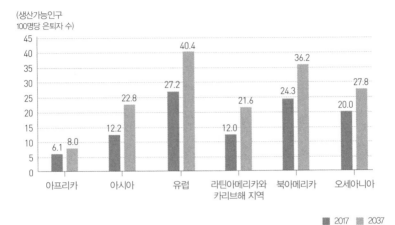

(생산가능인구
100명당 은퇴자 수)

출처: 미국 통계국; 국제 데이터베이스

그림 7 주요 국가별 은퇴자 의존율

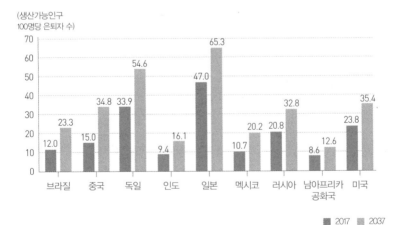

(생산가능인구
100명당 은퇴자 수)

출처: 미국 통계국; 국제 데이터베이스

산가능인구 100명당 은퇴자 24명에서 2037년 36명으로 증가할 것으로 예상된다. 유럽은 심지어 더 높은 의존율을 경험할 수도 있지만, 은퇴 인구의 증가와 관련된 문제는 전 세계에서 체감이 가능할 전망이다(〈그림 6〉〈그림 7〉).

이 모든 변화들이
의미하는 것

인구통계적 변화의 꾸준한 속도는 미래 노동력에 대한 인사이트를 제공한다. 내일의 노동력이 오늘날과 완전히 달라진다고 예상되진 않는 동시에 미래 노동력에 관한 도전과제는 오늘날의 과제이기도 하다. 이들 인구통계적 변화 및 방향과 함께 일과 직업의 변화하는 속성에 대한 이해가 기업과 정부의 리더들에게 중요하다. 이러한 인구통계적 추세는 중요한 잠재적 시사점과 함께 몇 가지 고려할만한 행동을 제시해준다.

첫째, 노동력 계획 수립과 인구 변화의 파악을 위해 데이터를 사용하라. 당신 회사의 노동력 계획과 분석은 노동력 인구의 변화를 반영하고 있는가? 데이터 분석 도구는 당신의 노동력이 어떻게 나이 들어가고 있는지에 대한 이해를 돕고, 조직의 미래 노동력에 대해 더 큰 인사이트를 제공 가능하다. 리더는 변화하는 노동력 구성에 대해 더 명확한 시야를 제공할 수 있도록 데이터와 노동력 계획 도구를 사용해 적극적으로 인재 전략을 준비할 수 있다.

둘째, 세대를 아우르는 다양한 인재 공급선을 개발하라. 조직의 인재 개발 프로그램이 노동력 인구의 변화하는 현실, 특히 기업의 노동력에서 서로 다른 세대와 인구의 니즈를 반영하고 있는가? 미래에 모든 인구 계층이 잘 대표될 수 있도록 보장하려면 기업의 리더십 경로를 다각화하는 것이 유용할 것이다. 2017년 딜로이트 글로벌 휴먼 캐피탈 트렌드 보고서에서 설문 대상 10,400명의 경영진 중 많은 이들이 다음 부분에 있어 인재 공급선과 교육 과정이 취약하다고 응답했다.

- 밀레니얼 리더 (45%가 프로그램 역량이 취약하다고 응답)
- 여성 리더 (43%가 프로그램 역량이 취약하다고 응답)
- 리더의 다양성 (31%가 프로그램 역량이 취약하다고 응답)

이들 취약 인구 계층의 개발 니즈에 더 잘 대처하면—특히 2차교육이나 추가적인 리더십 훈련을 통해—조직의 미래 노동력 공급의 강화에 도움이 될 수 있다.

셋째, 모든 연령대의 노동력 집단과 그들의 서로 다른 경력 단계에 대한 인재 전략을 개발하라. 세대적 다양성이 계속해서 노동력을 정의할 가능성이 큰데, 나이 많은 근로자들이 가장 빠르게 증가하는 집단을 대표하리라 예상된다. 그들의 니즈와 학습 방식에 맞는 목표설정 훈련 솔루션의 제공이 근로자의 경력 전반에 걸쳐 지속적인 생산성을 확실히 하는 데 중요할 수 있다. 연구결과는 청년층과 장년층은 다소 서로 다른 학습 방식을 가짐을 보여준다. 따라서 조직은 근로자 경력의 각 단계에서 이들 다양한 세대적 니즈와 학습 스타일을 충족시키는 개발 프로그램의 시행을 고려해야 한다.

넷째, 평생교육과 기술 재습득의 기회를 제공하라. 조직의 학습 및 개발 프로그램과 장려책이 지속적인 학습과 기술 재습득을 지원하고 장려하며 보상해주는가? 조직의 교육 정책은 사업, 기능적 지식, 기술의 빠른 진화에 대응하는 지속적인 교육에 대한 필요를 지원하는가? 조직은 현재의 역할을 위한 기술 개발과 또한 미래의 역할과 기회에 필요한 기술을 육성하는 균형 잡힌 훈련에 초점을 맞춰야 한다. 이를 위해 고용주는 공식적인 학위 프로그램—직원들에게 두 번째 혹은 세 번째 학위나 자격증을 취득하게 해주는—을 장려해 직원들이 기술을 확장할 수 있게 하고, 비공식적인 프로그램과 자원으로 이를 보완하면서 새로운 경력 경로에 직원들이 접근하도록 해줘야 한다.

21세기 노동시장이 고령화되고, 새로운 기술을 불러오며, 여러 지역에 걸쳐 이동함에 따라, 오늘날과 동일한 방식으로 미래의 노동력을 관리 가능하다고 예상하는 기업은 성공하기 어려워질 것이다. 반면 이들 변화에 대비해 계획을 세우기 시작하는 기업이 우위를 점할 것이다.

패트리샤 버클리(Patricia Buckley)는 딜로이트 서비스 LP의 매니징 디렉터이며, 미국 경제학 팀의 조직을 이끌고 있다.

다니엘 바크만(Daniel Bachman)은 딜로이트 서비스 LP 소속이며, 딜로이트 에미넌스 및 전략 부서에서 미국 경제 예측을 담당하고 있다.

3부

조직과 근로자에게
닥칠 과제들

미래 경력의 기반이 될
기술 유창성

테크놀로지의

언어

흔히 21세기의 모든 기업은 기술 기업이라고 말한다. 산업 부문 전반에 걸쳐 모바일, 클라우드, 애널리틱스, 사회적 협업을 포함한 강력한 기술력이 비즈니스 전략을 추진하고, 새로운 기회의 연료가 되며, 오랫동안 안정적이었던 시장을 뒤흔들고 있다.

지난 10년 동안 등장한 기술로 구현된 가능성들이 맨해튼의 증권거래소, 오하이오의 공장 현장, 승차공유 네트워크의 일부인 로스앤젤레스의 승용차에서 지금 우리가 일하는 방식을 어떻게 변화시켰는지 생각해보라. 각각의 경우에서 기술은 편재적이고 근본적이며, 수익과 전략을 추진하는 소통·거래·운영을 가능케 한다.

실제로 기술은 거의 모든 사람들의 일상 업무에 필수적이다. 그리고 기업은 점점 더 혁신적인 애플리케이션에 의존해 고객 및 파트너들과 관계하며, 신제품과 서비스를 개발하고, 데이터의 산더미 안에 숨겨진 비즈니스 인사이트를 파악한다. 비즈니스 모델, 시장, 경력 경로에 대한 기술의 격변은 여기서 끝나지 않는다. 인지 컴퓨팅, 기계지능, 첨단 로봇공학은 전통적인 일부 인간 직원들을 대체하고 남은 이들의 기술과 생산성을 증강시킬 채비를 하고 있다. 애널리스트들은 이런 현상이 산업 기술자와 IT 조직 내에서 그들의 업무에 미치는 영향에 대해 충분히 기술해왔다. 하지만 비(非)IT 근로자에게는 무슨 의미가 있을까? 이제 모든 회사가 기술 기업이라면, 비즈니스 리더, 마케팅 담당자, HR 전문가가 앞서가기 위해서 코딩을 배워야 할까?

비록 일부 사람들이 컴퓨터 프로그래밍이 차세대 생산직을 대규모로 창출할 기회가 될 수 있다고 시사하기도 하지만, 우리는 그렇게까지 얘기하진 않을 것이다. 하지만 이것이 의미하는 바는 기술 중심의 비즈니스 환경에 참여하고 기여하며, 유력한 차세대 신기술의 기능을 빠르게 습득하고, 전문성 있게 성장하기 위해서는 임원에서 인턴까지 모든 직원들이 핵심적인 시스템에 대해 훨씬 더 많이 배울 필요가 있다는 점이다. 시스템의 역량과 인접 부문, 전략적 및 운영적 가치, 시스템이 가능하게 하는 특별한 가능성에 대해서 말이다. 다시 말해 개개인은 기술에 유창해질 필요가 있다.

산업 부문 전반에 걸쳐 기존 기업들이 신기술을 활용하기 위해 스스로를 재형성하고 재조직함에 따라, 일부는 근로자가 보다 기술에 유창해지도록 돕는 것이 경쟁 우위의 달성에 핵심이 될 수 있음을 인식하는 중이다. 예를 들어 글로벌 통신 대기업인 AT&T가 직원 재교육을 위해 쏟는 지속적인 노력을 생각해보라. 다각적인 학습 프로그램인 워크포스 2020(Workforce 2020)은 전략적인 필요성에 의해 대두되었다. 1876년 알렉산더 그레이엄 벨(Alexander Graham Bell)이 전화를 발명한 기원까지 거슬러 올라가는 이 유명 기업은, 지난 10년 동안 케이블 및 스위치에서 IP네트워크 및 클라우드로 전환했고 그 과정에서 무선통신및 데이터 서비스의 디지털 우선 공급 업체로 자신을 재창조했다.

쓸모 없어져 가는 비즈니스 모델, 시스템, 프로세스에 대한 전문지식을 보유한 AT&T의 장기 근속자들에게 이는 새로운 기술을 개발하고, 결정적으로 현상 유지를 넘어 비판적으로 사고해야 함을 의미한다. 장래의 취업자들에게 이것이 의미하는 바는 그들이 다음주에 면접을 볼 다국적 기업이 이제는 전통적으로 스타트업에서 찾을 수 있었던 유연하고 디지털 중심의 일련의 기술(그리고 사고방식)을 지닌 인재를 찾고 있다는 점이다.

현재까지 AT&T는 교육 및 전문성 개발 프로그램에 2억 5천만 달러 이상을 지출해서, 새로 만들어진 역할에 필요한 기술과 기타 능력을 습득하는 데 적극적으로 참여한 약 14만 명의 직원을 지원했다고 알려졌다. 회장 겸 CEO인 랜들 스티븐슨(Randall Stephenson)은 2016년 인터뷰에서 모든 근로자가 일의 미래를 헤쳐나갈 때 반드시 염두에 두어야 하는 한 조각의 지혜를 직원들과 나누었다. 그는 "자신을 재교육할 필요가 있고, 그 필요가 중단되리라고 기대하지 말라."라고 말하며 "일주일에 5~10시간을 온라인 교육에 쓰지 않는 사람들은 쓸모 없게 될 것"이라고 덧붙였다.

TIP. 기술 유창성(Tech fluency)의 스펙트럼

기술 유창성(Tech fluency)은 외국어에 유창한 것 같이 숙달 정도의 범위를 망라하는 개념이다. 예를 들어 기본적인 스페인어 어휘를 아는 관광객은 마드리드의 거리를 잘 돌아다닐 수 있다. 유창성 스펙트럼의 다른 끝에 위치한 스페인어 전공 학생은 외국어가 사용되지 않는 스페인의 또 다른 지역에서도 잘 지낼 수 있고, 아마도 통역사로서 일할 수도 있을 것이다. 유사하게, 기술 유창성의 스펙트럼은 산업의 기술 원리 및 시스템에 대한 기본적인 이해로 시작된다. 이러한 이해는 근로자가 더 깊은 기술 개념에 대한 맥락의 파악을 가능하게 해준다. 직원들이 기술 트렌드를 따라가고, 기술 '신화'와 사실을 구별하며, 자신들이 매일 사용하는 도구가 직간접적으로 비즈니스의 성공에 어떻게 기여하는지 이해하도록 도와준다.

스펙트럼을 더 따라가보면, 기술 유창성은 역할 및 비즈니스 기능에 보다 특화되어, 어떻게 기술 역량과 그 인접 분야가 단기간 내에 새로운 수익을 창출하고 신선한 기회를 열 수 있는지에 대한 상세한 업무 지식을 구성한다. 중간 수준의 유창성에 위치한 직원은 기술의 가능성을 더 광범위하게 이해하고, 시스템 역량을 활용해 효율성을 창출하고, 전략을 추진하며, 새로운 수익을 추구할 수 있다. 기술 유창성 스펙트럼의 최고 수준 끝단에 있는 개개인은 새로운 혁신이 향후 3년 혹은 5년 후에 가능하게 만들 수 있는 미래의 격변적인 기회를 감지하고, 그 선견지명을 이용해 기업이 지속 가능한 경쟁 우위를 창출하도록 지원 가능하다.

과거의 기업 IT가
아니다

　비 IT 근로자들의 경력 성공 동력으로 기술 유창성의 부상은 비교적 새로운 현상이다. 최근까지 기업의 근로자들은 일반적으로 기술을 다른 누군가의 책임으로 생각했다. 경영진이 기술을 선택하고 IT 부서가 그 기술을 실행하고 유지하며, 기술지원 담당자는 단지 서비스 대기표만 남발한다고 말이다. 모든 단계의 인재들은 주어진 과업을 완료하는 데 도움되는 소프트웨어의 특정 기능 사용법만을 배웠고, 이력서 및 직무 지원서에 그 숙달한 능력을 자랑스럽게 나열했다.

　순수하게 실용적인 관점(주방 기기에 대해 생각하는 것과 거의 같은 방식)으로 기업 기술에 대해 생각할 때, 기술의 폭넓은 잠재력을 전략의 원동력 혹은 고객 몰입을 위한 새롭고 흥미진진한 수단으로 생각하는 직원은 거의 없고, 이런 식의 요구를 하는 고용주도 찾아보기 힘들다. 더군다나 기술 격변의 진면목을 인식한 이들은 아마도 더욱 드물 것이다(자신의 경력과 미래를 재정의하는 강력한 힘으로서 말이다).

　기술의 잠재력에 대한 인식 실패 현상은 의심의 여지없이 여전히 많은 조직에 퍼져있다. 예를 들어 새로운 아이디어와 비즈니스 기회를 환영하지만 기술이 달성 가능한 성과에 대해 타임 스탬프적인 관점을 가진 고위 경영진이 있을 수 있다. 마찬가지로 입증된 영역에 대한 전문 지식을 갖추었지만 애자일(Agile) 개발 환경이나 격변의 잠재력이 있는 최첨단의 혁신에 대한 경험은 거의 없는 기술 인재가 IT 조직 내에 있을 수 있다. 다른 직원들은 업무 관련 과업을 완료하기 위해 특정 분야에 관한 도구를 어떻게 사용하는지는 이해 가능하지만, 이들 도구가 더 큰 IT 생태계에서 어떻게, 그리고 왜 작동하는지에 관한 인사이트는 없을 수 있다.

기업 기술이 다른 누군가의 관심사로 치부될 수 있는 시대는 빠르게 끝나가는 중이다. IT 직원들은 오랫동안 '비즈니스의 언어를 구사하도록' 권고 받았지만, 이제는 비즈니스를 위해 IT의 언어를 사용하는 것이 점점 더 중요해지고 있다고 애틀란타 기반의 금융 서비스 회사 선트러스트 은행(SunTrust Bank Inc.)의 전방위 영업 및 서비스 기술 담당 수석 부사장 지킨 샤(Jikin Shah)는 말한다.

지킨 샤는 현재 은행에서 광범위한 기술 변환을 이끌고 있는데, 여기에는 다른 요소들과 함께 직원들이 새로운 시스템에 대해 배우고 충분히 활용하도록 돕는 추진 계획이 포함된다. 그는 "모든 기업에서 기술은 단순 기능에서 전략의 실행 가능자로 변신하고 있습니다."라고 말한다. "여전히 모든 이들이 '비즈니스를 배우는 학생'이 되어야만 합니다. 그것은 궁극적으로 어떻게 그들이 전체적인 가치를 제공하는가에 관한 배움입니다. 하지만 경영팀—특히 임원 및 전략가—은 이제 최상위 수준에서의 기술 동향, 그리고 이러한 동향이 비즈니스에 제공하는 특별한 가능성을 이해해야만 합니다."

기술의 빠른 발전은 오로지 가속되기만 할 가능성이 크다. 가트너(Gartner, Inc.)에 따르면 소프트웨어 및 IT 서비스 매출 증가에 힘입어 2017년 전 세계 IT 관련 지출액은 3.5조 달러에 달할 것으로 예상되는데, 이는 2016년의 추정 지출액 대비 2.9%가 증가한 규모다. 한편 CIO들은 IT와 비즈니스 간의 전통적인 경계를 없애기 위해 노력하는 중인데, 소프트웨어 개발자를 비즈니스 팀에 포함시켜 전략가·영업 담당자·마케터들과 긴밀히 협업해 업무에 필수적인 소프트웨어 도구를 신속하고 효율적으로 설계·구축·배포하도록 노력하고 있다. 많은 CIO들이 앞으로 유사한 노력을 공격적으로 추진하리라고 예상된다. 딜로이트가 1,200명의 IT 임원들을 대상으로 실시한 '2016 글로벌 CIO 설문조사'에서 응답자의 78%가 IT 성공의 가장 중요한 조직 역량으로 '비즈니스와의 전략적 연계'를 꼽았다.

지속적인 학습 문화 구축의 필요성

경쟁 우위를 구축하는 데 필요한 민첩성과 유연성을 기르기 위해 기업은 자신의 역할 수행에 도움을 주는 특정 애플리케이션 및 시스템뿐만 아니라 기업 기술을 이해하며, 잠재적인 격변적 혁신과 트렌드를 인식하고 있는 직원을 필요로 한다. 새롭고 혁신적인 학습 방법을 개발하고 기술 유창성을 학습하는 기회를 제도화하면 직원들이 자신들의 역할에 관계없이 실질적이고 창의적이며 일관된 기여를 하도록 지원하게 된다.

2017 딜로이트 글로벌 휴먼 캐피탈 트렌드 보고서(Deloitte Global

Human Capital Trends Report)에서 탐색했듯이, 디지털 조직은 직원들이 기술 능력과 지식을 신속하게 개발하도록 도울 뿐만 아니라 끊임없이 진화하는 기업 모델 내에서 성장하고 발전하도록 지원 가능한 지속적인 학습 프로그램의 구축 필요성을 인식하고 있다.

이러한 니즈를 충족시키기 위해 최고 학습 책임자 및 기타 인적 자본 관련 리더는 다음과 같은 접근법들 중 하나 이상을 고려해야 한다.

첫째, 기술 유창성 학습 프로그램을 자기 주도적이고 역동적인 디지털 방식으로 만든다. 전통적인 학습 관리 시스템은 학습자에게 주도권을 부여하는 콘텐츠 전시, 전달 및 모바일 사용을 위한 신기술로 대체되고 있다. 추가로, 다양한 온라인 및 비디오 채널을 통해 광범위한 여러 저비용 학습 기회가 등장하고 있다.

둘째, 학습과 전문적인 성장을 연결한다. 주어진 역할의 기본적인 학습 요구사항에 초점을 맞춘 교육과정을 제공한다. 이는 사용자가 인접 영역을 탐색하고, 조직 내의 다른 역할을 준비하게 해준다.

셋째, 지속적인 학습 기회를 기업 브랜드의 일부로 만든다. 고용과 관련해 기업 브랜드는 가시적이고 매력적이어야 하며, 학습은 해당 브랜드의 일부가 되어야 한다. 여기 그 이유가 있다. 글래스도어(Glassdoor) 데이터는 밀레니얼 세대에게 있어 '배우고 발전할 수 있는 능력'이 회사의 고용 브랜드를 형성하는 주요 동인임을 보여준다.

넷째, 열린 마음과 끊임없이 배울 수 있는 능력을 가진 후보자들을 채용한다. 지속적인 학습을 기업 브랜드의 매력적인 부분으로 만드는 활동 외에도, 인적 자본 전략가와 채용 담당자는 특정한 기술적 배경을 가진 지원자를 모집하는 데는 관심을 줄이고, 호기심 있고 창의적이며 감정적으로 지적인 사람들을 채용하는 데 더욱 집중해야 한다. 이러한 자질을 가진 지원자는 비전통적인 학습 접근법과 다양한 팀들 및 기업의 여러 부서에 걸친 협업에 더 개방적일 가능성이 크다.

가능성에
맞추기

기업적 사용이 가능한 기술의 순전한 숫자와 다양성을 고려할 때, 기술에 유창해지는 것이 불가능하지는 않다고 해도 비IT 근로자들에게 매우 어려워 보일 수 있다. 문제는 기술 유창성을 획득하는 일은 수준에 상관없이 어느 특정한 일련의 지식만을 익히는 일회성의 사안이 아니라는 점이다. 그보다 기술 유창성을 개발하는 과정은 AT&T의 스티븐슨이 시사한 것처럼, 고정된 두 지점을 잇는 정해진 여정이 아니라 지속적인 학습의 끝없는 모험이다. 실제로 오늘날의 급격한 혁신 속도를 감안할 때 심지어 CIO, 소프트웨어 엔지니어, 기타 고급 기술적 전문지식을 갖춘 사람들조차도 지속적으로 지식을 새롭게 하고 최신 트렌드의 정점에 머물기 위해 노력해야 한다.

직원들 간의 깊은 디지털 지식 격차는 단지 일반적인 현상일 뿐만 아니라 기술 변환을 위한 노력에 방해가 될 가능성이 크다. MIT 슬론 경영학 리뷰(MIT Sloan Management Review)와 딜로이트가 실시한

2016년 글로벌 경영진 및 임원 설문조사에서 응답자 중 단지 11%만 이 회사의 현 인재 기반이 디지털 경제에서 효과적으로 경쟁이 가능하다고 답했다.

흥미롭게도 같은 응답자들은 디지털 성공을 방해하는 주요 내부 장벽으로 '민첩성의 결여, 현실 안주, 융통성 없는 문화'를 꼽았다. 물론 미래를 내다보는 데 어려움을 겪는 기능 부서들은 과거에 사로잡힌 직원들로 구성된다. 바로 여기에 모든 근로자들이 보다 기술에 유창해 지는 것을 목표로 삼아야 하며, 그들의 고용주가 근로자들의 이러한 여정을 돕는 학습 환경을 창조해야만 하는 가장 강력한 논거가 존재한다. 기업 기술과 그 가능성에 대한 공통된 이해가 없으면, 기업은 오늘날 일의 수행 방식을 넘어서 새로운 전략적 및 운영적 미래를 향해 나아가는 데 필요한 집단적 상상력을 기를 수 없다. 기술에 친숙해지면 서로 다른 배경을 가진 근로자들이 오늘날의 현실뿐만 아니라 시장, 고객, 제품 및 전략 측면에서 내일의 가능성을 이해하는 것을 도울 수 있다.

이 개념의 실행 사례로서, 수년간 기술 변환의 여정을 진행중인 선트러스트를 생각해보자. 이 여정은 여타 단계들 중에서 데이터 저수지의 구축, 사설 클라우드 구성, 온라인 뱅킹 및 디지털 그룹의 소프트웨어 개발팀의 전통적인 폭포수(Waterfall) 접근법에서 종단간 팀 기반의 애자일(Agile) 접근법으로의 전환이 수반되었다. 그 과정에서 선트러스트는 또한 온라인 소비자 대출 사업을 인수했는데, 이 사업부는 민첩 생태계 전체를 조직에 도입했다.

은행 소비자 부문의 최고 기술 책임자인 스캇 케이스(Scott Case)에 따르면, 선트러스트는 민첩성을 포용함으로써 비즈니스 액셀러레이터(Business Accelerator) 프로그램이라 불리는 체계 내에서 팀 기반 접근법을 광범위하게 채택하게 되었다. 케이스의 말이다. "2016년 초에 우리는 전체적인 변환 노력을 재조직할 필요가 있음을 깨달았습니다."

"우리의 비즈니스 액셀러레이터 접근법은 다양한 역량─비즈니스, IT, 디자인─을 선트러스트 전반에 걸쳐서 모읍니다. 이들은 '액셀러레이터 스튜디오'에서 협업해서 은행의 고객 및 팀원들을 위한 솔루션을 제공합니다." 이 프로그램의 운영 후원자인 케이스는 이들 다양한 팀이 현재 공공 클라우드 전략, 지속적인 통합 및 개발 역량, API 전략의 구현, 그리고 선트러스트의 변환 진행에 힘이 되는 기타 추진계획에 대한 작업을 수행한다고 말한다.

비즈니스 액셀러레이터 프로그램을 시작하면서 선트러스트는 교육 팀과 개인들이 이 새로운 전달 접근법에 '탑승'할 준비를 갖추도록 준비시키는 데 집중하고 있다. 예를 들어 비즈니스 배경을 가진 팀원은 스크럼 팀(Scrum team, 소프트웨어 민첩 개발방법론 중 하나)의 일부가 되는 것이 무엇을 의미하는지 이해해야 한다. 마찬가지로 개발자는 새로운 프로세스와 도구를 채택하는 것이 새로운 솔루션의 시장 도입과 시장 점유율 증가를 위한 은행 전략의 왜 그렇게 중요한 부분인지 이해해야 한다.

케이스의 말이다. "비즈니스와 기술 인재 둘다로 구성된 실행 팀을 보다 많이 조율할수록, 이러한 팀의 모든 구성원들은 가속화된 경로를 통한 전달에 요구되는 역량을 더욱더 이해해야 합니다." "비즈니스 팀원이 울타리의 한쪽에 머물러서 몇 가지 개발 요건을 기술자에게 넘겨주면, 그 기술자가 가서 진공 상태에서 무언가를 만든 후에 사용자 승인 테스트를 위해서 6개월 만에 다시 돌아오는 형태는 더이상 용납되지 않습니다. 우리가 아키텍처 측면에서 구축하거나 구매하는 사항은 팀에게 중요하며, 전체 팀이 솔루션에 관심을 가지고 참여해야 합니다." "우리가 팀 기반의 전달 문화로 전환함에 따라, 모든 사람들이 무엇이, 왜, 어떻게에 관해 유창해질 필요가 있습니다." "저는 전달 팀의 각각의 일원이 플랫폼 의사결정에 대해서 어떤 것이 좋아 보일지, 팀원 및 고객에게 요구되는 데이터가 무엇인지, API 프레임 워크를 활용한다는 것이 무엇을 의미하는지 기본적으로 이해해야 할 책임이 있다고 생각합니다. 선트러스트 내부 및 외부에서 기술 및 운영 생태계가 어떻게 돌아가는가에 대해 유창해지면 팀은 주주, 고객, 그리고 우리의 목적과 직접적으로 관련된 장기적인 의사결정을 더 잘 할 수 있게 될 겁니다."

선트러스트 팀원들 사이에 기술 유창성을 기르는 것은 비즈니스 액셀러레이터 프레임워크를 성숙시키는 데 있어 필수적인 부분이 되었다. 이 프로그램을 이끄는 지킨 샤는 변화 관리, 교육, 팀 조정 및 기술 학습 기회를 개발하기 위해 케이스 및 은행의 HR 조직, 다른 사람들과 협력해 팀들이 기술 유창성을 구축하는 데 참여하고 그 과정에서 적절한 지도를 받을 수 있게 보증하려 한다. 지킨 샤는 다음과 같이 말한다. "우리는 '타이거 팀(Tiger team)'을 구성해 프로젝트에 배정된 개인들에게 특별한 실습 교육과 지도를 제공합니다. 또한 우리의 전달 모델이 성숙해 감에 따라 우리는 기술 유창성 교육을 산업화할 기회를 찾고 있습니다."

기술 유창성,
어디서 시작할 것인가?

IT 직원이 일의 미래를 항해하기 위해 기술에 유창해질 필요가 있다고 우리가 말할 때, 구체적으로 우리가 제안하는 것은 무엇인가? 어떤 기업에서도 기술 유창성의 필요는 역할에 따라 다르며, 각 개인이 배우는 것은 개인의 고유한 배경과 경험에 의해 형성될 것이다. 하지만 다음 내용은 일반적인 지침이 될 수 있다.

개인의 유창성 달성 여정과 지속적인 학습을 지원하기 위해, 기업이 제공하는 기술교육 프로그램의 초기 목표는 기업 IT의 기술적 뼈대를 구성하는 주요 시스템과 개념에 대한 깊이 있는 이해의 형성이 되어야 한다. 예를 들어 어떤 시스템이 고객 참여를 지원하고 어느 시스템은 회계 같은 내부 기능을 지원할까? 클라우드, 모바일, 소셜 미디어, 애널리틱스, 인지 컴퓨팅 같은 주요 기술군 중 고용주가 활용하는 기술은 무엇이고 그 이유는 무엇인가? 기업 시스템에 대한 기본적인 이해를 통해 직원은 기술 및 비즈니스 인접성에 관한 깊이 있는 전문 지식의 육성이 가능하다(기본 뿌리를 내리는 활동으로 생각하라). 학습에 대한 접근법들 간에 종종 차이가 있긴 하지만, 다음과 같은 점진적 단계는 직원들이 자신들의 구체적인 역할에 필요한 수준의 기술 유창성을 개발하는 데 도움이 될 수 있다.

- 1단계: 직원은 회사의 IT 환경을 지원하는 핵심 시스템뿐만 아니라 재무, 고객 서비스, 데이터 관리, 사이버 보안 및 영업 같은 주요 기능을 가능케 하는 특정 솔루션(내부 및 외부)을 공부해야 한다. 마찬가지로 그들은 우리가 살고 일하는 세상을 바꾸고 있는 기술 동력을 읽어내야 한다.
- 2단계: 직원은 자신의 회사가 경쟁중인 시장을 탐구해야 한다. 기술이 어떻게 시장 참여를 지원하고 경쟁 우위를 가능케 하는가?
- 3단계: 직원은 회사의 비즈니스 모델을 연구해야 한다. 수익성의 지렛대는 어디에 있는가? 어떤 기술이 비즈니스 전략을 지원하고 수익 증대를 추진하는가? 지난 10년 동안 기술이 이 비즈니스 모델을 어떻게 뒤흔들어 왔는가?

조직의 모든 사람들이 이 정보 기반을 공유할 때 그들의 아이디어는 공유된 통화가 된다. 따라서 회사의 디지털 미래를 상상하는 힘겨운 작업이 더 가벼운 짐이 될 뿐만 아니라, 보다 효율적이고 효과적이며 영향력을 가지게 된다.

특정 역할에 대한
기술 유창성의 구축

이러한 공유된 기준선으로부터 근로자는 특정한 영역에 대한 보다 깊은 기술 지식의 개발을 시작하는 동시에 인접 분야를 탐색하고 핵심 시스템, 시장, 비즈니스 전략에 대한 더 큰 그림에 자신을 맞추는 방식을 찾을 수 있다. 예는 다음과 같다.

:: 임원

기술 유창성 면에 있어 임원이 시장 우위를 유지할 수 있길 바란다면 같은 시장에서 경쟁하는 조직의 상대방보다 더 풍부한 지식을 지녀야 한다. 이는 숫자와 스프레드시트에 대한 관심을 줄이고, 조직 안팎으로부터 기술이 추진하는 격변에 보다 초점을 맞춰야 함을 의미한다. 임원의 수준에서 기술 유창성은 사업적 인접성뿐만 아니라 혁신, 연구 개발 및 5년 또는 심지어 10년의 시간 범위에서의 새로운 기회에 대한 깊은 지식을 가지고 핵심 시스템에 관한 기본적인 이해를 향상시켜야 함을 의미한다. 임원은 기술 동향을 지속적으로 모니터하고 '감지'해야 한다. 마찬가지로 그들은 직원인 전략 전문가와 기술자들이 임원 자신들의 노력하는 수준을 설사 능가하진 못한다 해도 대등한 수준으로 노력하도록 요구해야 한다. 예를 들어 CFO는 신기술에 기반한 추진계획에 자금을 지원할지 여부를 최종 결정하게 된다. 그리고 이 CFO가 프로젝트 추진자들이 제시한 제안을 고려할 때, 정보에 입각해 객관적인 결정을 내릴 수 있도록 관련 기술의 지난 수년 간의 발전 및 활용 현황을 좇아 이해해야 하고, 그 기술의 역량과 리스크에 대해 능통해야만 한다. 심지어 프로젝트 제안서가 작성되기도 전에 말이다.

:: 비즈니스 전략가

미래의 성공을 향한 과정을 수립하는 책임을 궁극적으로 부여받은 이들에게, 그들의 전문 지식 및 책임 영역뿐만 아니라 인접 영역―다른 분야에 배치중인 기술과 함께―에 대한 기술 유창성의 개발이 비즈니스 및 전문가로서의 성공에 중요해질 것이다. 경쟁자―혹은 그 사안에 관한 비경쟁자―가 새로운 플랫폼이나 도구를 활용하는 방식에서 잠재적인 기회를 감지하는 능력은 기술에 대한 광범위하고 심도 있는 이해에 기반을 둔다. 예를 들어 새로운 채용 전술을 개발하는 한 HR 전략가는 한 스타트업이 현재 크라우드소싱, 소셜 미디어 및 고급 애널리틱스 역량을 활용해서 찾기 어려운 독특한 일련의 기술을 가진 인력을 식별 가능한 플랫폼을 개발중임을 파악했다. 이러한 솔루션이 제공할 수 있는 잠재 가치를 인식하려면 그 전략가는 현재의 디지털 채용 솔루션 및 그 역량에 대해 충분히 박식해, 어떻게 신흥 기술 플랫폼이 충족되지 않은 니즈를 만족시키고 가치를 추가할 수 있는지를 이해해야만 한다.

:: 회계 담당자 및 감사

빅데이터 및 실시간 보고서의 등장은 백오피스 직원 및 임원이 업무에 접근하는 방식을 근본적으로 변화시켰다. 전통적으로 역방향이었던 부기 및 재무보고 프로세스는 이제 기술 덕분에 보다 미래 지향적으로 변했고, 오늘날의 수치를 미래의 실적을 예측하는 데 어떻게 사용할 수 있는지에 초점을 맞춘다. 이 영역에서 일하는 사람들을 위한 기술 유창성에는 예측 및 자동화된 사기·부정 감지를 지원하는 데이터 관리와 고급 애널리틱스 도구만이 포함되는 것이 아니다. 이는 수익을 창출하는 다양한 시스템에 대한 기본적인 이해를 의미한다. 예를 들어 기업이 모든 것을 서비스화한 클라우드 기반의 모델을 채택함에 따라 재무 담당 직원들은 내부 역량으로부터 외부에서 공급받는 역량으로의 전환이 IT 예산에 어떻게 영향을 주는가를 이해해야 한다. 그들은 또한 클라우드 서비스 공급자와 계약 조건을 협상하고 모든 새로운 계약이 세금에 미치는 영향에 대응하기 위해 어떻게 IT부서가 클라우드 서비스를 배치하고 활용하는가를 이해해야 한다.

:: 마케터, 작가 및 커뮤니케이션 담당 직원

디지털 시대의 변환에 있어 종종 간과되곤 하는 중요한 측면은 그 변환의 결과를 염두에 두고 이야기하는 일이다. 그런 이야기를 해야 할, 그리고 고객, 투자자, 비즈니스 파트너들에게 관련성을 설명해야 하는 책임을 진 담당자에게 기술 유창성은 회사의 IT 환경에 대한 포괄적이고 기본적인 이해 수준을 갖춰야 함을 의미한다. 그런 다음 특정한 인접 영역, 기회 및 비즈니스 동인에 통달하기 위해 충분히 호기심을 가져야 하고, 관심 대상의 변경이 가능하도록 유연해야 함을 뜻

한다. 어디서나 기업 기술이 관계되면 마케팅 및 커뮤니케이션 전문가는 새로운 제품 및 서비스에 대한 시장 인지도를 높이는 정확하고 명확한 커뮤니케이션을 반드시 신속하게 후속 제공해야 한다. 고객 및 비즈니스 파트너와 소통시 전문가인척 하는 것은 좋은 결과로 이어지지 않을 것이다. 기술 이야기를 하려면 기술을 이해해야만 한다. 한편 수준에 관계 없이 모든 커뮤니케이션 관련 종사자들이 현명하게 모니터링해야 할 또 다른 기술 이야기가 있다. 소프트웨어는 이제 인간의 입력 없이 '사실만으로 이루어진' 기본적인 기사의 작성이 가능하다.

새로운 환경에
직면하게 될 근로자들

앞으로 이러한 역할과 다른 역할을 담당한 개인들, 그리고 이에 합류하고자 하는 장래 구직자들은 불과 10년 전의 근로자들이 탐색했던 환경과는 근본적으로 다른 경력 환경에 직면하게 된다. 한때 탄탄했던 경력 경로가 격변에 처해있고, 한편으론 다른 경로가 나타나고 있으며 계속해서 등장할 것이다. 상수인 것은 오직 변화밖에 없는 비즈니스 환경에서 성공하기 위해서는, 모든 단계의 근로자들은 기술 변화를 주도하는 가장 강력한 세력 중 하나에 대해 가능한 한 배워야 한다. 기술이 바로 그것이다.

지킨 샤에게 기술 유창성은 물리적 서버에서 가상 서버로 이동하는 당위성을 이해하는 것, 그 이상의 것이다. "선트러스트에서 우리의 기술 유창성을 위한 노력의 궁극적인 목표는 조직의 사고 방식을 바꾸는 것입니다. 기술 기업이 되는 것은 우리 업계에서 더 많은 돈을 벌기 위한 방법일 뿐 아니라 생존의 문제이지요. 나의 경력 전반에 걸쳐 분명해진 사실은 다양한 배경을 지닌 사람들, 그리고 다른 부서에서 온 사람들과 팀으로서 협업하고 공통의 기술 언어로 말할 때, 그들은 프로젝트에 대해 자신의 돈이 걸린 것처럼 여기고 그들의 결정이 성공에 있어 중요하다고 생각하기 시작한다는 점입니다. 이것이 내가 발견한 일종의 몰입으로, 더 강력한 전략과 더 나은 사용 사례 그리고 더 가치 있는 산출물을 낳게 됩니다."

앤서니 스테판(Anthony Stephan)은 딜로이트 컨설팅 LLP의 프린시펄이며, 리더가 되고자 하는 사람들을 고무하고 개발하는 일에 집중하고 있다.

마틴 카멘(Martin Kamen)은 휴먼 캐피탈 IT 변환 사업부의 국가 리더다.

캐서린 배니스터(catherine Bannister)는 딜로이트 컨설팅 LLP의 매니징 디렉터이며, 조직의 기술 서비스 영역에 대한 최고 인재 책임자다.

파도 타기와도 같은
21세기의 경력 전략

새로운 세계에 대한
새로운 모델

과거에는 고용인들에게 보람된 경력을 제공하는 게 쉬웠다. 대학을 갓 졸업한 젊고 총명한 사람을 채용하고 신입 직급에 배치한 후 은퇴하기까지 수년 동안 회사의 계층 사다리를 오르는 모습을 지켜보면 끝이었다. 회사는 이런 연속적인 과정에 대한 계획 수립이 가능했다. 학위에 근거해 사람을 채용하고 이들이 천천히, 그리고 꾸준히 경력을 개발하도록 지원하면, 그 중 일부는 리더가 되고 일부는 전문가가 되고, 일부는 정체된다고 예상할 수 있었다.

오늘날 이 모델은 완전히 무너지고 있다. 연구결과가 시사하듯이, 그리고 내가 직접 나 자신의 경력을 통해 목격했듯이 꾸준하고 안정적인 경력의 시대는 이제 끝났다. 조직은 이전보다 더 평평해졌고 덜 계층적이며, 위로 올라갈 여지가 줄었다(팀 혹은 프로젝트 리더십으로 대체된 경우가 많음). 갓 입사한 젊은 직원이 경험 많은 직원에게서 볼 수 없는 기술을 가진 경우가 많고, 많은 연상의 사람들이 젊은 리더 아래서 일하게 되었다. 그리고 기술의 빠른 발전은 많은 직업, 기술, 능력을 단 몇 년 만에 쓸모없게 만들었다.

과거 교육 부서는 안정적이고 견고하게 설계된 직업 경로를 제시하곤 했다(나는 IBM에서 첫 해를 온전히 '연수생'이라는 호칭을 가지고 보냈고, 향후 10년 간의 직업 경로가 명확히 펼쳐져 있었다). 오늘날 많은 교육 부서가 시대에 발맞추기 위해 고군분투하고 있는데, 온라인 강좌나 프로그램을 직원들에게 제시하면서 '새로운 기술의 습득'은 당신들의 일이라고 말한다. 교육 부서가 직원들이 앞서가는 데 필요한 것을 제공하려 노력함에도 불구하고, 연구에 따르면 그들 부서 또한 뒤처지고 있다. 직원들은 L&D(Learning and Development, 학습 및 개발) 부서에 NPS(Net Promoter Score, 순 추천고객지수) 기준으로 −8점이라는 혹독한 점수를 주었다. 소비자 시장의 거의 어떤 상품보다도 낮은 점수다.

기술이 빠른 속도로 진화하고 더 많은 사람들이 비상근으로 일하는 상황에서 이러한 추세는 점점 가속될 뿐이다. 링크드인(LinkedIn)의 공동 창업자인 라이드 호프만(Reid Hoffman)은 경력은 이제 단순히 '근무 기간'일 뿐이라 생각한다며, 기업들로 하여금 사람들이 몇 년밖에 머물지 않을 거라는 가정하에 조직을 설계하라고 촉구했다. 그리고 데이터는 이를 증명해준다. 기업 중 58%가 신입 직원이 10년 이내에 회사를 옮길 것이라 생각한다(링크드인의 연구가 이를 보여주는데, 평균적으로 오늘날 신규 학위 취득자들은 1980년대 중반과 비교해 졸업 후 첫 5년 동안 2배 더 많은 직업을 거친다).

하지만 잠시 생각해보자. 경력의 세계가 그렇게 어렵고 무자비할 필요는 없다. 조직은 자사의 경력 전략을 조정하고, 사람들이 더 빨리 학습하며 몰입을 계속 유지하도록 도울 수 있다. 다만 그러기 위해서는 문제에 대해 재고하고, 어떻게 직업·경력·기술이 빠르게 변하고 있는지에 대한 인식을 가져야 한다.

근본적인 질문은 다음과 같다. 어떻게 하면 조직이 지속적인 학습을 권장하고, 개인의 이동성을 향상시키며, 모든 직원들에게 성장 중심의 사고방식을 갖도록 독려하는 직업 모델을 해마다 설계할 수 있을까? 이는 현재가 주는 기회다. 이를 파악한 기업은 실적·혁신·실행 면에서 동종 기업들을 능가할 것이다.

변화하는
경력의 속성

진정 '경력'이란 무엇인지 검토해보자. 경력에 대한 전통적인 생각은 다음 3가지로 구성된다.

- 경력은 우리의 전문성이자 직업이고, 궁극적으로는 우리의 정체성이다. 경력은 내가 누구이고 무엇을 하는지 규정한다. 이런 유형의 자아 정체성은 경력 변경을 매우 어렵게 만든다. 경력을 변경하고 실패하면 어쩌나? 그렇게 되면 나는 누구인가?

- 경력은 시간의 경과와 인내를 바탕으로 형성된다. 경력은 우리에게 전진하고 발전하며 계속해서 자랑스럽게 느낄 수 있는 기회를 준다. 경력이나 경로를 바꾸라고 요청받으면 우리가 배운 그 모든 것에 무슨 일이 발생할까? 다 버리고 가야 하나? 혹은 계속 가지고 갈 수 있는가?

- 경력은 금전적이고 심리적인 보상을 준다. 경력은 삶을 의미 있게 해주고 목적을 부여하며 잘 사는 데 충분한 돈을 제공한다. 만약 갑자기 경력의 가치가 떨어진다면 어떻게 될까? 우리가 여전히 그 일을 즐긴다고 해도 말이다. 돈을 덜 벌고 경력을 지속해야 할까, 새로운 길을 찾아야 할까?

일의 세계의 변화가 전문 지식, 기간, 보상이라는 3가지 요소 모두에 격변을 일으키고 있다. 이러한 변화가 앞서가려 노력하는 고용인에게 겁나는 상황인 것처럼 오늘, 내일, 그리고 향후 5년간 일할 인력을 채용 및 육성해야만 하는 고용주에게도 일의 세계의 변화는 똑같이 파괴적이다.

전문성의 유통기한이
그 어느 때보다 짧다

과거에는 특정 유형의 직업(예: 컴퓨터 프로그래머, IT 문제 해결담당자)만이 지속적인 훈련과 기술 향상이 필요하다고 여겨졌다. 이제는 우리 모두가 지속적으로 새로운 기술, 도구, 시스템을 학습해야 한다고 여겨진다. COBOL 프로그래머가 C++와 자바를 배워야 했던 것처럼, 관리 사무원은 타자기와 구술기에서 PC와 음성메모 사용법을 배워야 했고, 공장 조립라인의 근로자들은 로봇 작동법을 배워야 했으며, 디자이너는 스케치패드와 점토 모델에서 터치 스크린과 3D프린팅으로 바꿔야 했다. 기술 분야에서는 신기술을 익혀야 한다는 압박이 끊임없이 있으며, 그렇지 않으면 순식간에 퇴물이 되어버릴 수 있는 리스크가 존재한다. 딜로이트의 고객사 중 한 기업이 어떤 기술을 사람들이 배우길 원하는지에 대해 IT 부서를 대상으로 익명 조사를 했었다. 그 결과 80% 이상이 앵귤러 JS(모바일 앱 개발을 위한 새로운 오픈소스 프로그래밍 환경)를 몹시 배우고 싶다고 응답했지만 정작 기업은 그 기술을 아직 사용하지 않고 있었다.

오늘날은 전문가조차 격변의 영향하에 있는 자신들의 모습을 발견한다. 현재 소프트웨어 엔지니어보다 인기 있는 직업은 몇 되지 않는다. 그러나 많은 이들이 가까운 미래에 코딩 작업이 자동화될 것이라 예견한다. 인공지능은 변호사를 위해 단순 작업을 해주며, 의사의 업무를 간단히 해주고, 트럭 운전수에서 금융 애널리스트까지 기술직을 변화시키고 있다. 후에 살펴보겠지만 누구나 새로운 도구를 배우고, 보유한 기술을 조정하며, 전문 분야에 있어서도 보다 다방면에 대한 지식을 갖춰야 한다.

이것이 고용주에게 의미하는 것은 간단하다. 당신의 직원들은 끊임없이 '따라잡아야 할' 필요를 느끼고 있다. 예를 들어 밀레니얼 세대는 '학습과 발전 기회'를 '좋은 직업'을 결정하는 동인의 1순위로 꼽는다. 관리자는 사람들이 전진할 수 있도록 시간과 기회를 주고 지도해야 한다. 그러지 않으면 사람들은 다른 곳을 자주 살펴볼 것이다.

평생직장의 개념은
과거가 되었다

지난 세기의 30년 '평생 직장'이라는 기업들의 홍보문구를 떠올려 보자. 현재는 기업의 단지 19%만이 여전히 전통적인 기능별 경력 모델을 갖추고 있다. 왜 그렇게 많은 조직들이 수십 년에 걸쳐 이어져오던 경력 모델이 사라지도록 내버려 두었을까?

첫째, 비즈니스 구조가 변했다. 1900년대 초기를 상징하던 산업 기업들(철강, 자동차, 에너지, 제조)은 많은 비즈니스 프로세스와 판매 채널뿐 아니라 가치사슬의 다양한 부분을 작은 회사들에게 외주로 주었다. 그 결과 혁신과 수익성은 꾸준히 증가했지만 '직장인' 경력의 안정성은 크게 악화되었다.

1978년 내가 코넬 대학교를 갓 졸업한 신입 엔지니어로 처음 일을 시작할 당시, 수십 곳의 대기업들이 평생 경력을 훈련시키기 위해 젊은 엔지니어를 찾고 있었다. 각 회사들은 순환보직, 엄청난 분량의 훈련, 평생 고용처럼 보이는 조건을 제공했다. 사실 나도 이런 기업들 중 하나인 IBM에 취업했다. 그러나 경영진이 방대한 조직 개혁을 시작했을 때 나의 경력 대안이 완전히 바뀌었다는 것을 깨달았다(나는 성장 속도가 빠른 소규모 회사로 이직하기로 결심했다).

자동차 산업, 제조업, 금융업, 유통업, 의료 및 다른 산업들의 사정도 비슷하다. 1970년에는 미국의 최상위 25곳 대기업들이 민간 노동력의 10% 이상을 고용했다. 오늘날 미국에서 고용 인원수 기준으로 가장 큰 고용주들은 유통업체인데, 유통업 단독으로 미국 고용의 10% 이상을 책임진다. 현 경제 회복기에 가장 빠르게 일자리가 늘어나는 부문은 헬스케어로 대형 및 소형 병원, 노인 의료 제공업체, 그리고 다양한 유형의 개인 건강관리 서비스가 이에 포함된다. 이 분야의 고용주들이 얼마나 뛰어난가와는 상관없이, 이들의 주요 노동력은 중간 수준의 근로자들이다. 서비스 및 제공자 역할 모두 임금이 높지 않고, 대기업들이 한때 일반적으로 제공하던 장기적인 '전문가 경력'의 발전을 제공하지도 않는다.

이러한 상황은 일부 근로자들에게는 기회를 창조해주었지만 다른 이들을 그들의 부모 세대가 같은 나이였을 때보다 뒤처지게 만들었다. 한 연구에 따르면 1980년대와 1990년대에 일을 시작한 근로자들은 1960년대 말에서 1970년대 초(기업 경제의 전성기)에 일을 시작한 유사한 형편의 사람들보다 향후 10년간 저임금의 장래성 없는 직업에 머물 가능성이 2배 이상 높았다. 그 이유 중 일부는 대기업들이 많은 전문적인 일(그리고 높은 임금을 받는 과업)을 외부에 위탁했기 때문이다. 이는 사회경제적 지위의 '상승'을 더 어렵게 만들었다.

기회주의(성장 기회가 제한된 회사에 왜 남아있는가?)와 필요성(당신의 일자리가 외주화 되었다면 무엇을 할 수 있겠는가?)이 추진력이 되어 직

TIP. 장수 배당금: 더 긴 지평선을 계획하기

불확실한 경력 경로에 대한 일부 불안감에는 행복한 이유가 있다. 사람들이 대부분의 국가에서 그 어느 때보다 오래 산다는 점이다. 1900년에 출생한 사람들은 50세를 넘기기 힘들었다. 오늘날 대부분의 국가에서 출생하는 아기들의 평균 기대수명은 70세가 넘는다. 한 연구에 따르면 밀레니얼 세대의 평균 수명은 90세에 달할 것이라 한다.

정부는 은퇴연금 지급에 대한 폭발적인 수요를 예상하며 근로자의 은퇴 연령을 올리는 방법으로 대응하고 있다. 그리고 실제로 노동조합의 쇠퇴와 훨씬 더 빨라진 직업 이동성과 함께, 30년 재직 후에도 훨씬 더 적은 근로자들만이—심지어 노동집약적인 직업에서도—은퇴할 수 있게 되었고, 사람들은 더 오래 일하도록 강요받는다. 이는 젊은 사람들이 50년 혹은 그 이상의 경력을 예상해야 함을 의미한다. 학교와 고용주는 사람들이 많은 경력 단계를 거치면서 학습하고 일하며 다시 학습하고 일하는 순환을 준비하도록 돕고 안내해야 한다.

최근에 나는 100년의 역사를 지닌 존경받는 한 제조업체의 고위 임원진과 만났는데, 이 업체는 매우 높은 직원 유지율을 기록하고 있다. 위의 문제들에 대해 논의했을 때, 경영진은 오래 일하는 근로자들을 중심으로 경력 전략을 재설계하겠다고 결정했다. 즉, 근로자가 계속해서 자기계발을 할 수 있도록 적극적으로 격려하고 지원해주는 방안을 채택했다.

업과 회사를 바꾸는 일은 점점 더 일반화되었고, 마침내 직업을 전전하는 일은 일반적인 규범이 되어버렸다. 예를 들어 나와 같은 나이대의 사람들은 근무 연한 동안 일반적으로 총 4~5곳의 회사에서 일했었다. 오늘날 학부 졸업생은 졸업 후 첫 10년 만에 그 만큼의 회사에서 일하게 될 수도 있다.

파도에서 파도로
서핑하기

오늘날 경력에 대해서 생각해볼 수 있는 한 가지 방법은 자신을 서퍼, 즉 파도 타는 사람이라고 생각하는 것이다. 즉 우리는 인생 초기에 좋은 파도를 타고, 이 파도가 이 물마루를 이루고 낮아지면 다음 파도를 찾아봐야 한다. 딜로이트 버신은 노동시장 분석 회사인 버닝 글래스 테크놀로지(Burning Glass Technology)의 데이터를 연구하고 분석한 결과 많은 기술적 능력에 대한 수요가 크긴 하지만, 보다 많은 사람들이 그러한 기술에 능숙해질수록 그 가치가 떨어진다는 점을 확인했다. 예를 들어 그래픽 디자이너는 처음 인터넷이 발명되었을 때보다 훨씬 가치가 낮아졌다. 전문가들은 여전히 생계를 꾸릴 수 있지만, 어떤 면에서 우리 모두가 디자이너가 되었기 때문에 조직은 많은 수의 전문가를 필요로 하지 않는다.

물론 초기 발전 단계에 있는 특정 분야에서는 전문지식에 대한 수요가 높아 이에 상응하는 보상이 이뤄진다. 예를 들어 조직은 하둡(Hadoop) 및 기타 빅데이터 솔루션을 다루는 데 능숙한 사람뿐만 아니라 사이버 보안 같이 관심이 집중된 분야의 전문가를 원한다. 그래서 조직은 이들 분야에서 유능한 사람을 데려오기 위해 많은 금액을 지불한다. 하지만 해가 지나고 이러한 분야의 전문가 공급이 증가하면, 분야 자체가 예측하지 못한 방향으로 전개된다(예를 들어 하둡 전문가는 다른 기술 부문에서도 전문가가 된다). 그러면 전문가들은 꾸준히 줄어드는 금전적 급부에 만족하지 않는 한 '서핑'하기 위해 다음 파도를 찾아봐야만 한다.

나는 우리 각자가 교육을 마친 후부터 은퇴 전까지의 경력을 파도의 연속으로 생각해볼 것을 제안한다. 우리는 파도를 타기 시작해 이 파도가 물마루를 이룰 때까지 계속 탄다. 그리고 해변가에 이르러 파도가 잠잠해지면 다음 파도를 타기 위해 헤엄쳐 나가야 한다. 새로운 파도를 탈 때마다 우리는 새로운 기술과 경험을 얻고 그 과정에서 자신을 재훈련·재교육할 수 있다.

가치가 높아지는 소프트 기술, STEM에서 STEAM으로

많은 기업들이 장기간에 걸쳐 전문적인 업무를 외주로 대체해왔지만, 대기업은 여전히 수많은 기술자와 전문가 인재가 필요하다. 버닝 글래스와 딜로이트의 공동 연구에 따르면 수학, 통계학, 프로젝트 관리, 논리적 사고가 대부분의 직책에서 필수 조건인 것으로 나타났다(심지어 마케팅·재무·HR 부서도 그러하다). 문제는 또다시 이러한 기술적 전문 일자리들이 곧 외주로 돌려지고, 자동화되거나, 젊은 세대에 의해 일반화되어 아직 아무도 상상하지 못한 새로운 기술적 직업에 자리를 내어줄 것이란 점이다. 이미 수천 명의 사람들이 '로봇 훈련가'로 일하면서 자율주행 자동차가 무엇을 하는지 분석하고 이들이 더 똑똑해지도록 작업하고 있다. 이 사람들은 지금부터 10년 후 뭔가 다른 일을 하고 있을 가능성이 매우 높다.

오늘날 보상이 큰 직업을 원한다면 수학, 통계학, 논리적 사고 능력의 개발을 고려해봐야 한다. 데이터에 익숙한 것이 점점 필수화되는 중이다. 과학, 기술, 공학, 수학(Science, Technology, Engineering, and Math, STEM)에 대한 기본적 이해가 부족한 사람이라면 경력 대안이 제한될 가능성이 크다. 관리자, 상담자, HR팀은 이러한 변화를 알아차리고 회사의 누구나 재교육과 훈련을 받을 수 있게 해야 한다.

그렇다 하더라도 STEM이 더이상 21세기의 기술에 대해 전부 말해주지는 않는다. 수학, 과학, 공학에 기반한 업무들은 자동화에 취약하다. 따라서 이러한 업무는 소프트 기술과 다른 강점으로 보완되어야 한다. 1800년대에 기계공과 금속 근로자는 오늘날의 컴퓨터 과학자와 같았다. 제조업이 점점 자동화되고 보다 강력한 기계가 발명되면서 이들 '금속 가공(Metal bending)' 관련 경력은 기계를 개발·작동·수리하는 것으로 바뀌는 경우가 많았다. 1970년대에 어떻게 제도공이 되는지를 배웠던 사람이라면, 1980년대와 1990년대에 컴퓨터를 이용한 디자인 소프트웨어가 어떻게 자신의 직업을 대체했는지 목격했을 것이다. 그리고 당신이 만약 통계와 수학에 능하다면, 당신의 담당 영역이 프로그래밍, 분석, 데이터 해석으로 확대되어 가는 것을 목격할 가능성이 크다. 소프트웨어 프로그램이 많은 계산 업무를 담당하기 때문이다.

기술적 능력에 대한 핵심 수요는 여전히 강하지만, 다른 주제가 직업시장에 등장하고 있다. 커뮤니케이션, 해석, 디자인, 종합적 사고 능력을 갖춘 사람들에 대한 수요가 그것이다. 어떤 면에서 우리는 이들 능력을 예술(Art)이라고 생각할 수 있고, 이런 이유로 교육이 STEM에서 STEAM으로 진화한다.

STEM에 예술이 더해진다는 것은 무슨 뜻일까? 이는 미술사 강의 몇 가지를 듣거나 초서(Chaucer, 역주: 14세기 영국의 작가)가 쓴 고전을 읽는 것처럼 간단하지 않다. 미래의 직업은 기술의 사용 증가로 단순 반복 업무가 대체됨에 따라, 보다 많은 기술적 능력을 보완할 수 있는 사회적 능력을 필요로 한다.

영업사원, 은행창구직원, 간호사, 간병인, 비즈니스 리더 같은 직업들에 대해 생각해보자. 모두 공감, 사회적 능력, 커뮤니케이션, 종합적인 사고를 요구하는 직업들이다. 성난 고객이 은행 창구로 직진할 때 인공지능 프로그램은 그 상황을 평가하고 진정시킬 수 있는 최선의 방법을 생각해내는 감각이 부족하다. 하지만 훈련을 잘 받고 공감력이 뛰어난 창구직원이라면 가능하고, 바로 그 점이 그 직원을 은행에

그림 1 어떤 직업이 사회적 기술을 필요로 하나?

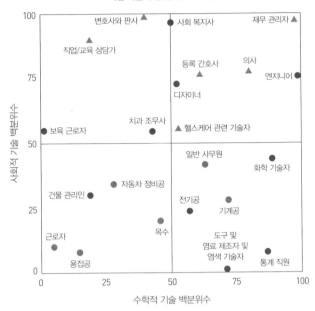

직업 비율의 변화(1980~2012년)

출처: 데이비드 데밍(David Deming), 하버드 대학교

귀중한 존재로 만든다.

하버드 대학교의 연구원인 데이비드 데밍(David Deming)이 개발한 〈그림 1〉은 미래 최고의 직업들 중 일부는 기술적 능력과 사회적 능력을 모두 활용함을 보여준다. 그렇다. 개발자는 컴퓨터가 단순반복적이고 정보 기반의 과업을 수행하도록 프로그래밍할 수 있지만, 기계는 아직 듣고 공감하며 소통하고 설득하는 일에 능하지 않다.

TIP. 미래에도 나를 고용할 건가요?

2016년 초 딜로이트 UK는 옥스포드 대학교의 한 주목할 만한 연구를 살펴봤다. 이 연구는 향후 20년 동안 어떤 직업이 사라질지를 예측한 연구였다. 연구원들은 이러한 직업을 '사라지는 직업'과 '성장하는 직업' 모두에 필요한 O*NET 직업 기술들과 비교해 지도를 작성했고, 그 어느 때보다 노동력에서 더욱 중요해지고 있는 40개 이상의 '근본적인 인간의 능력'을 파악해냈다. 그 결과는 다음과 같다.

- 체력보다 머리: 절대적으로 본다면 STEM 분야에 대한 전문가적 지식이 힘, 내구성, 유연성, 물체 조작 능력과 같은 신체적 기능에 비해 40% 더 중요하다.
- 사회 인지적 능력: 인지적 능력이 10% 증가하면 시급의 중앙값이 12% 증가한다.
- STEM과 STEAM은 성장세 지속: 2039년까지 수학과 과학 분야 지식의 중요성이 8% 증가할 것으로 예상된다. 엔지니어, 과학자, IT/디지털 전문가, 경제학자, 통계학자, 교사 등 약 450만 개의 STEM 관련 신규 일자리가 전 세계에서 창출될 전망이다.

이러한 종류에서는 최대 규모 중 하나였던 이번 연구는 모든 '신규 일자리' '사라지는 일자리' 등 다양한 범주에 걸쳐 능력을 지도화하며 미래에 있어 '필수적 능력'이 무엇인지 가려냈다. 이 연구가 시사하듯이 소통 능력, 비판적 사고, 시각적 독자성, 추론 능력이 미래에는 훨씬 더 중요해질 것이다. 이는 구직자나 경력 서핑을 하는 사람들에게, 인간의 관계·소통·사고 능력이 중요하다는 점을 다시금 상기시킨다.

혼성 직업의
등장

내가 수행한 연구(학계, 경제학자, 채용 담당자와의 대화도 포함)는 임금 인상이 주로 2가지 직업 유형에서 이뤄질 것임을 보여준다. 첫째는 모두가 예상하듯이 인기 높은 '기술적 역할'로, 기술 보유자가 (현재로선) 희귀한 분야에서 발생한다. 둘째는 아마도 우리가 '혼성 직업'이라고 부를 여러 전문 분야들을 혼합한 완전히 새로운 직업군이다. 이들 '르네상스 직업'은 기술적 전문성(하나 또는 그 이상의 영역)과 디자인, 프로젝트 관리, 의뢰인 및 고객 상호작용에 대한 전문성을 결합한 것이다. 이들은 '경험 설계가' 'IoT 엔지니어' '사용자 경험 디자이너' '보안 컨설턴트' 등으로 불릴 수 있다. 이들 직업은 일반적으로 기술적 영역, 문제 해결능력, 프로젝트 관리, 그리고 종종 산업 전문지식과 관련이 있다.

고도로 기술적인 분야의 근로자들조차 점점 더 소프트한 기술을 기본적으로 갖출 것이라고 예상된다. 버닝 글래스, 비즈니스-고등 교육 포럼(Business-Higher Education Forum), IBM이 공동 수행한 2017년 연구는 데이터 과학과 디지털 마케팅에서 생겨나는 신규 일자리들을 분석했고, 몇 가지 중요한 점을 발견했다.

• 조직들이 분석적인 역할에 대한 수요 증가를 주도하고 있다. '데이터 과학자' 혹은 '애널리스트'라 불리는 직업들이 빠르게 성장하고 있는

데, 데이터 과학과 애널리틱스 관련 일자리의 전반적인 숫자는 전 세계적으로 2020년까지 연간 270만 개에 도달할 것으로 추산된다. 이러한 직업은 모든 산업과 선진국에 걸쳐 늘어나고 있는데 특히 영국, 캐나다, 호주에서 두드러진다.

- 이들 직업은 단순히 학위만으로 가능한 것은 아니다. 이들은 수학, 통계학, 분석적 사고, 산업 전문지식이 결합된 직업으로 단지 데이터 관리 기술만 가지고는 가능하지 않다. 예를 들어 산업 전문지식과 경험을 갖춘 데이터 과학자는 순수 기술적 능력만을 갖춘 사람들보다 거의 50% 높은 급여를 받는다.

- 이들 새로운 직업은 버닝 글래스가 일자리에 대한 '새로운 유전자'라 부르는 것을 창출하고 있고, 과거의 역할에 필요했던 기술을 새로운 역할에 결합시키고 있다. '데이터 애널리스트' '디지털 마케팅 매니저' 'HR 및 직원 애널리틱스 리더' 등 어떻게 불리든 간에 이들 직업은 전문 영역의 기술적 역량과 선택된 영역의 시스템 전문성을 결합한 것이다.

- 이들 역할은 이제 새로운 형태의 소프트 기술을 요구한다. 〈그림 2〉는 고용주들이 데이터 분석 직책 자리에 찾고 있는 전문성의 유형을 보여준다. 리서치 능력, 작문 능력, 문제 해결 능력, 팀워크와 창의성 등의 능력은 수학이나 통계학 강의를 듣는다고 개발되지 않는다. 그보다는 영어, 역사, 예술, 비즈니스 배경에서 창출될 가능성이 있다. 이처럼 STEM에서 STEAM으로 변화가 일어나는 중이다.

그림 2 보다 많은 소프트 기술을 요하는 데이터 직업

소프트 기술을 요하는 직업의 비율

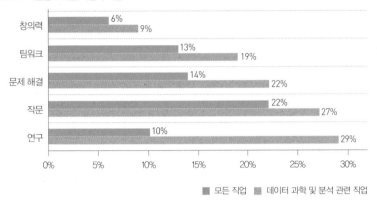

출처: 맷 시겔만(Matt Sigelman), '숫자로 보는 데이터 과학 및 애널리틱스 직업 시장(By the numbers: The job market for data science and analytics)', 버닝 글래스 테크놀로지, 2017.02.10.

나는 스프레드시트(멀티플랜, 로터스1-2-3, 엑셀로 이어지는) 프로그램의 초창기를 너무나 잘 기억한다. 그리고 이러한 도구들이 금융 애널리스트를 구시대의 유물로 만들지 않을까 했던 두려움에 대해서도 알고 있다. 그런 걱정과는 상당히 다른 일이 발생했다. 물론 애널리스트들은 생존하기 위해 이들 도구의 사용법을 배워야 했지만, 그 후 이들은 고용주에게 훨씬 더 가치 있는 '수퍼 애널리스트'가 되었다. 이러한 '업무의 기계 증강(Machine augmentation of work)' 효과는 조직뿐 아니라 직원들에게도 긍정적인 현상이다. 하지만 사람들이 새로운 도구의 사용법을 배우려고 시간을 들일 때만 그러하다.

산업 혁명 이래 근로자들은 주기적으로 새로운 기계와 시스템에 적응해야만 했다. 하지만 속도가 빠른 정보 시대는 직업의 이종 교배를 결코 끝나지 않을 과정으로 만들었다. 이제 영업 사원들은 세일즈포스 (Salesforce)나 과업관리 시스템 같은 기술적 도구를 사용해야 한다고 기대 받는다. 그들은 어떻게 협상하고 예측해야 하는지 알아야 하며, 장기적으로 AI 기반의 도구로부터 어떻게 신호를 감지해야 하는지에 대해 배워야만 할 가능성이 크다[세일즈포스의 신제품 아인슈타인(Einstein)은 누구에게 먼저 전화를 걸어야 하는지 스마트하게 추천하도록 설계되었다]. 관리자는 선택의 여지가 없을 때까지 새로운 도구의 사용법을 배우는 것을 일상적으로 거부하는 사람들을 점점 더 조심해야 한다.

미래 학습의 역할은
무엇일까?

사람들이 지속적으로 학습하고 기술을 새로 배워야 할 필요가 있다는 사실을 수용한다면, 그렇게 할 수 있는 방법은 무엇일까? 모두 몇 년마다 학교에 돌아가 다른 학위를 받으라고 장려해야 하는 것일까? 꼭 그렇지는 않다.

지난 10년간 교육과 학습 산업이 폭발적으로 성장했다. 2015년과 2016년에만 투자자들은 10억 달러 이상을 미국의 '교육기술(Edtech)' 기업과 벤처기업에 투자했다. 스마트폰, 내장 비디오, 유튜브 등과 같은 기술이 사람들의 손끝에 고품질 교육을 제공함에 따라 글로벌 교육시장, 전문기술 개발, 기업 교육 프로그램 시장이 4천억 달러 이상

표 1 학습과 개발의 진화가 극도로 빨라지고 있다

	1998~2002년	2005년	2010년	2017년	2020년
	전자 학습 및 혼합 학습	**인재 관리**	**평생 교육**	**디지털 학습**	**지능형 학습**
형식	강의 목록 온라인 대학교	학습 경로 경력 진로	동영상, 자가 출판 모바일, 유튜브	마이크로 학습 실시간 비디오 어디에서나	
철학	지도형 설계 커크패트릭 (Kirkpatrick)	혼합학습 사회적 학습	70-20-10 분류 체계	디자인 사고 학습경험	지능화 맞춤화 기계주도적
사용자	자기 학습 온라인 학습	경력 중심 다양한 주제	주문형 학습 인베디드 러닝 (역주: 직원의 학습을 추진하는 모든 조직화 된 학습 프로세스)	모두, 항상, 어디서나	
시스템	전자 학습 플랫폼으로서 LMS	인재 플랫폼으로 서 LMS	경험 플랫폼으로서 LMS	보이지 않는 LMS 데이터 주도적, 모바일	

*LMS(Learning Management System)

출처: 딜로이트 버신, 딜로이트 컨설팅 LLP, '영향력 큰 학습 조직에 대한 연구, 2017'

으로 성장했다. 개인들은 유데미(Udemy) 같은 지식 공유 사이트나 린다닷컴(Lynda.com) 같은 코스웨어(Courseware) 사이트, 혹은 플루 럴사이트(Pluralsight), 스킬소프트(Skillsoft), 제네럴 어셈블리(General Assembly) 같은 기술 교육 사이트를 방문해 저비용의 강좌, 수업, 전문 가 교육을 찾을 수 있다.

실제로 많은 기업 HR 팀들이 학습 대안의 빠른 변화를 목격하고 있 다(〈그림 3〉). 어느 정도 격변이 일어나고 있는 것이다. 경영진은 정기적으로 그들의 내부 학습 및 개발(L&D) 프로그램이 소비자 시장에 뒤처지고 있음을 인정한다. 사실 딜로이트가 가장 최근에 수행한 '영향력 큰 학습조직에 대한 연구'에 따르면 직원들은 회사의 교육 부서를 순 추천고객지수(NPS) -8점으로 평가하며, 구식의 학습 관리 시스템과 기존 내용에 대해 불평했다.

이러한 모든 변화는 L&D를 기업의 고용 관련 명성과 직원 경험에 있어 필수적인 부분으로 만들었고, 우리는 경영진에게 이 분야에 투자하라고 촉구하고 있다. 실제로 GE, 비자(Visa), IBM 같은 혁신적인 기업들은 내부적인 온라인 공개수업(Massive Open Online Courses, MOOCs)과 자체적으로 개발한 콘텐츠의 네트워크를 구축함으로써 동료들이 제작한 자료를 포함해 필요한 어떤 교육 프로그램도 직원들이 구매 가능하게 했다. L&D가 HR기술 시장에서 가장 빠르게 성장하는 영역이 됨에 따라, 많은 기업들이 내부 학습 시스템을 향후 5년 동안 교체하거나 업그레이드하리라고 예상된다.

경력 개발 도구로서 일반 소비자 및 기업 학습 프로그램이 가용해진 점은 뜻밖의 선물과 같다. 직원들은 컴퓨터를 통해 유다시티(Udacity), 코세라(Coursera), 노보에드(NovoEd), 에덱스(edX) 같은 무크(MOOCs) 강좌에 참석하고 폭넓은 기술, 경영, 개인 능력 관련 주제에 대해 학계 및 업계 전문가의 강의를 들을 수 있다. 교육 기업들 또한 점점 더 이러한 강좌를 완료하는 사람들에게 프로그램 인증서를 발급해, 그들이 새로운 역량을 갖추었음을 외부에 인식시킨다.

솔루션:
기업의 역할

우리가 아무리 애를 쓰더라도 수명 연장, 짧아진 재직 기간, 새로운 기술을 터득하라는 가차없는 압력으로 향하는 추세를 거스를 수 없다. 하지만 조직은 사람들의 기술 재습득, 재교육, 경력 발전을 지원하는 적극적인 프로그램을 채택함으로써 이를 쉽게 만들어줄 수 있다. 2017 딜로이트 글로벌 휴먼 캐피털 트렌드 보고서는 L&D를 기업과 HR 리더에 있어 두 번째로 중요한 문제로 선정했는데, 이는 1년 전만해도 5위에 불과했다. 또한 기업의 83%가 자사의 경력 프로그램을 리엔지니어링하고 있다고 응답했다. 그런데도 많은 조직들에게 갈 길이 멀다. 이 분야의 일부 선도적 실무 사례는 다음과 같다.

- 무료로 모든 직급의 직원들에게 학습과 콘텐츠를 개방한다(예를 들어 뱅크 오브 아메리카는 선불 '신용카드'를 기술 개발을 위해 사용하라고 제공했다).
- 직원들의 사용을 위해 대규모 훈련 콘텐츠 라이브러리에 투자한다 (IBM과 GE는 수십 개 회사들과 강의 및 콘텐츠 수급 라이선스 계약을 체결했으며 사용량 기준 과금계약을 협상하고 있다).
- 경영진들의 학습 문화를 형성한다. 하위 직원들의 능력을 개발하는 관리자를 보상하고, 인재 개발에 초점을 맞추도록 성과 관리 프로세스를 리엔지니어링하며, 외부 후보자 대신 내부 후보자를 채용하는

관리자에게 보상을 제공한다(AT&T는 전체 기업 문화의 초점을 직원들의 지속적인 기술 재습득에 맞추고 있다).

- 직원들이 새로운 직업과 새로운 경력 경로를 회사 내에서 찾도록 돕는 경력 경로와 자가 평가 도구를 만든다(IBM은 이렇게 하고 있다).

- 직원들이 혼성 기술을 개발할 수 있는 L&D 프로그램을 만든다. 디자인 사고, 시각화, 프로젝트 관리, 문제 해결, 의사소통 및 기타 소프트 기술이 절실히 필요하다. 그리고 표준 프로그램들이 경력 유연성과 일관된 관행의 통용을 형성하도록 돕는다.

- 사람들이 빨리 필요한 것을 학습할 수 있도록 미시적 학습과 거시적 학습을 제공한다(즉 전통적인 강의 및 교육뿐 아니라 유용한 작은 콘텐츠를 업무 흐름 중에 제공).

- 확립된 기업 예산으로 최고학습경영자(Chief learning officer)에 투자해 다양한 사업부와 기능 분야에서 학습 솔루션을 감독하고 인도하게 한다.

- 사람들이 새로운 역할로 이전하도록 지원하는 온보딩(Onboarding) 프로그램과 전환 관리 프로그램에 투자한다[캐나다 왕립 은행(Royal Bank of Canada)은 신규 직원과 부서이동 직원을 대상으로, 1년 동안 지속되는 지점 은행원 신규 채용 프로그램을 개발했다].

- 기술이 업무를 자동화하는 과정에서 직업 설계와 조직 설계에 대해 비즈니스 리더들과 협업한다. 이를 통해 기술 도입에 따라 사람들을 재배치하고 유지하며, 보다 '본질적으로 인간적인' 역할에 사람들을 배치할 수 있도록 돕는다.

파도를
길들이기

파도타기는 맑은 날에도 두려울 수 있다. 사람들의 생계가 달려있을 때 경력 서핑은 위험하게 느껴진다. 특히 파도가 근로자를 서핑보드에서 자꾸 떨어뜨리려고 할 때 더욱 그렇다. 이 새로운 경력의 세계에서 어떻게 사람들이 길을 찾아 성공하도록 지원할 수 있을까? 동시에 어떻게 조직을 온전히 유지할 수 있을까?

대답은 명확하다. 조직의 리더로서 회사를 재설계해 다양하고 계속적인 개발 기회를 제공하게 해야 한다. 사람들이 역할을 변경하고, 기술적 전문성을 개발하며, 폭과 경험 면에서 수평적인 이동을 장려하도록 보상 시스템을 변경해야 한다. 당신의 기업은 기술적 전문성과 넓은 경험의 폭에 대해 사람들에게 보상을 제공하는가? 혹은 기업의 피라미드를 올라가는 사람들만 지원하는가?

우리는 또한 코칭, 경력계획, 경력평가에 자원을 투입해야 한다. "여기서 당신의 경력은 당신 스스로 관리한다."라는 오래된 격언은 사람들이 즉시 회사에서 나갈 수 있도록 자신들을 관리해야 한다는 것을 의미하는 경우가 많았다. 오늘날 전향적인 기업들은 경력 계획 도구를 제공하고, 직책의 내부 공고를 적극적으로 행하며, 내부 채용이나 부서 이전을 장려하며 지원한다.

딜로이트의 고객사 중 하나인 한 아시아의 대형 에너지 기업은, 직업 모델이 너무 엄격하게 구조화되어 있어 많은 사람들이 리더십 중 누군가가 사망하거나 그만둘 때까지 진급을 하지 못한다고 유명했다. 경영진들이 웃으면서 내게 말하길, 직원들이 더 좋은 일자리를 구할 수 있는 가장 좋은 방법은 "그만두고 다른 직책에 재지원하는 것이다." 라고 했다. 하지만 이는 농담이 아니다. 나는 이러한 일이 오늘날 실제로 많은 대기업에서 발생하는 모습을 목격했다.

요약하자면, 기업은 사람들이 보유한 기술을 가지고 조직내의 새로운 역할에서 그 기술을 쉽게 사용하도록 전통적인 경력 모델과 업무를 버려야만 한다.

누구도 미래의 경력 역동성에 대처하는 것이 쉬울 거라고 말할 수 없다. 직원이건 고용주이건 간에 말이다. 적극적으로 학습 조직을 재설계하고, 직업 모델을 재고하며, 보다 많은 혼성 역할을 창조하고, 승진 혹은 퇴사라는 성공에 대한 기존의 접근법을 버리는 것이 중요하다.

이를 잘 다루는 기업이 얻는 대가는 클 것이다. 딜로이트의 연구에 따르면 자사를 학습하기에 좋은 조직이라고 정의한 기업들은 23% 더 큰 재무적 이익을 달성했고, 동종 기업들보다 혁신에 뛰어나며, 비즈니스의 순환을 훨씬 더 잘 견뎌냈다. 이제 막 수평선에 등장한 다음에 닥칠 커다란 파도를 보며, 우리는 서핑에 대해서 더 많이 배워야만 한다.

조쉬 버신(Josh Bersin)은 딜로이트 컨설팅의 프린시펄이며 딜로이트 버신의 창립자이다. 그는 딜로이트 휴먼 캐피탈 트렌드 및 딜로이트 버신을 위해 명성 전략, 분석, 연구 전략을 제공하고 있다.

인지적 업무 설계의 부상,
지식기반 업무의 재설계

인지 시대를 위한
비즈니스 프로세스의 변화

　새로운 자동화와 인지 기술이 지식기반 업무의 재설계를 위한 독특한 기회를 제시하고 있지만, 이들 기술 역량을 중심으로 업무 프로세스의 재설계를 꾀하는 조화된 노력이 없으면 이는 이뤄지지 않을 가능성이 크다. 이들 기술이 제공하는 생산성과 효과성의 이점을 누리기 위해서는, 기업이 프로세스 개선과 변화에 관한 다양한 시스템적인 접근법을 채택 혹은 재채택할 필요할지 모른다. 하지만 이번에는 기업이 인지 기술의 고유한 역량과 일관된 프로세스의 변화를 위해서 종합적인 접근법을 채택하길 원할 가능성이 크다.

1990년대 초반, 가장 중요한 경영관리 트렌드는 '비즈니스 프로세스 리엔지니어링(Business Process Reengineering, BPR)'이었다. 이는 일련의 아이디어의 집합으로, 광범위한 비즈니스 프로세스에 대한 대규모 개선을 권고했고, 베스트셀러 경영서에서 폭넓게 제시되었으며, 컨설팅 회사의 활발한 활동으로 이어졌다. BPR 운동의 주요 동인은 생산성의 상당한 향상 필요성(일부는 당시 일본 경쟁기업들의 위협에 대한 인식에서 기인)과 전사적자원관리(Enterprise Resource Planning, ERP) 같은 새롭고 강력한 일련의 정보 기술, 고객들과 공급자들 간의 직접적인 연결, 그리고 당시 초기였던 인터넷이었다. BPR은 아마도 정보 기술을 혁신과 개선의 가능자로 선언했던 유일한 프로세스 변화 접근법이었을 것이다. 이와 비슷한 위협과 기회가 오늘날 다시 대두되는 듯하다. 미국의 생산성 향상은 수년간 둔화되었고, 일부 저명한 경제학자들은 정보기술이 가능했던 것보다 결코 생산성 향상에 공헌하지 못했다고 선언했다. 그리고 기존 기업들이 인지하는 주요 리스크는 더 이상 일본의 대형 경쟁기업들이 아니라 실리콘밸리 같은 지역에서 등장한 민첩한 스타트업들로부터 나오고 있다.

기술 측면에서, 가장 격변적인 도구들의 집합은 인공지능의 현대적 용어인 인지 기술에서 찾을 수 있다. 이들 일련의 기술에는 딥러닝 및 머신러닝, 자연어처리(Natural Language Processing, NLP) 및 생성, RPA(Robotics Process Automation), 그리고 규칙 및 추천 엔진에 기반한 오래된 도구들이 포함된다. 이들 기술은 현재 비즈니스 및 노동력 격변의 원천으로 상당한 관심을 받는 중이다. 아마도 프로세스 리엔지니어링의 초기 세대가 그러했듯이, 이들 기술의 초기 세대가 일의 변환을 이루는 동인이 될 가능성이 크다. 또한 1990년대와 마찬가지로, 요망되는 변환이 기술 단독으로만은 일어나지 않을 전망이다.

리엔지니어링의
부활?

그러면 지금이 BPR의 르네상스를 위한 시점일 수 있는데, 이번에는 프로세스 변화의 가능자로서 인지 기술에 명확한 초점이 맞춰지고, 프로세스 변화 방법론에 대한 보다 종합적인 접근법이 채택될 것이다. 이는 완벽한 궁합처럼 보인다. 인지 기술이 보유한 역량을 100% 발휘하려면 일련의 관리 구조와 최선의 실행 방안이 필요하다. BPR도 최신기술에 대응할 수 있도록 일부 갱신이 필요하며, 그리고 새로운 변화 기법의 주입이 BPR을 보다 효과적인 방법론으로 만들 수 있다.

보다 중요한 것은 인지 기술을 통한 비즈니스 개선의 즉각적인 기회가 바로 실현되지 않을 듯하다는 점인데, 왜냐하면 상호보완적인 프로세스의 변화가 설계되고 구현되지 않기 때문이다. 예를 들어 한 대형은행은 거래처와의 수많은 거래 계약서에서 지급결제 조건을 추출하는 데 NLP 기술을 사용했다. 이후 그 조건을 은행이 실제로 대량의 청구서(또한 이로부터 또 다른 일련의 인지적 도구를 이용해 지급된 총금액을 추출)를 통해 지급한 총액과 비교했다. 자동화된 분석은 계약서/청구서 간의 수천만 달러에 달하는 불일치를 파악했는데, 여기서의 차액은 대부분 은행의 몫으로 귀속되어야 할 금액이었다. 하지만 그 차액은 은행이 불일치 금액을 심사하는 프로세스와 부정확한 지급액의 회수를 거래처와 협상하는 접근 프로세스를 재설계하기 전까지는 회수가 불가능했다.

인지적인 일의 재설계를 위한 또 다른 기회는 오늘날 진행중인 수천 건의 RPA 관련 프로젝트에 있을 듯하다. RPA 기술은 다수의 정보 시스템과의 상호작용이 수반되는 구조화된 디지털 업무를 상대적으로 쉽게 자동화해준다. 그러나 이들 업무의 자동화가 쉽기 때문에, 자동화를 시작하기 전에 프로세스와 기반 과업을 재설계하는 체계적인 노력을 기울이는 조직이 거의 없다. RPA가 일반적으로 효율성의 상당한 향상으로 이어지지만, 프로세스 리엔지니어링 추진계획은 효율성과 효과성의 개선을 위한 더욱 큰 기회를 밝혀줄 가능성이 크다.

목표를 달성하는
프로세스의 힘

조직적 구조—주로 마케팅, 재무, 공급사슬과 같은 비즈니스 기능을 포함하는—에 대한 다른 접근법들이 더 친숙할 수도 있지만, 비즈니스 프로세스는 일의 모니터링과 개선에 대한 강력한 관점을 제공할 수 있다. 프로세스적 사고는 비즈니스 프로세스 리엔지니어링의 핵심일 뿐만 아니라, 전사적 품질경영(Total Quality Management), 6시그마(Six Sigma), 린(Lean) 기법에도 중심 역할을 한다.

프로세스는 일과 관련된 목표를 달성하기 위한 구조화된 일련의 활동이다. 이들 활동은 광범위할 수 있는 교차 기능적인 프로세스로서 많은 활동을 포함하거나['주문부터 수금까지(Order to cash)' 혹은 '조달부터 결제까지(Procure to pay)'] 혹은 단지 소수의 활동이 수반되는 소규모 프로세스(거래처 승인)일수도 있다. BPR은 광범위한 프로세스에 대한 급격한 개선의 달성을 의도했는데, 이는 급격한 변화가 많은 활동의 동시 진행을 필요로 하고, 오직 광범위한 프로세스 개선만이 눈에 띄며, 고객에게 혜택이 된다는 생각에 기인했다. 6시그마와 린 기법은 작은 프로세스들에 초점을 맞춰 이들에 대한 많은 점진적인 개선을 이루려 하는 경향이 있다.

광범위한 교차기능적인 프로세스들에 집중하고 이들의 급격한 개선을 목표로 하는 것에 더해 BPR은 또한 다른 프로세스 중심적 개선 접근법들과 차이가 있는데, 정보기술에 강한 초점을 맞추고 있는 점이 그것이다. 다시 말하자면 그 근거는 정보기술이 획기적으로 새로운 작업 방식을 가능하게 하는 능력을 가졌다는 점이며, 이 능력은 프로세스의 급격한 개선의 달성이 가능한 한 가지 방법이다. 이는 일을 바라보는 구조화된 방법과 기술의 힘을 결합한 최초의—그리고 아마도 유일한—비즈니스 개선 방법론이다.

실무적으로 1990년대에 BPR 추진계획을 가장 크게 지원했던 기술인 ERP시스템은 동시대에 인기를 끌었다. 이들 시스템의 폭넓은 범위와 고유한 프로세스 지향성은 이를 리엔지니어링의 좋은 짝이 되게 했다. 하지만 ERP시스템 시행의 난해함과 높은 비용, 그리고 맞춤화된 비즈니스 프로세스에 맞게 시스템을 조정해야 하는 난관이 아마도 BPR 프로젝트의 높은 실패율에 공헌했을 것이다. 비록 프로젝트들의 성공과 실패를 구분하기 위한 엄밀한 시도는 결코 이뤄진 적이 없긴 하지만, 실패율은 50에서 70% 사이로 추정된다.

인지 기술은 적용 범위에 있어 대부분 ERP보다 폭이 좁다. 따라서 리엔지니어링 방법론은 인지 기술이 전체 프로세스가 아닌 과업을 자동화하거나 지원한다는 사실을 감안해 어느 정도 수정될 필요가 있을 수 있다. 아마도 리엔지니어링 방법론과 린 혹은 6시그마 기법—이들 또한 초점이 상대적으로 좁을 수 있다—을 종합하는 것이 적절할 듯하다. 이러한 혼합은 인지적 역량을 이용한 폭넓은 프로세스 혁신의 비전을 특정 과업에 대한 단기적 개선과 결합할 수 있다.

인지 기술과 이들의 프로세스 과업에 대한 영향

여러 인지 기술은 과거에는 오직 인간만이 수행 가능했던 과업을 어느 정도의 자율성을 가지고 수행할 수 있다는 공통된 능력을 가진다. 하지만 그들은 처리 가능한 목표된 과업의 유형에 대해 차이가 있다. 인지 기술이 일반적으로 처리 가능한 4가지 유형의 과업에는 수리 분석, 문장 분석 및 이미지 분석, 디지털 과업의 수행, 물리적 과업의 수행이 포함된다.

:: 수리 분석

일부 인지 기술—예: 통계적 머신러닝의 대부분의 유형—의 핵심 측면에는 구조화된 형식으로의 수리 분석이 수반된다. 어떤 통계적인 분석이 인지적 시스템에 이용된다면, 모든 형식의 데이터가 어느 시점에서는 반드시 구조화된 숫자 형식으로 변환되어야만 한다.

초기의 수리 분석은 주로 인간 의사결정의 지원을 목표로 했는데, 숙련된 사용자들이 이의 사용을 지도할 필요가 있었다. 그러나 이제 그런 시스템들은 자동화된 혹은 반자동화된 방식으로 스스로 실행 가능하다. 단순한 머신러닝 방법론은 서로 다른 변수들을 모델에 넣고 빼서 데이터에 가장 걸맞은 모델과 일련의 최적 예측값을 생성하려 시도한다. 보다 복잡한 머신러닝 모델은 분류 정리된 데이터를 통해 학습하고 복잡한 비즈니스 상황에서 전략을 결정 가능한데, 부정의 적발과 개인화된 마케팅 등의 수행이 이런 업무에 포함된다.

:: 문장 분석 및 이미지 분석

글을 읽거나 말을 듣거나 이미지를 보는 일, 그리고 이들의 의미와 중요성을 결정하는 일은 항상 인간의 영역이었다. 이는 인간 인지 능력의 핵심측면이다. 그러나 이제는 그와 똑같은 일을 수행하기 시작한 광범위하고 다양한 도구들이 존재한다. 문장은 머신러닝, 자연어 처리, 신경망, 딥러닝 등을 통해 점점 더 '이해되고'—단어 수가 세어지고, 분류되고, 해석되고, 예측되는 등—있다. 같은 기술들 중 일부는, 특히 딥러닝은 이미지를 분석하고 파악하는 데도 사용된다.

당신의 스마트폰은 이들 과업 중 많은 것을 수행할 수 있다. 하지만 대량의 문장분석 및 이미지 분석 기술은 전혀 다른 범주의 역량을 구성한다. 그러한 역량 중 하나가 대량의 문장을 여러 언어로 번역하는 능력이고, 또 다른 사례는 사람이 하는 것처럼 질문에 답하는 능력이다. 세 번째 활용 사례는 문장의 내용을 요약하거나 이에 기반해 새로운 구절을 생성 가능한 방식으로 문장의 의미를 파악히는 작업이다. 네 번째 일반적인 활용 사례는 앞서 언급한 것처럼 언어학적인 이해력을 이용해 계약서나 송장 같은 문서에서 관련 정보를 추출하는 일이다. 이 상대적으로 평범한 과업은 관리 프로세스에서 상당히 유용한 경우가 많다.

이미지 인식 및 분류는 이 범주에서 또 다른 주요 활동이다. '머신 비전' 기술은 수년 동안 존재해왔지만, 오늘날 많은 기업들이 보다 섬세하고 정확한 시각적 과업 수행에 관심을 가지고 있다. 얼굴 인식, 인터넷 상의 사진 분석, 자동차에 대한 충돌 피해의 평가 등이 대표적 사례다. 이러한 종류의 자동화된 시각 기능은 인식 가능한 이미지에 화소들의 특정한 패턴을 대조하기 위한, 보다 정교한 도구를 필요로 한다. 사람의 눈과 두뇌는 이러한 작업에 매우 뛰어나지만, 컴퓨터는 이제서야 이러한 일에 숙달하기 시작했다. 머신러닝과 '딥러닝' 신경망은 이런 활용 분야에 가장 유망한 기술이다.

'딥러닝' 신경망 접근법은 특히 다차원(가로 세로 위치 좌표, 색상, 강도, 동영상에서는 시간 등) 데이터 분석에 특히 적합하다. '딥(Deep)'이란 용어는 학습의 깊이를 의미하는 것이 아니라, 데이터에서 차원의 계층을 가리킨다. 이는 엔지니어가 인터넷에서 고양이의 사진을 식별하게 해주는 기술이다. 아마도 가까운 미래에는 스마트머신이 드론과 보안 카메라가 촬영한 동영상을 보고 뭔가 나쁜 일이 일어나고 있는지를 판단 가능할 듯하다.

이런 과업의 범주에서 가장 유능한 시스템은 보다 많은 데이터를 통해 판단 능력이 더 좋아지는 '학습'이 가능한 시스템으로, 이들 시스템은 과거에 습득한 정보를 '기억'한다. 예를 들어 IBM의 왓슨은 시간이 지남에 따라 가용해지는 점점 더 많은 데이터를 계속해서 입력받아 학습할 수 있는데, 이것이 왓슨이 암 연구와 같은 분야의 발전을 계속해서 파악하는 데 매우 적합한 이유다. 이 범주에 속한 다른 시스템들도 훈련 목적으로 더 많은 데이터를 입력 받아 인지적 과업의 수행 능력을 개선한다. 우르두어(역주: 파키스탄의 공용어)에서 힌디어(역주: 인도 북부 지역에서 사용되는 인도 공용어 중 하나)로 더 많은 문서들이 번역되어 구글 번역이 이를 사용 가능해지면, 구글 번역이 이들 언어를 기계 번역하는 능력도 점점 더 좋아진다.

:: 디지털 과업의 수행

지난 몇 년 동안 인지 기술이 보다 실용적인 역할을 했던 영역 중 하나는 관리 업무 및 의사결정의 자동화였다. 전형적인 기업은 그러한 업무와 의사결정을 수천여 건 수행해야 하는데, 이들을 일정한 양식을 통해 논리적으로 표현할 수 있으면 자동화가 가능하다는 점은 일찍부터 인식됐었다. 이를 가능하게 하려면 몇 가지 기술적 역량이 필요했다. 하나는 의사결정 논리 자체를 표현하는 방식이다. 이는 '비즈니스 규칙'이란 용어로 알려졌다. 규칙은 정확성, 일관성, 속도, 컴퓨터가 추진하는 운영의 효율성을 가져올 수 있다. 이들 규칙은 어떤 종류의 컴퓨터 프로그램에도 내장이 가능하지만, 다양한 업체들이 제공하는 '규칙 엔진'에 통합될 경우 관리 및 수정이 훨씬 용이해진다.

비즈니스 규칙에 더해서, 관리 업무의 자동화는 또한 어떤 업무 사항이나 과업을 이의 완료에 필요한 일련의 단계에 걸쳐 이동시켜주는 기술을 필요로 했다. 이 기술은 비즈니스 규칙의 초창기에는 '워크플로우(Workflow)'였다['비즈니스 프로세스 관리' '사례 관리' 혹은 '조정 엔진' 등으로 알려졌고, 가장 최근의 버전은 '복잡 이벤트 처리(Complex Event Processing, CEP)'다]. 명칭에 관계없이, 이 기술의 역할은 업무 사례나 과업을 일련의 정보 지향적인 과업들을 거쳐서 완료 단계로 이동시키는 작업이다.

지난 20~30년 동안 비즈니스 규칙, 워크플로우, CEP 기술은 보험 가입 승인부터 IT 운영, 고속 거래까지 광범위한 관리 업무들을 지원하는 데 이용되어 왔다. 이들 도구가 다소 융통성이 없을 수 있고 일반적으로 시간의 흐름에 따른 학습 능력이 없긴 하지만, 많은 가치를 조직에 제공한다. 예를 들어 보험업에서 이들 기술은 보험 언더라이팅과 가입 승인에 널리 이용된다. 변화하는 사업 환경에 대한 이들 기술의 조정은 규칙 수정이 상대적으로 용이한 점의 도움을 받아왔다. 많은 경우 조정 작업은 비즈니스 사용자에 의해 아직도 일부 규칙 기반 시스템이 소규모의 논리 기반 의사결정 업무를 위해서 구현되는데, 이런 의사결정은 확률적인 답안과 대비되는 한정된 답안만을 필요로 한다.

최근 기업은 디지털 과업에 대해 RPA를 채용하기 시작했다. 이름과는 반대로, 이 기술은 진짜 로봇이 관계되진 않는다. RPA는 워크플로우와 비즈니스 규칙을 이용해 디지털 과업을 수행한다. 고도로 반복적이고 거래적인 성격의 과업을 자동화 가능하고, 일반적으로 비즈니스 사용자가 쉽게 시스템을 설정하고 수정할 수 있다. 일반적으로 RPA는 자신이 인간 사용자인 것처럼 다수의 정보시스템에 접속하는데, 이는 '표현 계층(Presentation layer)'에서의 통합이라고 불린다. RPA 기술은 인간의 수정 없이 학습하거나 성능 개선을 할 수 없다. 하지만 일부 업체가 자사의 RPA가 어느 정도의 학습 역량을 갖고 있다고 주장하기 시작하고 있다.

이 기술이 인기를 얻고 있는 서비스업과 프로세스의 사례로는 은행업(예: 분실한 ATM 카드의 교체와 같은 백오피스 고객 서비스 업무), 보험업(보험금 청구 심사 및 지급 처리), 정보기술 서비스(시스템 오류 메시지의 모니터링과 단순 문제의 해결), 공급사슬 관리(송장 처리 및 고객 및 공급사로부터의 반복적인 요청 대응) 등이 포함된다.

이런 유형의 자동화를 통한 혜택은 상당한데, 그렇게 새롭지 않은 유형의 인지 기술을 통한 자동화라 해도 그러하다. 프로세스 처리 비용 및 시간의 개선율이 30% 혹은 40% 수준에 달하는 성과 개선이 가능하다. RPA가 조직 전반에 걸쳐 실행되면, 그 혜택은 빠르게 커질 수 있다. 영국에서 두 번째로 큰 이동통신사인 텔레포니카 O2(Telefonica O2)의 사례를 보면, 2015년 4월 회사는 40만~50만 건 규모의 거래 처리에 관계되는 160건이 넘는 프로세스들을 자동화했다. 각각의 프로세스 영역에 소프트웨어 '로봇'이 배치되었는데, 이 기술에 대한 전반적인 투자 수익률은 600%에서 800% 사이에 달했다. 이는 대부분의 기업들이 여타 프로세스 개선 접근법을 통해서 이룬 것보다 훨씬 나은 결과다.

:: **물리적 과업의 수행**

물리적 과업의 자동화는 물론 진짜 로봇의 영역이다. 비록 사람들이 모든 자동화 기술을 로봇으로 칭하는 걸 좋아하지만, 이 용어의 고전적인 용례는 '인간을 닮고 사람의 특정한 동작과 기능을 자율적으로 흉내낼 수 있는 기계'를 의미한다. 2015년 기준, 25만 대 이상의 로봇들이 다양한 제조업 분야에서 설치되어 활용중이다.

로봇은 몇 가지 방향으로 진화가 이뤄지는 중인 듯하다. 일부 로봇은 처음부터 인간을 지원할 목적으로 설계된다. 여기에는 로봇 수술, 원격조종 드론 비행체, '원격명령' 채굴기계 등이 포함된다. 예를 들어 외과수술 로봇은 인간 외과의사에 의해 작동되지만, 의사에게 더 나은 시각, 깔끔한 피부 절개 및 봉합, 반복적인 동작의 안정적인 실행 같은

'초인적 능력'을 제공한다. 역사적으로 인간을 대체한 로봇은 반복적인 과업을 수행하기 위해 고수준의 프로그래밍을 필요로 했다. 이들은 또한 동작이 사람에게 위험할 수 있어 사람과 분리되어 작업해야만 했다. 그러나 종종 '협업적 로봇'이라 불리는 새로운 유형의 로봇은 인간과 공동 작업이 가능하다. 이들은 느리게 움직이고 뭔가에 닿으면 즉시 멈춘다. 인간-로봇 협업을 위한 기회는 프로세스에 설계되어 반영될 수 있는데, 아마도 조직이 협업적 로봇에 보다 익숙해져 감에 따라 장기적으로 몇 번의 반복 과정을 거쳐 완성될 전망이다.

이미 일부 로봇은 한 번 프로그램되면 다소간의 자율성을 가지지만, 융통성과 예상치 못한 환경에 대응하는 능력은 상당히 제한적이다. 보다 지능적인 로봇은 만약 부품이 예상했던 위치에 없다면 인접 장소를 살펴보기도 한다. 로봇이 보다 지능화되고, 더 나은 기계 시각을 가지며, 의사결정을 할 수 있는 더 나은 능력을 갖춤에 따라 물리적 환경을 변환시킬 수 있는 추가 능력을 가진 다른 유형의 인지 기술들이 조합된 개체로의 진화가 가능할 것이다. 예를 들어 IBM 왓슨 소프트웨어는 몇 가지 유형의 로봇들에 이식되어 왔다. 세계 최대의 로봇 제조사 중 하나인 일본의 화낙(FANUC)은 일본의 딥러닝 소프트웨어 기업을 인수했는데, 학습 역량을 이용해 자사의 로봇을 보다 자율적으로 만들길 바라고 있다. 이에 대한 뉴스 기사는 다음과 같다.

프리퍼드 네트웍스(Preferred Networks)의 전문 지식은 화낙의 고객이 보유한 로봇을 새로운 방식으로 연결 가능하게 해줄 것이다. 이는 또한 기계가 자동으로 문제를 인식하고 이를 회피하는 법을 배우거나, 혹은 다른 기계들과 함께 우회법을 찾도록 해줄 것이다.

자율주행차로 알려진 '이동형 로봇'에 대해서도 유사한 역량이 등장할 전망이다. 나중에 토요타(Toyota) 연구소의 수장이 된 미국방고등연구기획청(DARPA)의 프로그램 매니저 질 프랫(Gill Pratt)은, 2015년에 자동차의 지능이 주로 클라우드에 위치하고 다른 차의 경험에서 배울 수 있게 될 때 차량 지능의 큰 변화가 일어날 것이라고 했다. 이러한 발전은 자율성과 인지능력이 물리적 과업을 수행하는 기기의 장기적인 종착지이며, 인공지능 소프트웨어와 로봇이 결합하는 세상이 도래할 것임을 시사한다.

물론 일부 프로세스에는 여러 유형의 과업이 관계된다. 과업들은 활용 방식에 따라 결합되거나 변환될 수 있는데, 예를 들어 일부 문장과 이미지는 분석을 위해 숫자로 변환된다. 고객서비스 애플리케이션에는 음성 인식, 이미지 처리, 그리고 무엇이 가장 고객들을 만족시킬 가능성이 높은지에 대한 머신러닝 예측이 관계된다. 이러한 조합은 인지 기술의 비즈니스 활용이 확대됨에 따라 점점 더 일반화되고 있다.

이들 모든 영역에서 인간의 역할이 여전히 중요하다는 점을 확실히 인식해야 한다는 것이 중요하다. 내가 공저자 줄리아 커비(Julia Kirby)와 함께 최근에 출간한 책에서 주장한 것처럼, 많은 프로세스들의 가장 그럴법한 미래는 스마트 머신과 함께 일하는 스마트한 사람들이 관계될 것이다. 한편 완전 자동화로 인해 일자리가 사라질 가능성이 일부 있지만, 대부분의 프로세스는 인간의 관리로부터 이득을 보게 되고, 기계는 여전히 어느 정도 지도가 필요하다. 프로세스의 재설계 노력이 프로세스 내에서 어떤 과업들이 인간에게 가장 적합하고, 어떤 과업들이 주로 기계에 의해 수행될 수 있는지 결정 가능할 것이다.

또한 중요한 것은 인지 기술이 전체 일 혹은 프로세스가 아니라 과업만을 수행한다는 점이다. 어떤 과업이든 간에 이를 수행하는 스마트 머신의 창조가 가능할 듯하다. 그러나 비즈니스 프로세스 내의 인간 근로자는 일반적으로 다양한 과업의 수행이 가능하다. 우리가 '강(强)인공지능' 혹은 '특이점'의 시대에 도달하기 전까지 이런 상황은 변하지 않을 것이다. 이는 인지적 업무에 대한 기업 내부의 재설계 노력은 인지적 도구의 지원을 받는 특정 과업들을 어떻게 폭 넓은 프로세스 내에서 잘 맞물리게 만들까에 초점이 맞춰져야 함을 시사한다. 또한 이는 인간의 역량을 최고로 활용하는 프로세스 내의 활동과 과업에 인간을 어떻게 재배치할지를 고려하는 데 있어 더 나은 방법론이다.

인지적 프로세스의
재설계가 필요

일반적으로 인지 기술은 프로세스를 효과적으로 만드는 데 필요한 상당 수준의 지식이 존재하는 영역에 가장 적합하다. 인지 기술이 (데이터로부터) 지식을 생성하고 적용한다는 사실을 고려할 때, 이 기술이 특히 어울리는 비즈니스 프로세스의 맥락이 있다. 역사적으로 이러한 프로세스에는 제품 개발, 헬스케어 제공, 자본투자 관련 의사결정, M&A, 전략 수립 등이 해당되어 왔다. 인지 기술을 적용할만한 후보군의 속성에는 다음과 같은 유형의 상황이 포함된다.

:: 지식 병목: 지식이 균등하지 않게 분포되어 있지만 광범위한 영역에서 필요한 경우

지식 병목은 프로세스의 한 부분에는 상당한 규모의 지식이 있지만, 다른 부분에는 부족한 경우에 발생한다. 의료 진단 및 치료가 고전적인 사례다. 예를 들어 암 치료에 있어 학계의 암 센터에는 상당한 지식이 존재하지만, 평균적인 일반 의료 실무자에게는 훨씬 적은 지식만이 이용 가능하다. 특히 원격지에 근무하는 경우에는 더욱 그러하다. 인지 시스템은 전문가의 지식을 포착 가능하고(인지적 암 치료 시스템의 초기 결과가 시사하듯이 어려움이 있긴 하지만) 이의 가용성을 훨씬 광범위하게 만들 수 있다. 라이프런(LifeLearn)의 수의사용 인지 시스템인 소피(Sofie)는 수의사들이 처한—특히 심각한—지식 병목의 해결책인데, 수의사들이 지식 기반의 진료를 제공해야 한다고 기대되는 광범위한 동물 종을 감안하면 상황의 어려움을 알 수 있다. 소피는 동물 보건에 관한 의학 논문에서 지식을 추출해 수의사들이 이를 쉽게 접근하도록 해준다.

:: 지식이 너무 비싼 경우

일부 프로세스에서, 필요한 지식이 이용 가능하지만 너무 비쌀 수 있다. 아마도 지식이 희귀하거나 혹은 지식 관련 실무자의 몸값이 비싸기 때문일 것이다. 비용이 지식의 활용 폭을 제약할 수 있다. 예를 들어 투자 자문가들은 일반적으로 투자자산의 1% 또는 그 이상의 금액을 수수료로 청구한다. 그렇게 부유하지 못한 많은 투자자들은 그만한 돈을 쓰길 원치 않는다. 인지 기술은 이제 비용을 적게 청구하는 '로보어드바이저(Robo-adviser)'를 지원한다. 예를 들어 3만 5천 달러 규모의 투자 포트폴리오에 대해 몇몇 로보어드바이저는 0에서 0.38%의 수수료를 청구한다. 많은 학생들에게 비싸다고 여겨지는 대학교육 또한 미래에는 적응형 학습 같은 인지 기술의 혜택을 받게 될 전망이다.

:: 인간의 두뇌가 숙달하기에 데이터 혹은 지식이 너무 많은 경우

인지 기술을 채택하는데 있어 선택의 여지가 별로 없는 프로세스들 또한 존재하는데, 단순히 인간의 두뇌가 숙달하기에 프로세스 내에 데이터가 너무 많고 복잡한 분석이 이뤄져야 하기 때문인 경우다. 예를 들어 ['프로그래매틱 바잉(Programmatic buying)'으로도 알려진] 자동화된 디지털 광고는 일련의 복잡한 계산(비용 비교, 경매 입찰, 사용자에 대한 개인화 등을 포함)이 대략 200밀리초 내에 이뤄져야만 웹사이트에 광고 게시가 가능해진다. 그 짧은 시간 내에 인간의 두뇌는 그러한 계산을 하지 못한다. 급증하는 암 치료 관련 지식의 양 또한 암에 대한 인지적 진단 및 치료 접근법의 근거로 많이 인용되어 왔다.

:: 의사 결정의 우수성과 일관성이 필요한 경우

이전 세대의 인지 기술(특히 규칙 기반 시스템)의 전형적인 활용처에는 보험업의 자동화된 언더라이팅 시스템과 은행업의 자동화된 소비자 신용한도 승인이 있다. 이들은 업무의 지속적인 우수성이 중요한 대규모 프로세스다. 규칙 기반 시스템은 보다 현대적인 인지 기술의 역량에 미치지 못한다. 하지만 이들 의사결정의 질과 일관성 목표의 달성을 지원할 수 있는 현대적인 기술이 존재한다.

:: 규제 요건

규제당국이 의사결정 혹은 의사결정의 서술에 대해 특정한 접근법을 요구할 수 있다. 규제당국이 기업에게 인지 기술의 사용을 요구하지 않는다 해도, 이들 도구는 규제를 준수하는 데 도움이 된다. 예를 들어 일부 기업은 자동화된 문서 생성 기술을 가지고 자금세탁방지 관련 '의심거래보고서'를 작성한다. 이런 상대적으로 구조화된 과업을 수행하는 기계를 보유하면 인간 지식근로자를 보다 부가가치를 창출하는 활동에 배정 가능하다. 사실상 모든 비즈니스 프로세스는 기능하기 위해 데이터와 정보를 필요로 하고, 또한 일부 데이터 집중 프로세스는 데이터에서 도출된 지식을 이용한 개선에 적합할 수 있다. 예를 들어 주문 관리에 대한 전통적인 업무 프로세스에서 고객들의 주문은 그들의 생애 가치 예측에 기반해 다른 취급이 가능하다. 영업 프로세스는 구매 의향이 실제 판매로 전환될 가능성을 중심으로 혹은 고객의 구매성향을 평가하기 위해 재설계될 수 있다. 이들 프로세스 유형은 보다 상세해지고 세분화됨에 따라 전통적인 애널리틱스보다는 머신러닝 기능을 요구하는 경우가 많다.

뱅가드의
인지적 업무 재설계

이들 개념이 실무에 어떻게 적용 가능한지를, 뱅가드 그룹(Vanguard Group)이 자사의 고객 대면 활동 중 하나에 인지 기술을 이용하기 위해 사용한 접근 방식으로 살펴보자. 2015년, 4조 달러 이상의 자산을 관리하는 투자자문사 뱅가드 그룹은 개인형 자문 서비스라 불리는 반자동화된 새로운 서비스를 발표했다. 3년 간의 프로젝트에는 상품, 기술, 프로세스 설계뿐만 아니라 회사에서 투자자문가의 역할 재설계가 수반되었다. 이 칼럼에서는 주로 업무 프로세스 설계와 역할 변경에 초점을 맞추겠지만, 뱅가드가 제공하기로 선택한 상품이 상대적으로 직관적이었다는 점을 언급할 필요가 있다. 이러한 점이 해당 서비스를 인지 기반 개입에 가장 적합하도록 만들었는데, 관련 기술이 상대적으로 초기 단계였다는 점에서 더욱 그러했다. 물론 투자자문은 지식 기반의 서비스다. 따라서 인지 기술은 서비스 제공의 지원에 적합한 도구다. 개인형 자문 서비스 상품은 기본적인 투자 분석과 은퇴계획 수립을 주로 제공했지만, 대학 학자금 계획 수립과 주택 구입을 위한 저축 계획 또한 대응이 가능했다. 뱅가드의 대부분의 비즈니스 같

그림 1 뱅가드 개인형 자문 서비스 제공에 있어 인지 기술의 역할

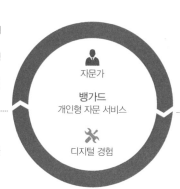

- 투자 목적의 이해
- 맞춤화된 실행 계획의 수립
- 투자 분석과 은퇴 계획의 제공
- 은퇴 소득 개발 및 사회 보장 축소 대비 전략

- 재정 계획 산출
- 목표 기반 예측 실시간 제공
- 자산 믹스에 맞춰 포트폴리오 재조정

- 행동학적 코치 역할
- 책임감을 북돋기 위한 소비 활동 모니터링
- 지속적인 자산관리 및 재정계획 지원 제공
- 부동산 계획 고려사항 처리

- 세금 최소화
- 종합된 자산을 한 곳에서 추적
- 고객과의 가상 교류

주: '디지털 경험에는 지능형 시스템이 포함되지만 그 시스템만 해당되는 것은 아니다.
출처: 뱅가드 그룹, 2017.

이, 이 서비스의 분석은 대체로 투자 대상으로 선택되는 인덱스 펀드 및 상장지수펀드(Exchange Traded Funds, ETF)에 집중되었다. 이들은 상대적으로 단순한 투자 대상이고, 뱅가드는 서로 다른 투자자들의 나이와 리스크 선호도에 따라 어떤 유형의 펀드가 적합한지에 대한 권고안을 이미 보유하고 있었다. 새로운 서비스의 목적은 투자자문 활동에서의 많은 과업들을 대신 처리해주는 지능적인 시스템을 갖추는 것으로, 이들 과업에는 맞춤화된 포트폴리오의 구축, 장기간에 걸친 포트폴리오의 재조정, 손실수확전략(Tax-loss harvesting)의 수행, 세금 효율적인 투자의 선택 등이 포함된다(〈그림 1〉). 시스템은 인간 자문가의 일부 과업들을 대신했는데, 고객의 기본 정보 획득, 재무현황 정보를 고객에게 제공하는 등의 업무가 이에 포함된다. 어쨌건 이런 업무들은 인간 자문가들에게 지루한 일로 종종 취급 받는 일이었다. 새로운 프로세스는 고객들에게 자신들에 관한 더 많은 정보를 입력할 것을 요구했고, 뱅가드가 아닌 다른 금융기관에 예치한 자산 정보를 자신들을 담당하는 자문가에게 제공하거나 시스템에 직접 입력할 것을 요청했다. 이는 또한 다소 복잡한 정보(예: 은퇴 후 포트폴리오가 얼마나 오래 지속될 것인가에 대한 몬테카를로 시뮬레이션 결과)를 고객들에게 제공 가능하게 했고, 자동화된 시스템이 계획한 행동을 고객들이 무효화 가능한 기능도 제공했다.

자문가들에게 있어, 새로운 업무 프로세스는 그들로 하여금 다소 새로운 역할을 맡도록 요구했다. 자문가들 중 몇명은 상품 및 프로세스 설계에 적극적으로 참여했다. 그들의 새로운 역할에 대한 주요 설명은 '투자 코치'가 되어 투자자의 질문에 답하고, 그들의 건전한 재정 행동을 장려하며, 그리고 뱅가드의 용어로 표현하면 투자자들이 계획을 고수하게 만드는 '감정적인 회로 차단기' 역할을 해야 한다는 요구였다. 자문가들은 이러한 역할을 효과적으로 수행할 수 있도록 행동학적 금융을 공부하도록 장려받았다. 그리고 비용을 절감하면서 투자자들과의 대면 접촉을 유지할 수 있게, 때때로의 만남을 위한 화상회의 기술의 사용을 권고받았다.

새로운 서비스의 사업 목표는 자문 비용을 대폭 절감하고, 적은 규모의 자산을 보유한 투자자들에게도 맞춤화된 자문을 제공할 수 있게 하는 것이었다. 이 2가지 목표 모두 새로운 서비스를 통해 가능해졌다. 뱅가드는 지속적인 자산관리 자문에 대한 자사의 수수료를 30베이시스 포인트까지 낮췄는데, 이는 업계 평균인 약 1%보다 현저하게 낮은 수준이었다. 맞춤화된 포트폴리오 구성과 자문 서비스를 받을 수 있는 최소자산 규모도 50만 달러에서 5만 달러로 축소되었다. 그리고 뱅가드는 이 프로그램을 통해 자사가 관리하는 자산의 규모를 크게 늘렸는데, 현재는 650억 달러를 상회한다.

인지적 업무 재설계는
어떻게 이루어지는가?

기업들은 인지 기술을 위한 업무 재설계에 이제 막 착수하기 시작했다. 지금까지 많은 기업들이 기본적인 기존 업무 프로세스를 자동화해 "소가 다니던 길을 포장했다". 즉 기존 방식을 유지하면서 자동화만 수행했는데, 특히 RPA 기술이 여기에 많이 사용되었다. 단순히 기존 워크플로우를 자동화하면 빠른 구현 및 투자 회수가 가능하지만, 프로세스를 크게 개선 가능한 기회를 놓칠 수 있다.

본질적으로 업무 재설계는 '디자인 사고(Design thinking)'의 사례이며, 이는 1세대 리엔지니어링 이후 크게 발전해왔다. 디자인 사고는 제품, 전략, 시설, 업무 프로세스의 설계와 관계될 수 있다. 최소한 한 명의 인지 기술 전문가—코그니티브 스케일(Cognitive Scale)의 회장이며 IBM 왓슨의 전 총책임자인 마노지 삭세나(Manoj Saxena)—는 디자인 사고가 인지 기술의 활용에 유용한 방법론이라고 주장한다. 디자인 사고의 일부 구성요소들은 인지 프로세스 재설계에 대한 종합적 접근법에 추가 가능한 것으로 보인다. 이런 맥락에서 적용할 수 있는 디자인 사고의 일부 원칙은 다음과 같다.

:: 고객(최종 사용자)의 니즈를 이해하라

프로세스에서 그 프로세스의 산출물을 전달받는 사람 혹은 부서가 고객이 된다. 만일 프로세스가 광범위하게 정의되었다면 아마도 (그리고 자주) 외부자가 고객이 될 수도 있다. 또한 고객은 내부에 있을 수도 있다. 양쪽의 경우 모두, 인지 프로세스의 설계자는 고객의 충족된 그리고 충족되지 않은 니즈, 그들을 위해 프로세스가 수행하는 일, 그리고 인지 기술이 어떻게 이를 더 낫게 만들 수 있는지 이해하기 위해 고객들과 인터뷰하고 시간을 보내야 한다. 고객들이 인지 기술의 역량을 이해하지 못할 수 있기 때문에, 프로세스 설계자는 고객의 니즈를 인지적 역량으로 해석해야 할 필요가 있을 수 있다.

:: 협력해 일하고, 프로세스를 수행하는 사람을 관여시켜라

리엔지니어링이 부분적으로 어려움을 겪었던 이유는 재설계될 프로세스를 수행할 사람을 관여시키지 않았기 때문이다. 업무 프로세스에는 '실무적'인 차원이 있는데 우회법, 고객 니즈를 충족시키기 위한 추가적인 단계, 공식절차에서의 이탈 등이 포함된다. 일을 수행하는 사람들을 관여시키면 실무적 차원을 포착하는 데 도움이 될 뿐 아니라, 일단 프로세스가 설계되면 실무자들의 지원을 얻기가 용이해진다.

이는 특히 자신들의 일을 어떻게 수행해야 한다는 말을 듣는 데 관심이 없을 수 있는 지식 근로자들에게 중요하다. 이 과정에 참여할 수 있는 기타 관계자들에는 프로세스 설계 전문가, 인지 기술 전문가, 고객혹은 고객들의 대표자가 포함된다.

:: 반복해서, 그리고 실험적으로 설계하라

실전에서 새로운 프로세스를 시험하기 위해, 설계의 서로 다른 측면을 평가하기 위한 프로토타입과 견본을 만드는 것이 중요하다. 규모 확장은 추후에 일어날 수 있다. 가능하다면 디자인 노력을 단계별로 쪼개 각 단계에서 서로 다른 측면을 시간의 흐름에 따라 평가 혹은 실험해보는 것을 고려하라. 매주 뭔가 눈에 띄는 것을 달성할 수 있도록 노력하라. 짧게 말해 이는 인지적 과업 재설계를 위한 '민첩(Agile)' 접근법이다. 비즈니스 프로세스 리엔지니어링이나 대규모 인지관련 프로젝트가 역사적으로 특히 민첩했던 적은 없었기 때문에, 따라서 이는 일반 관행에서 벗어나는 새로운 시도다.

:: 인지적 가능자를 명심하라

디자인 사고의 핵심 원칙은 기술의 가능성을 고객의 니즈와 연결하는 것이다. 이를 실행하기 위해 인지적 프로세스의 설계 프로젝트를 수행하는 팀은 인지 기술의 역량, 핵심 인지 기술의 가계도, 일반적인 사용 사례 등에 고도로 친숙해져야 한다. 이들 역량 및 사용 사례의 일부 예시에는 음성 인식, 보다 세밀하고 개인화된 마케팅 모델의 생성,

백오피스 디지털 과업의 자동화 등이 포함된다. 팀의 인지 전문가는 다른 팀 구성원들에게 이를 교육할 수 있다.

∷ 쉽고 상대적으로 저렴한 문제들부터 시작하라

일반적인 디자인 사고는 단순하고, 저렴한 비즈니스 문제의 해결부터 시작하라고 조언하지 않을 것이다. 하지만 이는 인지적 업무 재설계에는 좋은 조언이 될 수 있다. '달 탐사' 수준의 인지적 프로젝트는 매우 비용이 많이 든다고 밝혀진 경우가 많은데, 최소한 이 기술의 초창기에는 그러했다. '낮은 가지의 과일 따기'가 인지 기술 적용에 있어 현재 성공적인 전략인 것으로 보인다. 예를 들어 광고 분야에서 인지 기술(특히 머신러닝)은 저렴한 디지털 광고에 상당히 성공적이었다. 형편없는 알고리즘이 치러야 할 대가가 그다지 크지 않다. 하지만 텔레비전 광고는 매우 비쌀 수 있다. 그리고 아마도 업계가 여기에서 인간의 의사결정에 주로 의존할 만큼의 상식은 있는 듯하다. 리엔지니어링 및 기타 프로세스 중심적 방법론─현재의 프로세스를 이해하고 측정하며 '앞으로의' 프로세스의 단계와 흐름을 배치하는 것과 같은─에서 사용되는 전형적인 도구 중 최소한 일부를 빠르고 민첩한 방식으로 사용하는 방식 또한 어느 정도 유용하다. 추가로 프로세스 내의 다른 단계에서 인간과 기계 간의 구체적인 '업무 분할'을 기술하는 것이 중요하다. 예를 들어 한 콜센터 기업은 오직 인간만이 서비스를 요청하려 전화를 걸어온 고객들의 폭넓은 상담 주제를 다룰 수 있다고 결정했다. 따라서 회사는 통화의 초기단계는 인간이 담당하게 한 후 상세한 질문을 다룰 수 있는 수천 개 이상의 '봇(Bot)'들 중 하나로 고객들을 연결시켜 줬다. 다른 회사—자산관리 및 주식 중개업체—는 정반대의 접근법을 채택해, 봇이 1차적인 질문을 응대하고 특정 주제에 대한 상세 질문은 인간이 다루도록 했다. 이러한 종류의 질문에는 정답이 없다. 단지 기업의 상황과 전략에 맞는 해답만이 있을 뿐이다.

미래에 우리는 인지 기술을 이용해서 일의 핵심 측면을 재설계하려는 노력을 더 많이 보게 될 것이다. 기업은 참여적이고 반복적인 방법론을 섞어서 이들 강력한 인지적 도구를 지식의 포착, 적용, 그리고 기업 내부에 보다 효과적으로 배포하는 데 사용할 것이다. 이들 종합적인 방법론을 통해 기업은 스마트한 인간과 기계 간에 적절한 '업무 분할'을 결정할 수 있다. 프로세스 기반의 사고를 사용하는 이들은 비즈니스 목표를 달성하고, 고객을 기쁘게 하며, 투자에 대한 이득을 거둘 가능성이 더 커질 것이다.

토머스 h. 데이븐포트(Thomas h. Davenport)는 밥슨 대학교(Bobson College)의 정보 기술 및 경영학 총장 석좌교수이며, 국제 애널리틱스 협회의 공동 창립자다. 또한 MIT 센터 포 디지털 비즈니스의 특별 연구원이자 딜로이트 애널리틱스의 독립 시니어 어드바이저로 일하고 있다.

사무실의 벽과 재무제표를 넘어서,
조직 문화와 대안적 노동력

더 많은 것이 변할수록,
더 많이 문화가 중요해진다

조직 문화는 정의하기 어렵고 관리하기도 힘들지만, 개인과 기업의
실적에 큰 영향을 미칠 수 있다. 연구에 따르면 일련의 공유된 가치를
중심으로 긍정적인 문화를 육성하는 조직이 경쟁자에 비해 우위를 가
진다고 한다. 즉 의미와 목적에 대한 지극히 인간적 니즈가 일을 통해
충족됨을 인식한 직원들은 더 높은 수준의 성과를 달성했고, 스스로
의 의지로 더 큰 노력을 기울였다. 단순히 결과물로서의 의미를 넘어,
문화는 참여를 이끄는 강력한 동인이며, 더 나은 재무적 실적과도 관

련이 있다. 이것이 많은 조직에서 리더들이 공유된 일련의 가치를 중심으로 직원들의 노력과 협업을 장려하는 문화를 형성하려 의도적으로 분투하는 이유다.

하지만 이들 리더가 조직 문화를 전파하려는 자신들의 노력이 고용하는 직원들 모두에게 다다르는지 얼마나 확신할 수 있을까? 오늘날 2가지 요인이 전체 근로자 기반에 걸쳐 목적과 연결성을 형성해야한다는 새롭고 독특한 도전과제를 조직에 제시하고 있다. 첫째, 기술이 점점 더 많은 사람들을 원격으로 일할 수 있게 하고, 직원들이 모이곤 했던 본사 혹은 지역 캠퍼스에서 노동력의 일부를 물리적으로 제거하고 있다. 둘째, 임시 혹은 '재무제표에 나타나지 않는' 근로자들이 점점 더 노동력의 많은 부분을 구성해가고 있다. 그리고 이들 근로자는 고용주의 사명과 목표에 투자할 필요를 전통적인 직원들처럼 느끼지 않을 수 있다.

역사적으로 '대안적' 근로계약이 아주 드물었던 기업의 경우 원격 및 임시 인력에 문화를 심어주는 일을 그다지 긴급하게 느끼지 않을지도 모른다. 하지만 급격한 사회 및 기술 변화에 직면해, 과거에는 그랬던 많은 회사들도 사회적 관습이 더 크게 변하고 신기술의 비용이 점점 저렴해지면서 원격 및 임시 근로 계약을 최소한 실험해보기 시작할 수 있다.

사실 2005년과 2015년 사이 미국에서의 순 신규 채용의 95%가 대안적 근로계약 형태로 구성되었고, 대안 고용에 종사하는 근로자의 수는 2005년의 약 10%에서 꾸준히 증가해 2015년에는 16%에 가까

워졌다. 이 수치는 계속 증가할 전망이다. 최근 인튜이트(Intuit) 보고서에 따르면 2020년까지 미국 전체 근로자의 약 40%가 어떤 식으로든 대안 고용에 종사할 것으로 예측된다. 게다가 2015년 갤럽(Gallup) 조사에 따르면 원격 근무자의 수가 1995년 이후 거의 4배 가까이 증가해, 근로자의 24%가 주로 원격근무를 하고 있는 것으로 나타났다.

분산된 임시적인 노동력이라는 새로운 현실하에서 고용주가 전통적인 근로자, 원격 근로자, 부외 근로자 등 모든 직원들을 포괄 가능한 공유 문화를 장려하는 일은 점점 더 어려워지고 있다. 모든 유형의 근로자 전체를 아우르는 문화의 일관성을 달성하려는 이러한 노력에서 장소와 고용 형태는 분명한 시사점을 지니고 있다. 따라서 리더는 대안적 유형의 근로자에게까지 조직 문화를 확장하기 위해 미묘한 전략을 개발할 필요가 있다.

긍정적인 조직 문화를
형성한 사례

사람들은 자신의 삶에서 의미와 목적을 필요로 한다. 우리가 하는 일을 왜 하는지와 거기서 어떤 선한 가치가 창출되는지에 관심을 가지는 것은 인간됨의 근본적 특징이다. 연구에 따르면 우리 모두는 의미를 찾고, 전문성을 달성하며, 감사받고 싶어하는 선천적인 욕구를 지니고 있다. 이러한 내적 동기는 우리가 직장에 들어간다고 사라지지 않는다. 오히려 일이 이러한 욕구를 증폭시키는 경우가 많다. 최근 『하버드 비즈니스 리뷰』 기사는 "인재들이 원하는 것이 달라졌다. 과거 이들은 자신의 가치를 입증하기 위한 높은 연봉과 밤에 숙면을 취할 수 있는 안정적인 경력을 원했었다. 이제 이들은 목적이 있는 일을 원한다."는 점에 주목했다.

자신들이 하는 일의 의미에 대해 근로자가 느끼는 바는 공유된 가치를 기반으로 세워진 문화를 통해서 크게 향상될 수 있다. 본질적으로 긍정적인 조직 문화란 그 안에서의 사회적 규범, 신념, 행동 모두가 공유된 목표를 추구하는 행위의 가치를 강화시키는 문화이다. 공유된 문화는 조직과 개인의 노력이 어떻게 차이를 만드는지를 명확하게 정의한다. 개인이 고용주의 문화와 상관없이 하는 일에서 목적을 찾을 수도 있긴 하지만, 공유된 문화의 일부가 되는 것이 그 목적의식을 강화하는 데 중요한 역할을 한다고 가정하는 게 매우 타당한 견해다. 실제로 연구결과는 근로자가 '차이를 만드는 데서 유래하는 개인적 만족감'을 '앞서 나가는 것' 혹은 심지어 '생계를 꾸리는 것'보다 더 중요한 성공의 기준으로 인식함을 시사한다.

일이 갖는 의미와 인식에 관한 사람들의 니즈를 충족시키는 조직은 더 높은 수준의 실적을 달성할 가능성이 훨씬 크다. 한 흥미로운 연구결과에 따르면 이윤뿐 아니라 목적도 추구하는 회사들이 그렇지 않은 회사들보다 10년 동안 12배 많은 수익을 거뒀다. 딜로이트의 연구에 따르면 '사명 주도적인' 조직은 혁신 부문에서 30%, 참여 부문에서 40% 더 높은 성과를 기록했고, 활동하는 시장 영역에서 1위 또는 2위를 차지하는 경향을 보였다. 예를 들어 유니레버(Unilever)는 2009년 '지속 가능한 생활 계획(Sustainable Living Plan) 프로그램'을 시작했는데, 이는 주요 사업 목표로서 직원들의 목적 의식을 수립하는 데 초점을 맞췄다. 그 결과 직원의 참여도 점수가 상당히 상승했을 뿐 아니라 주당 순이익도 1.16달러에서 거의 2달러까지 늘어났다.

대안적 노동력의
4가지 유형

일부 기업은 조직 전체에 걸쳐 일관된 문화를 유지하고 대안적 근로계약을 맺은 사람들에게까지 그 문화를 확대해야 하는 도전과제를 이미 인식하고 있다. 스냅챗(Snapchat)의 모회사인 스냅(Snap Inc.)이 기업공개를 준비하며 인식했던 도전과제를 떠올려보자. 스냅은 정해진 기업 본사 없이 기업공개를 수행해 실리콘밸리의 기존 틀을 깼다. 기업공개 서류에서 회사는 이 전략이 잠재적으로 해가 될 수 있다는 리스크를 언급했다. "이처럼 '분산된' 구조는 긍정적인 직원 사기를 조성하고 직원들 간 및 서로 다른 부서들 간의 사회적인 상호작용을 장려하는 데 방해가 될 수 있습니다."

〈그림 1〉은 어떻게 노동력이 장소(직장 근무 vs. 직장 외 근무)와 계약 유형(재무제표 상 vs. 재무제표 난외)의 두 축을 따라 나눠질 수 있는지 보여준다. 이 방식에 따르면 노동력은 크게 4가지 범주로 나눠지는데,

그림 1 대안적 노동력으로 인한 근로 형태의 변화

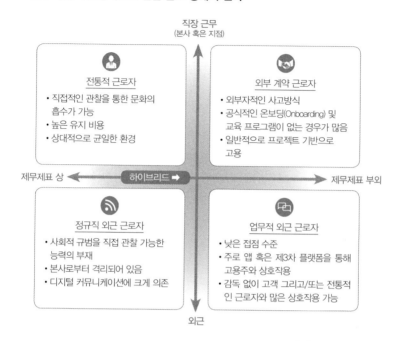

직장 근무
(본사 혹은 지점)

전통적 근로자
- 직접적인 관찰을 통한 문화의 흡수가 가능
- 높은 유지 비용
- 상대적으로 균일한 환경

외부 계약 근로자
- 외부자적인 사고방식
- 공식적인 온보딩(Onboarding) 및 교육 프로그램이 없는 경우가 많음
- 일반적으로 프로젝트 기반으로 고용

제무제표 상 ← 하이브리드 → 제무제표 부외

정규직 외근 근로자
- 사회적 규범을 직접 관찰 가능한 능력의 부재
- 본사로부터 격리되어 있음
- 디지털 커뮤니케이션에 크게 의존

업무적 외근 근로자
- 낮은 접점 수준
- 주로 앱 혹은 제3차 플랫폼을 통해 고용주와 상호작용
- 감독 없이 고객 그리고/또는 전통적인 근로자와 많은 상호작용 가능

외근

출처: 딜로이트 애널리시스

각 범주는 조직 문화를 전파하는 데 있어 확실히 구분되는 도전과제를 안고 있다. 이 두 축은 본질적으로 유동적이라는 점을 기억해야 한다. 특히 전문가 서비스와 같은 특정 산업의 많은 근로자들은 직장 근무와 직장 외 근무를 번갈아 가며 할 수 있다(〈그림 1〉에서 색상의 단계적 변화로 표시됨). 이러한 근로자들은 직장 근무의 일부 문화적인 이점을 누리는 한편, 직장 외 근무자가 겪는 일부 도전과제에 직면하기도 하는 '혼성' 근로자로 간주될 수도 있다.

아마 가장 익숙한 전통적인 직원은 직장에서 전일 혹은 정해진 시간 동안 근무한다. 장소의 공유와 정기적인 대면 상호작용이 이뤄지기 때문에 전통적인 근로자들 사이에서는 사회적 규범과 행동이 일반적으로 크게 나타나고, 이런 환경을 문화 전파에 가장 효율적으로 만든다. 하지만 이러한 장점에는 대가가 따른다. 문화적 정체의 위험이 있을 뿐만 아니라 물리적인 장소를 한 곳 혹은 여러 곳을 유지하는 데는 비용이 든다.

또한 규범이 견고히 자리를 잡으면, 직장이라는 환경은 변화가 어려운 정적 혹은 동일한 문화를 형성할 가능성이 있다. 그러나 회사가 경쟁력을 유지하기 위해 점점 더 날렵하고 역동적인 환경을 요구하는 상황에서 변화는 필수적인 능력이다.

여기서의 리스크는 집단 사고(思考)의 발생으로, 근로자들이 현상에 도전하기보다 과거 방식에 순응해 사고하고 행동한다는 점이다. 또한 지점에서 근무하는 전통적인 근로자는 본사로부터 소외된다고 느낄 수 있으며 이는 '2등 시민'이라는 의식이나 분노를 조장할 수도 있다.

:: 정규직 외근 근로자

외근직이지만 재무제표 상의 근로자며, 일반적으로 재택 근무자를 지칭하지만 외판원, 출장 고객서비스 근로자, 직장 시설을 필요로 하지 않는 다른 직업들을 지칭할 수도 있다. 이 근로자들은 장소의 구애를 받지 않지만 사실상 대면 협업을 경험하거나 사회적 규범을 목격하는 데 있어 불리하다.

연구결과는 외근 근로자들이 대인 의사소통의 부재로 인해 서로의 업무와 역량에 대한 신뢰가 부족한 경우가 많음을 시사한다. 또한 외근 근로자는 자신이 기업 본사로부터 동떨어져 분리되었다고 느낄 수 있다. 하지만 기업은 복지 혜택이나 공식적인 경력발전 기회처럼 정규직 외근 근로자의 관여를 이끌어 낼 수 있는 일부 전통적인 방법을 여전히 보유중이다.

:: 업무적 외근 근로자

이 유형의 근로자는 재무제표 상 직원이 아닐 뿐만 아니라 외근직이다. 이들은 매우 한정된 서비스를 제공하고 그 대가를 받는 경우가 많다. 이들 중 많은 사람들이 유연한 스케줄로 근무하고 고객 대면 역할을 담당한다. 이들이 채용 조직과 가지는 관계는 낮은 수준의 접점으로 특징지어지며, 기술 기반의 플랫폼 혹은 제3자 대리인을 통해서 그 관계가 형성된다. 업무적 외근 근로자는 또한 강한 불안정성을 느낄 수 있으며 이는 추가적인 불안감으로 이어지기도 한다.

:: 외부 계약 근로자

직장에서 근무하지만 재무제표에 표시되지 않는 계약직 혹은 컨설팅 업무 수행자로, 회사에 외부자의 고유한 사고방식과 과거에 체험한 일련의 문화적 경험을 가져오기도 한다. 단기간 혹은 한정된 프로젝트의 수행을 지원하기 위해 종종 고용되며 외부에서 보기에, 그리고 스스로도 조직의 문화적 규범과 가치에 종속된다고 여겨지지 않는다. 이들 근로자는 일반적으로 재무제표상의 근로자들 사이에 문화의식을 구축하는 데 도움을 주는 전형적인 온보딩(Onboarding) 프로그램이나 신입사원 연수 기회를 제공받지 않는다. 하지만 이들 개인이 사내에서 근무하고 그 조직의 규범을 직접 관찰할 수 있다는 점을 고려할 때 그들이 직장 문화에 속해 있다고 느끼게 만들 기회가 보다 많이 존재할 수 있다.

전체적으로 공유되는
문화적 경험을 형성하기

이 독특한 4가지 인재 부문 전반에 걸쳐 일관된 문화를 형성하기 위해서는 전략적 기반이 필요하다. 초점, 의도, 행동 없이는 긍정적인 조직 문화가 흥성할 가능성이 낮다. 문화가 무형자산 혹은 심지어 기업의 정서적 혹은 개인적인 특징으로 간주되는 경우가 종종 있지만, 전략적 체계를 활용하면 문화를 리더십 의사결정의 전면으로 내세울 수 있다.

방대한 조직 전략이 의도적으로 공들여 만들어져야만 하듯이, 문화 또한 근로자들이 가치 있게 여겨진다고 느끼고 업무 수행을 잘할 수 있도록 의도적으로 형성되어야 한다. 특별히 문화 관리에 초점이 맞

그림 2 조직 문화를 확산하기 위한 전략적 선택 단계

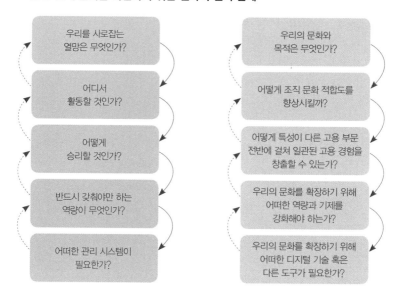

출처: 딜로이트 애널리시스, A.G. 래플리(Alan George Lafley)와 로저 마틴(Roger Martin)의 글을 정리. 승리를 위한 활동: '어떻게 전략이 실제로 작동하는가(Playing to Win: How Strategy Really Works)', 하버드 비즈니스 리뷰 프레스, 2013.

춰진 일련의 질문을 던지면 대안적 업무 계약이 증가하는 상황에서 조직이 생존을 지속하고 자신들의 사명을 확대하려고 노력할 때 도움이 된다.

전략적 선택 단계(Cascade)—조직의 전략에 관한 의도적인 결정을 내리는 데 종종 사용되는 잘 개발된 프레임워크—에 기반한 이 접근법은 '어떻게 4가지 노동력 특성 전반에 걸쳐 일관된 문화의 유지가 가능한가?'를 생각할 때 비슷한 원칙을 적용한다(〈그림 2〉).

우리의 문화와
목적은 무엇인가?

조직 성과에 문화를 자산으로 활용하기 위해, 조직은 우선 분명히 표현된 문화를 가져야만 한다. 문화의 규범과 가치가 조직의 목적과 사명의 발전을 지원해주기 때문에 이는 당연해 보이지만, 2017년 딜로이트 글로벌 휴먼 캐피털 트렌드 설문조사 응답자 중 불과 23%만이 자사의 직원들이 기업의 목적과 온전히 일치를 이루고 있다고 답했다. 이는 걱정스러운 불일치인데, 연구 결과는 이러한 목적의 불일치가 오늘날 많은 기업들이 직면하고 있는 만연한 인재 이탈의 근본적인 원인 중 하나임을 시사한다.

기업의 강한 목적성은—어떻게 이를 정의하건 간에—이익을 산출할 수 있는데, 단지 직원들의 관여와 생산성 면에서 뿐만 아니라 브랜드와 기업의 성장에도 도움이 된다. 파타고니아(Patanogia)는 세계적인 아웃도어 의류업체로 헌신, 공유된 신념, 집단적 초점, 수용 등의 의식을 조성함으로써 긍정적인 조직 문화를 육성하고 있다. 수년 동안 이 회사는 고급 아웃도어 의류와 밝은 색상의 양털 재킷으로 유명했다.

하지만 제품을 넘어 회사는 환경적 지속가능성을 강조하는 행동으로도 유명하다. '환경운동가 회사'로도 종종 알려진 파타고니아의 강령은 다음과 같다. "최고의 제품을 만들고, 불필요한 피해를 야기하지 않으며, 사업을 이용해 환경 위기에 대한 해결책 개발을 고무하고 실행한다." 그리고 회사는 이러한 접근법을 업무 환경에 주입하고 있다. 파타고니아의 리더십은 모든 유형의 직원들이 환경적 지속가능성 추구에서 적극적인 역할을 하고 회사의 강령에 따라 살도록 동기 부여하는 문화를 개발하고 강화한다. 전 세계 직원들에게 환경 보호 프로그램과 추진계획에 참여할 기회가 주어진다. 회사는 총 매출의 1% 혹은 세전 이익의 10%(중에서 더 많은 쪽을)를 풀뿌리 환경단체에 기부한다. 또한 자사의 제품 제조에 사용되는 재료와 공정이 친환경적임을 보장할 수 있도록 조치를 취한다. 이러한 활동을 통해서 파타고니아의 리더는 전 직원에 걸쳐 회사의 사명에 대한 정서적 유대를 구축하기 위해 노력한다.

조직문화 적합도를
어떻게 향상시키는가?

조직이 점점 더 많은 대안적 근로자들을 계속해서 활용함에 따라, 이들 인재 부문으로부터 고품질의 업무 산출물을 지속적으로 확보하는 일이 점점 더 중요해진다. 온보딩 과정, 교육 시간, 비용을 줄이기 위해 기업은 조직과 정기적으로 일할 수 있는 대안적 직원들의 일관된 집단을 형성하는 방침을 택할 수 있다. 조직의 문화와 자연스럽게 잘 맞는 직원은 다른 직원들과 잘 어울리고, 조직과 함께하는 동안 긍정적인 경험을 한다. 그리고 자발적인 노력을 이끌어내는 소속감을 경험한다. 따라서 중요한 단계가 대안적 직원, 특히 업무적 외근 근로자―오랫동안 고용 관계가 순전히 업무적이라고 간주되어온 개인들―를 채용하기 전에 조직 문화와 잘 맞는지 선별하는 작업이다. 이때 고용주는 화상 면접, 온라인 가치 평가, 동료평가 피드백 등을 포함하는 일련의 디지털 기술을 활용해서 채용과정 전반에 걸쳐 조직 문화와 맞는 사람인지를 판단할 수 있다. 특히 협동성과 협업이 중요한 상황에서는 구인 과정에서 조직 문화와 잘 어울리는 임시 직원을 선별하는 것이 조직 문화의 희석을 막는 1차 방어선이다.

태스크래빗(TaskRabbit)은 소소한 집수리, 심부름, 이사, 포장 등에 대한 소비자 수요를 프리랜서와 연결해주는 온라인 장터로, 잠재적인 근로자―자신들이 '태스커(Tasker)'라고 부르는 사람들―의 문화적 적합도를 평가하는 일의 중요성을 인지하고 있다. 긱 경제(Gig economy)에서 정확하게 근로자를 선별하지 못하거나 업무의 품질 보장에 실패한 경쟁업체들의 초기 실수를 목격한 후 태스크래빗은 채용 단계에서 모든 잠재적인 태스커들을 엄밀하게 선별하는 초기 과정을 시작했다. 이제 각각의 태스커는 에세이 작성, Q&A 동영상 제출, 신원 조사, 면접 수행으로 구성된 심사 과정을 거친다. 또한 모든 태스커들은 태스크래빗 플랫폼을 통해 서비스를 예약한 고객들의 리뷰를 받는다. 이 피드백은 태스커들이 태스크래빗이 지향하는 문화를 보여주고 있는지 확인할 수 있게 해준다.

"투명성과 실적이 온라인 장터의 모든 것입니다. 당신의 직원이 아니면서 당신에게 산출물을 제공해주는 사람들이 거기 있지요." 태스크래빗의 CEO인 브라운 필포트(Brown-Philpot)의 말이다. "그렇지만 당신은 여전히 당신의 가치가 무엇인지를 장터에 전달해야만 합니다." 조직은 태스크래빗과 같은 선별 과정을 사용할 수 있는데, 단지 임시직 근로자에 대해서만 아니라 전통적인 근로자 및 정규직 외근 근로자에게도 적용이 가능하다.

일관된 직원 경험을
어떻게 형성할 수 있을까?

공유된 조직 문화의 육성이 중요하지만, 조직 전반에 걸친 문화적인 경험을 형성하는 데 있어 획일적인 전략이 유효할 것이라 가정하지 않아야 함이 필수적이다. 여기가 바로 〈그림 1〉에서 설명한 세분화가 중요한 지점이다. 조직은 사업 목표를 달성하기 위해 다양한 근로 계약에 의존할 수 있다. 서로 다른 기제를 통해서라도 모든 근로자 유형에 걸쳐서 조직 문화를 일관되게 경험하고 강화하도록 만드는 것이 핵심이다. 실제로 각 근로자 부문은 서로 다른 관점으로 조직의 문화를 경험할 가능성이 있다. 강력한 조직 문화를 육성하면 공유된 목표를 향한 각 부문의 기여가 평가받도록 보장 가능하다. 다음은 어떻게 각 근로자 부문에 접근할지에 대한 권고안이다.

:: 전통적 근로자

물리적인 공간은 유지하는 데 확실히 가장 비용이 많이 들지만, 조직이 지향하는 문화를 형성하는 데 가장 효과적일 수 있다. 조직의 공간이 어떻게 설계되었는지 생각해보고, 그것이 전통적인 근로자에게 무엇을 의미하는지 고려하라. 조직의 목적에 대한 헌신을 강화하기 위해 물리적인 공간을 활용한다. 한 금융서비스 기업은 투자 자문가들 및 직원들과의 관계에 있어 강한 헌신을 강조하는 문화를 형성하고자 했고, 일부 쉽게 달성할 수 있는 목표를 시작으로 조직의 문화를 재정의하기 시작했다. 이 초기 활동에는 한 벽면을 직원 사진에 할애하기, 회의실의 이름을 변경하기, 사무실 공간을 재구성하기 등이 포함되었다. 시간이 지남에 따라 전체회의 장소는 공식적인 회합장소에서 모든 직원들이 고위급 리더들과 회의 후에 쉽게 어울릴 수 있는 열린 공간으로 변화했다. 고위직의 전용 주차공간도 회사의 성공에 모든 직원들의 노력이 중요하다는 점을 강조하기 위해 폐지되었다. 교차기능적인 협업을 장려하기 위해 사무실 칸막이도 재조정해 팀공간으로 변화시켰다. 추가로 기업의 핵심 가치를 보여준 직원들을 공개적으로 인정해주는 인간 중심적인 포상을 분기별로 수여하기 시작했다. 의도적으로 직원의 경험을 형성하기 위해 물리적인 공간을 사용하는 방식은 회사의 문화를 목적을 중심으로 재형성하는 데 일조했다.

:: 정규직 외근 근로자

이 근로자 부문을 위해서 외근을 가능한 단순하게 만든다. 디지털 협업을 지원하고 사외에서의 작업과 연결을 용이하게 해주는 기술에 투자한다. 출근직에서 배제되는 듯한 느낌이 외근 근로자들에게 종종 감염될 수 있기 때문에, 그들의 참여가 가치가 있는 경우에는 즉석 회의에 정규직 외근 근로자들도 포함되도록 주의를 기울여야 한다. 또한 이들 근로자가 다른 직원들과 상호작용하는 기회의 제공을 고려한다. 예를 들어 연간 수련회나 점심 회식을 통한 신뢰 형성과 팀 구축을 장려한다. 마지막으로, 이 집단은 성과의 인정과 인식에서 간과되기 쉬운 집단이다. 공개 회의나 뉴스레터 같은 통로를 이용해 외근직 근로자의 노력을 공개적으로 인정하고 보상해준다. 예를 들어 앞서 언급한 금융회사는 고객 서비스 요청을 응대하기 위해 정규직 외근 근로자에 크게 의존하고 있었다. 조직의 물리적인 벽을 넘어서 문화를 확장하기 위한 노력의 일환으로, 리더십은 기업 뉴스레터를 통해 한 외근 근로자의 뛰어난 고객 서비스를 치하했다. 이러한 비교적 작은 인정 행위가 이들 직원 집단 부문의 이직률을 낮추는 데 많은 도움이 되었다.

:: 업무적 외근 근로자

이들 근로자가 한시적인 업무로부터 무엇을 얻기 원하는지 이해하는 데 시간을 투자하고, 이런 니즈에 대한 이해를 기업 및 기업 문화에 대한 그들의 헌신을 구축하는 데 활용한다. 많은 경우 업무적 외근 근로자들은 더 많은 자유와 유연성을 위해 전통적인 근로자들이 누리는 혜택 없이 살아간다. 상세하게 관리하기보다, 이들의 자율적 능력을 인정하고 회사가 그들의 유연한 근무 계약을 지지하고 있다는 점을 확실히 한다. 추가로 업무적 외근 근로자들이 항상 주변에 있는 것이 아니기 때문에 『드라이브(Drive)』의 저자 다니엘 핑크(Daniel Pink)가 권고했듯이 "회사의 목표가 무엇이며, 그 목표가 어떻게 큰 그림에 연결되고 왜 중요한지 이야기하기 위해 추가적인 시간을 들여야 한다." 그들이 업무를 수용하는 이유를 이해하고 그들의 업무가 더 큰 그림에 어떻게 공헌하는지 큰 맥락을 제공함으로써 리더는 업무적 외근 근로자에게 조직의 문화를 더 잘 전달할 수 있다.

:: 외부 계약 근로자

이 대안적 근로인력 부문은 사내에서 일하기 때문에, 전사 회의에 참석하도록 초대하거나 점심이나 일과 후 활동에 참여하도록 독려하는 방식으로 그들의 물리적 위치를 회사의 문화를 전달하는 데 활용할 수 있다. 최근 『하버드 비즈니스 리뷰』의 기사 또한 외부 계약 근로자에 대해 다음과 같은 조언을 건네고 있다. "외부 계약 근로자들이 2등 시민 취급을 받는다고 느끼게 만들 수 있는 미묘한 계급 차별 요소들을 피하라. ID카드의 색깔이나 실내 운동시설 같은 곳의 출입 제한이 그러한 사례다. 대신에 그들을 적극 수용한다. 중요한 회의에 초청하고, 소소한 대화에 참여시키며, 팀 이메일 리스트에 추가한다." 간단히 말해, 당신 바로 앞에서 일하는 이들 직원을 간과하지 말라. 그리고 의사소통, 회의, 전사적 행사에 이들을 포용하도록 주의를 기울여라.

조직의 문화를 확장하기 위한
역량과 강화 기제

리더는 요망되는 문화를 운영을 통해 강화하는 데 필요한 조직적 역량과 도구 및 기제 모두를 파악해야 한다(예: 속도, 서비스, 전달, 도구 등). 즉 운영의 모든 측면이 요망되는 조직 문화를 지원해야 한다. 예를 들어 리더들이 평생교육을 장려하는 문화를 원한다면 쉽게 접근 가능한 훈련 과정을 제공해 직원들이 기술을 향상시키고 핵심 역량과 능력을 강화하도록 해야 한다. 또한 보상은 강화 기제로서 중요한 역할을 한다. 결국 기업이 보상하는 활동은 직원들이 중점을 두는 활동이다.

따라서 보상을 이용해 기업 조직에 중요한 행동을 강화하라. 에어비앤비(Airbnb)는 여행자들이 이를 통해 방이나 집 전체를 대여할 수 있는 숙박 공유 플랫폼으로, 다양한 기제를 통해 조직 문화를 강화한다. 잠재적 숙소 제공자(호스트)들을 사전적으로 심사하는 기제에 더해 에어비앤비의 신청서에는 접대 기준에 대한 질문이 포함되어 있으며, 제공자가 지지하겠다고 동의해야만 하는 조직의 핵심 가치에 대한 헌신을 요구한다. 에어비앤비는 이러한 가치를 몇 가지 방식으로 강화하고 있다. 첫째, 에어비앤비의 문화를 전형적으로 보여주는 호스트들을 보상해주는 수퍼호스트(Superhost) 프로그램의 운영이다. 이제 수만 명에 달하는 수퍼호스트는 수만 달러에서 수십만 달러의 매출을 올릴 수 있다. 수퍼호스트 지정은 호스트들의 매출 촉진에 도움을 주고, 그들이 이 지위의 획득을 위해 열심히 노력하게 만드는 장려책 역할을 한다. 또한 수퍼호스트는 그들을 소개하는 프로필에 명예 훈장을 부여받기도 한다. 에어비앤비는 9가지 기준으로 호스트를 평가한다. 신뢰도와 청결성을 중심으로 한 전술적인 요소부터 호스트의 경험, 고객과의 소통 능력, 그리고 5점 만점의 별점 평가가 이들 기준에 포함된다. 이러한 평가는 또한 호스트가 에어비앤비의 가치 및 목적과 부합할 수 있도록 도와준다.

또한 에어비앤비는 지식을 공유하고 공동체를 형성하도록 호스트 회의를 개최한다. 예를 들어 2014년 가을, 회사는 '에어비앤비 오픈'이라는 이름으로 '호스트를 독려하고 또한 손님들이 집처럼 편안히 느끼게 하는 방법을 알려주기 위해' 컨퍼런스를 개최했다. 이 컨퍼런스는 핵심 가치를 강화하는 공동체 봉사 일정으로 마무리되었다. 이러한 전술—수퍼호스트 프로그램 같은 '도전'에서부터 회의와 행사에 이르기까지—로 문화적 규범을 강화하며, 조직의 목적을 중심으로 직원들에게 에너지를 부여한다.

조직의 문화를 확장하기 위한
디지털 기술과 도구

디지털 기술은 조직의 리더가 최신 정보를 공유하고, 신속히 피드백을 받으며, 실시간으로 데이터를 분석할 수 있게 해주는 다양한 도구를 제공한다. 리더는 이들 도구를 협업과 소통의 진작을 위해 사용할 뿐만 아니라, 직원의 경험과 경험의 진화를 이해하는 데 사용할 수 있고 사용해야 한다. 그러나 단지 디지털 도구에만 관심을 국한해서는 안 된다. 제3자 공동 사무공간 제공업체—위워크(We-Work), 리저스(Regus), 스페이시스(Spaces, 리저스가 운영), 로켓스페이스(RocketSpace), 리퀴드스페이스(LiquidSpace), 그리고 도시를 거점으로 한 기타 다수—를 공동체 및 만남의 장소를 형성하는 데 사용 가능하다. 이곳에서는 부외 및 부내의 모든 가상 직원들이 실시간으로 연결될 수 있다. 직원들을 위한 연결점을 마련하고 서로 다른 유형의 근로자들에게 어필할 수 있도록, 이 업계에 진입한 더 많은 대기업들이 이러한 공동작업 공간을 임대하고 있다.

페이스북은 멘로파크(Menlo Park)에 위치한 본사가 성장하고 다른 지점들과 가상의 업무공간이 확장됨에 따라, 기술을 효과적으로 이용해 사내 문화를 확장하는 방법을 찾고 있다. 페이스북은 정기적으로 직원들을 독려해 문화와 참여에 대한 그들의 견해를 수집한다. 또한 자체 상품인 협업 플랫폼 '워크플레이스 바이 페이스북(Workplace by Facebook)'을 구현한다. 페이스북의 경영진 모니카 애드랙타스(Monica Adractas)는 말한다. "장소에 상관없이 CEO부터 인턴까지 우리 모두를 위한 쌍방향 소통을 가능하게 합니다. 이는 전사 및 전 세계에 걸쳐 우리를 이어주고, 우리의 문화를 지원하지요."

조직 문화의 확장을 위한
다음 단계들

사무실의 벽과 재무제표를 넘어 조직 문화의 확장을 의도하는 리더는 다음 단계들을 고려할 수 있다.

첫째, 대안적 노동력 집단을 데이터를 통해 파악한다. 조직의 직원들이 4가지 집단 중 정확히 어디에 속하는지 이해하고, 얼마나 공유 문화에 관해 우선순위를 둬 생각할 필요가 있는지, 그리고 어디에 집중할지를 파악하기 위해 데이터를 조사한다. 데이터 애널리틱스를 활용해 각 부문에 속한 근로자들의 비율을 파악할 뿐 아니라 미래 대안적 노동력의 활용 기회도 예측한다. 그리고 일관된 조직 문화를 유지하는 조직의 전략이 계속해서 유효함을 확신할 수 있도록 이들 집단이 미래에 어떻게 진화할 것인지 대한 조직의 전략을 검토한다.

둘째, 인력 부문 전반에 걸쳐 긍정적인 문화를 의도적으로 형성하기 위해 선택 단계(Choice cascade)를 활용한다. 일관된 문화적 경험을 형성하려면 모든 인력 부문의 참여를 위한 의도적인 전략이 필요하다. 마케팅 전문가들이 서로 다른 기제를 통해서라도 공유된 브랜드 경험하에 고객들과의 관계를 추구하듯이, 고용주는 비슷하게 공유된 조직 브랜드 아래서 긍정적인 직원 경험을 창출할 수 있도록 선택 단계를 활용할 수 있다.

셋째, 긍정적인 조직 문화의 형성을 위해 리더에게 권한을 부여한다. 모든 단계의 리더십이 조직 문화를 지원하는 데 헌신해야 한다. 긍정적인 문화의 유지는 일반적으로 조직 내 모든 단계에 걸쳐 큰 헌신과 노력을 요구한다. 리더들과 관리자들에게 권한을 부여해, 근로자들이 가치있게 여겨진다고 느끼고 차이를 만들어내기 위한 더 큰 노력의 일부임을 인식하도록 도와야 한다. 이는 고용 형태와 상관없이 의미와 목적에 대한 모든 직원들의 인식을 자극할 수 있다. 조직의 문화는 성과를 진작할 수 있지만 그 가능성을 전적으로 발산하려면, 문화가 전통적인 직원뿐 아니라 모든 유형의 근로자들에게까지 확산되어야 한다.

사외에서 일하는 개인들 및 부외 노동력의 현재 상황과 예상되는 증가를 고려할 때, 리더는 긍정적인 조직 문화를 창출하고 유지하기 위한 노력에 이들 근로자를 어떻게 포함시킬지 생각해야 한다. 이런 긴급한 과제에 직접 대처할 준비가 되어 있는 비즈니스 리더는 전략의 실행을 가능하게 만드는 문화를 성공적으로 유지할 수 있을 것이다.

지속 가능한 문화:
페이스북의 접근방식

페이스북에서는 모든 경영진이 기업 문화의 강화에 책임이 있다. 여기에는 워크플레이스 바이 페이스북의 디렉터 모니카 애드랙타스도 해당된다. 페이스북은 내부적으로 워크플레이스를 협업의 수단으로 사용할 뿐만 아니라 회사의 기하급수적인 성장에 따른 페이스북 문화의 육성을 위해서도 사용한다.

딜로이트 리뷰(이하 DR): 인재를 영입하고, 동기부여를 하며 유지하
는 데 있어 페이스북의 문화는 어떤 역할을 합니까?

모니카 애드랙타스(이하 MA): 최근 연구에 따르면 앞으로 노동시장
에 진출할 현재 학생들의 1/3 이상이 뭔가를 발명해서 세계를 변화시
키길 원합니다. 멋진 아이디어나 발명은 세계를 바꿀 수 있어요. 하지
만 그 모든 멋진 아이디어와 발명도 사람이 하는 것이죠. 당신의 팀이
당신이 하는 모든 일의 기초가 됩니다. 따라서 강력하고 명확한 사명
은 기업의 성과를 자극할 수 있어요. 이는 또한 특정한 목적을 위해 회
사에서 모든 사람들의 역할을 연결시켜주는 결합력으로 작용하기도
합니다. 이로서 리더는 자사의 팀들이 회사를 더 좋게 만들도록 안내
할 수 있습니다. 또한 직원들이 개인의 역할을 넘어서 어떻게 더 큰 무
언가에 기여할 수 있을까를 생각하도록 이끌죠. 그래서 페이스북에서
우리는 세계를 연결하는 일에 모두가 참여한다고 생각합니다. 우리 자
신들만으로는 세계를 보다 개방적이고 연결된 곳으로 만들 수 없어요.
우리 각자가 사명을 위한 가치 있는 기여자가 됩니다. 그리고 우리는
사람들을 연결시켜주고 긍정적인 사회 영향력을 생성하는 상품을 개
발함으로써 커뮤니티에 힘을 더하죠.

DR: 미래에 페이스북의 사명이 인재를 영입하고, 동기 부여하며, 유
지하는 당신의 일에 있어 더 중요해질까요, 덜 중요해질까요? 그리고
왜 그렇게 생각하나요?

MA: 우리는 개방되고 연결된 세계를 만드는 일이 개방되고 연결된 회사를 만드는 데서 출발한다는 것을 압니다. 우리의 사명은 언제까지나 회사로서의 우리의 일을 자극할 것입니다. 그리고 우리는 지금까지 단지 1%만을 이뤘을 뿐이에요. 우리는 건설자들을 찾고 있지요. 소매를 걷어 부치고 직접적인 영향을 미치며 자신들이 하는 일에서 최고임을 증명한 사람들이요. 영향력에 집중하는 것은 핵심 가치 중 하나입니다. 그리고 면접을 할 때, 우리는 지원자가 과거에 어떻게 영향을 미쳐왔는지 미래에 어떤 영향을 미치길 원하는지 이해하려고 노력하죠.

DR: 모든 이들을 조직의 문화에 연결시키기 위해 페이스북이 실행한 구체적인 실무 사례는 무엇이 있을까요?

MA: 페이스북에서는 모두가 문화를 소유해요. 이는 오리엔테이션과 온보딩 첫날부터 시작됩니다. 거기서 페이스북의 핵심 가치를 배울 수 있어요. 담대하고, 빠르게 움직이며, 영향력에 주력하고, 사회적 가치를 창출하라는 주문입니다. 또한 페이스북에 입사하는 모든 디자이너들을 대상으로 2주 동안 진행되는 디자인 캠프(Design Camp)를 열지요. 2주 동안 디자이너는 프로토타이핑 워크샵에 참여하고, 디자인 리더로부터 배우며, 팀의 일원들을 알아갈 수 있어요. 페이스북의 가치를 성공시키는 데 중요한 또 다른 측면은 바로 작은 팀입니다. 팀이 작으면 영향력이 큰 프로젝트에 집중하고, 빠르게 움직이며, 담대해 질 수 있죠. 해커톤(Hackathon)은 페이스북의 전통이자 재미있는 행사로, 복잡한 문제를 만들고 풀도록 독려하죠. 해커톤의 유일한 규칙은 평상시에 하는 일은 절대로 할 수 없다는 것입니다. 해커톤은 새로운 아이디어에 대한 행사입니다. 조직 어디에서든지 나오는 훌륭한 아이디어들에 대한 것이죠.

DR: 직원이나 리더가 페이스북의 핵심 가치를 일상 행동으로 실현한 것에 어떠한 사례가 있을까요?

MA: 마크 주커버그(Mark Zuckerberg)는 최근 지구촌 공동체를 구축한다는 그의 비전을 제시했는데, 이는 진정으로 가장 확실한 사례입니다. 우리는 사람들이 가장 잘하는 일을 하도록 돕지요. 우리는 강점에 기반을 둔 회사인데, 이는 사람들이 선천적으로 재주가 있고 좋아하는 일을 하도록 도움을 주는 역할, 팀, 조직을 설계하는 데 우리가 주력한다는 뜻이에요. 사람들은 강점에 잘 맞는 업무를 맡으면 성과가 향상됩니다. 우리는 사람들이 좋아하고 잘하는 것, 그리고 페이스북이 필요한 것 사이의 상호작용을 중심으로 그들의 경험을 형성하기 위해 사람들과 협업하는 데 시간을 쓰고 있어요. 또 다른 예는 아마도 우리의 가장 대담한 활동 중 하나인데, 바로 아퀼라(Aguila)의 개발입니다. 아퀼라는 태양에너지 기반의 무인 비행체로 가장 접근성이 떨어지는 지역의 사람들에게 적절한 가격으로 인터넷을 제공할 겁니다. 아퀼라가 달성할 성과만큼 중요한 것은, 당신의 사명을 진전시키기 위해서—페이스북의 경우는 세계를 연결하는 것이고요—때로는 완전히 새로운 뭔가를 하고 익숙한 곳을 떠날 필요가 있다는 개념을 아퀼라가 표상한다는 점이지요.

DR: 멘로파크를 넘어 성장을 지속함에 따라 페이스북의 문화를 유지하기 위한 전략은 무엇인가요?

MA: 페이스북에서는 모든 이들이 문화를 소유하기 때문에, 우리가 성장할수록 모든 개별 직원이 문화를 전파하게 됩니다. 페이스북의 모든 장소는 의미 있는 프로젝트를 수행하고 진정한 영향력을 창출할 기회를 제공하고 있어요. 우리는 우리를 하나로 묶어주는 사명을 가지고 있는데, 세상의 연결이 바로 그것입니다. 하지만 개별성과 진정한 자신이 되는 것을 칭찬하는 문화도 형성하고 있습니다. 날마다 우리는 페이스북에서의 업무 경험을 개인화하려 하지요. 그러기 위해서 데이터를 수집합니다. 우리는 1만 7천 명이 원하는 바를 짐작할 수 없어요. 그래서 그들에게 끊임없이 묻고 피드백에 기반해 이를 반복합니다. 우리는 협업 플랫폼을 만들었어요. 바로 워크플레이스 바이 페이스북으로, 최근에 문을 열었고 이제는 전 세계적으로 사용되고 있지요. 어디에 있든지 상관없이 CEO에서 인턴까지 온전한 쌍방향 커뮤니케이션을 모두에게 가능하게 해줍니다. 이는 회사와 전 세계에 걸쳐 우리를 연결해주고 우리 문화를 지원하죠. 페이스북의 모든 사람들이 회사의 모든 부분에 대해 가능한 많은 정보를 얻을 수 있도록 보장해 그 결과 최선의 결정을 하고 큰 영향력을 미칠 수 있도록 열심히 일하고 있어요.

DR: 현장에서, 그리고 가상으로 직원들이 어떻게 관여하고 협업하나요?

MA: 현장 근무자들에게 우리 일터는 개방적이고 사람들 및 팀들과의 밀접한 협업을 촉진하도록 설계되어 있어요. 직원들은 사람들이 일어나 돌아다니고 서로 얘기하는 모습을 자주 볼 수 있는데, 사무실이

의도적으로 그렇게 설계되었기 때문이죠. 가상의 근로자들은, 아마 당신이 예상했겠지만, 우리 상품인 워크플레이스 바이 페이스북을 사용해요. 사람들이 사무실에 있건, 이동중이건 간에 연결과 협업이 가능한 많은 방법이 있죠. 페이스북의 팀은 사무실, 팀, 프로젝트, 입사 진행중인 신입직원 등 회사 전체와 정보를 공유할 수 있습니다. 그리고 회사에 대해 우리가 관심을 가진 중요한 점들의 발견이 가능하죠. 재무 정보라든지 페이스북 혹은 인스타그램의 업데이트 같은 것을 예로 들 수 있습니다. 우리는 또한 워크플레이스가 새로운 아이디어, 기능, 상품을 시험해볼 수 있는 좋은 방법이라는 점을 발견했어요. 대규모 포커스 그룹에 접근할 수 있게 해주죠. 바로 수만 명의 전 세계 페이스북 직원들입니다.

서니 쳉(Sonny Chheng)은 딜로이트 컨설팅의 프린시펄이며, 딜로이트의 컬쳐 및 인게이지먼트 사업부의 글로벌 자문가다.
켈리 모나한(Kelly Monahan)은 딜로이트 서비스 LP의 매니저이자 딜로이트의 통합 연구센터의 과제별 전문가다.
카렌 리드(Karen Reid)는 딜로이트 컨설팅 LLP의 조직 변환 및 인재 사업부의 매니저다.

4부

디지털 시대의
조직모델

이라크 미군, 알카에다를 제압한
세포조직과 속도전 혁신

역사적으로 군대는 체계적 조직의 원형을 형성했고, 근대 기업의 스승이었다. 기업전략(strategy)의 어원도 BC 6세기 그리스 군대의 장군을 의미하는 말(Strategos)에서 유래했다. 독일의 헬무트 폰 몰트케 장군(1800~1891)은 작전·병참·통신 등 전문 분야별 참모들이 역할을 분담한 뒤 통합 지휘하는 참모총장을 보좌하도록 재편해 당시 주변 강자들인 덴마크·오스트리아·프랑스와의 전쟁에서 연전연승했다. 이후 참모 조직을 일본군이 벤치마킹해 청일전쟁·러일전쟁에 활용했고, 제2차대전 패전 후 종합상사 등 기업에 적용했다. 21세기에도 기업들이 군대 조직의 변화에서 배워야 할 점이 있다. 그러나 제4차 산업혁명의 격변을 마주한 우리나라 기업들은 변해야 산다는 총론에는 공감하면서도 구체적인 조직과 프로세스의 변화를 추진하는 각론은 짜지 못하고 있다. 이러한 점에서 이라크 알카에다를 대적해 조직을 혁신해 궁극적인 승리를 거둔 미군 특수전사령부의 사례는 우리 기업들에 생생한 벤치마킹의 대상이다.

알카에다에 무기력했던
미국 특수전사령부

미군은 기계화 보병부대와 전차, 항공기에 첨단 정보기술을 결합시킨 최강의 전력으로 이라크와의 두 차례 전쟁에서 완승했다. 1990년 미군은 쿠웨이트를 침공한 이라크군 30만 명을 상대로 100시간 만에 승리했다. 2001년 뉴욕에서 9·11 테러가 발생하자 배후국으로 지목된 이라크의 120만 명 군대를 2003년 미군 30만 명이 공격해 26일 만에 괴멸시켰다. 하지만 미군은 철사와 깡통으로 만든 급조폭발물(Improvised Explosive Device, IED)과 구식 AK47 소총으로 무장하고 이메일과 휴대전화로 통신하는 테러조직 알카에다는 제압하지 못했다. 당시 이라크·아프가니스탄 주둔 미군 총사령관으로 합동특수전사령부(Joint Special Operations Command, JSOC)를 지휘하던 특수전 전문가 스탠리 매크리스털(McChrystal) 대장조차도 대처하기 어려운 위기였다.

그는 이렇게 회고했다. "네트워크로 연결되고 계층화되어 있지 않은 알카에다 구조는 새로운 세계를 상징했다. 어떤 면에서 우리는 제

2차 세계대전에서 나치 독일과 싸운 연합군 사령부보다는 수많은 스타트업을 격퇴하기 위해 노력하는 포천 500대 기업과 더 많은 공통점이 있었다." 매크리스털은 분산·분권화된 알카에다를 중앙집중과 효율성에 기반을 둔 미군이 상대하기 어렵다고 결론지었다. 새로운 전장에서 승리하기 위해서는 지휘관을 비롯한 조직 전체가 새로운 환경에 적응해야 한다고 판단했다. 미군의 조직 문화와 구조, 프로세스 전반을 세 방향으로 혁신했다. '속도의 가속화' '변수 급증' '상호의존성 확대'를 특징으로 하는 4세대 전쟁에 적응하기 위해서다.

:: 적의 속도전에 대응팀을 매일 변경

알카에다는 사이버상 네트워크로 존재했다. 목표를 신속하게 타격 후 분산하고, 실시간으로 조직을 재구성하는 방식으로 전 세계 조직의 통합성을 유지했다. 바이러스처럼 갑자기 출현해 유행처럼 퍼지고 신속하게 자취를 감추었다. "거대 조직의 꼬리를 잡을 수가 없었다. 크고 무겁거나 느리지 않았다. 네트워크로 운영되었으며, 놀랍도록 신속하게 움직였고, 빠르게 학습했다. 습득한 교훈이 당일 곧바로 적용되었다." "핵심 리더를 잃는다고 취약해지지 않았다. 지휘관 없이 움직이는 것 같았다. 단순 재정비만 하며 계속 움직였다. 이전에 했던 일에 연연하지도 않았다. 치명적이었으며 상대하기 어려웠다." 매크리스털의 말처럼 세계 최고의 특수부대 델타포스, 씰팀(SEAL Team)조차 원시적 테러 조직에 압도당했다. 미군특수부대 작전의 5가지 프로세스인 'F3EA', 즉 '목표탐색(Find), 고정(Fix), 타격(Finish), 활용(Exploit),

분석(Analyze)'의 사이클은 알카에다보다 느렸고, 때로는 목표를 찾지도 못한 상태에서 갑자기 전투가 시작되었다. 매크리스털은 F3EA만으로 알카에다를 누를 수 없다고 판단하고 편제 개념을 바꾸었다. 작전팀을 더욱 작은 단위로 재편했다. 종전 1년에 수차례 실시되던 조직 변경은 환경 변화와 임무 변경에 따라 최종적으로 알카에다의 전투 리듬인 24시간마다 재구성되었다. 미식축구에서 실시간 이뤄지는 작전 변경, 포지션 이동과 동일했다.

:: 변수가 급증하자 현장에 전권 위임

원인이 결과를 낳는 전통적 선형관계로는 더이상 전장을 설명할 수 없었다. 북경의 나비가 미국에 폭풍우를 몰고 온다는 로렌츠 모형처럼 비(非)선형적 복잡성이 증폭되고 있었다. 예기치 않은 작은 변수가 오랫동안 완벽하게 준비한 작전을 실패로 만드는 반면, 예측해야 할 변수는 기하급수적으로 늘어났다. 슈퍼컴퓨터를 활용한 빅데이터 분석 등의 신기술을 도입해 예측성을 높이려 했지만 전장 상황이 복잡해질수록 예측 불가능의 한계에 부딪혔다. 반면 소규모로 분산된 네트워크 알카에다는 민첩하게 환경에 적응하고 유기적으로 재구성하면서 강해지고 있었다. 미군은 자존심을 버리고 '네트워크를 이기려면 네트워크가 되어야 한다'고 결론 내렸다. 현장의 작전 단위인 팀들이 스스로 두뇌가 되도록 정보를 공유하고 의사결정 권한을 대폭 위임하고 이에 따라 조직과 프로세스를 재편했다. 일단 목표와 임무가 결정되면 총사령관조차 '눈으로는 주시하되 손은 떼는 방식'으로 현장

지휘관에게 권한을 위임했다. 사전에 정의된 해법과 프로세스는 아무리 훌륭하게 설계되어 있어도 복잡한 환경에서는 부족하기 때문이다.

:: SNS로 선동하자 정보 공유로 대응

현대사회의 특징인 상호 의존성의 폭증은 이라크에서도 나타났다. 특정 지역의 사소한 작전 실수에 대한 알카에다의 선동이 소셜미디어로 급속히 전파되어 당일 폭동으로 이어지거나, 과격한 동영상 한 개가 종파 간 갈등을 폭발시켰다. 사실과 무관한 소문들이 온라인을 통해 들불처럼 퍼지곤 했다. 미군도 상호 의존성 증가로 맞섰다. 정보 전파 범위를 확대하고 공유의식(Shared Consciousness)을 강화하는 게 목표였다. 필요한 대원에게 정확한 정보를 주고 자발적으로 이해관계를 조정하고 협력하게 만드는 것이다. 종전에는 이라크 바그다드 25명, 미국 노스캐롤라이나의 포트 브래그(Fort Bragg) 25명 등 지휘관 50명이 매일 30분간 진행하던 화상회의가 27개국 7,500명이 참여하는 90분 회의로 확대되었다. 이라크 바그다드 외곽의 테러리스트 은신처를 급습하기 위해 런던과 파리 정보기관의 관련 정보를 모으고, 목표 타격에 필요한 정보 및 장비와 인원을 팀에 실시간으로 보강했다. 일일회의를 통해 정보와 작전이 광범위하게 실시간으로 융합되면서 수천 명의 조직 전체가 더욱 똑똑해지고, 서로 배우게 되었다. 일단 임무가 결정되면 조직 전체가 공유된 목표 달성을 위해 자발적으로 협력하는 문화가 형성되었다.

:: 개편에 성공해 알카에다 총책을 사살

2004년 매크리스털은 알카에다를 '디지털 시대의 원주민', 미군을 '디지털 시대의 이주민'으로 표현했다. 그 정도로 양측의 격차는 컸다. 매크리스털은 조직의 변화를 주도해 거대한 전통 조직을 21세기 네트워크 개념으로 혁신했다. 미군은 알카에다에 군사적 우위를 확보하기 시작했다. 2004년 월 4건에 불과했던 테러 용의자 급습이 2006년에는 월 300건으로 증가했고, 이라크 알카에다 총책인 알자르카위를 사살하면서 2008년 임무를 완수했다. 그는 디지털 시대 리더의 역할을 외부 변화에 맞게 적응력을 높이고, 자발적으로 상호 협력하는 조직 문화를 구축한다는 의미에서 정원사에 비유했다. "직접 식물을 자라나게 할 수 있는가? 그것은 식물의 몫이다. 좋은 정원사는 땅을 준비하고 씨앗을 심으며 물을 주고 비료를 주며 잡초를 뽑아 식물들이 자신의 할 일을 할 수 있는 환경을 조성한다."

김경준 부회장 | 딜로이트 컨설팅

혼돈으로 이끌다,
스탠리 매크리스털 장군과의 인터뷰

조 마리아니(Joe Mariani)의
서문

2008년 나는 신출내기 미 해병대 정보장교로서 이라크에 파병되어, 거대한 군 관료주의와 산발적으로 발생하면서 진화하는 게릴라전 2가지 모두를 이해해보려고 노력했었다. 그 과정에서 얼마 되지 않아, 나는 합동특수전사령부(Joint Special Operations Command, JSOC)라는 조직을 알게 되었다. 우리 팀이 피라미 폭탄 제조범 한 명을 찾기 위해 몇 주 동안 고생했던 곳에서, JSOC는 거의 매일 밤 매우 중요한 거물급들을 찾을 수 있는 것 같았다. 사령부는 이라크에 대해 모든 것을 알고 있는 듯했고, 누구라도 찾을 수 있으며, 더 중요하게는 그 정보에 따라 행동 가능해보였다. 간단히 말해, JSOC는 내가 본 것 중 가장 큰 성과를 내는 조직이었고, 내가 나중에 비즈니스 연구 부문에 종사하도록 적지 않은 영감을 주기도 했다. 그 당시에 내가 몰랐던 것은 2008년에 보았던 그 고성능 기계가 스탠리 매크리스털(Stanley McChrystal) 장군에 의해 몇 년 전 시작된 거대한 조직개편과 방향 재설정의 산물이었다는 점이다.

매크리스털 장군은 퇴역한 미 육군 4성 장군으로서, 상상할 수 있는 가장 어려운 상황에 처한 이라크 주둔 특수전부대(Special Force)부터 아프가니스탄에 주둔한 모든 NATO군에 이르기까지 여러 조직들을 이끈 장본인이다. 최근 출간한 그의 저서『팀 오브 팀스(Team of Teams)』에서 매크리스털 장군은 그러한 힘든 상황들이 어떻게 리더로서의 자신을 변화시켰는지, 그리고 그 과정에서 어떻게 현대 기술 환경의 혼돈을 극복하면서 조직을 구성하고 이끄는 새로운 방식을 찾았는지를 기술한다.

매크리스털 장군은 아프가니스탄에서 사령관으로, 이라크에서 JSOC의 수장으로서 세간의 이목을 끌기 전부터 군 내부에서 혁신가이자 기대주로 정평이 나 있었다. 2003년 이라크의 상황이 악화되기 시작했을 때, 델타포스(Delta Force), 씰팀VI(SEAL Team VI) 등 엘리트 특수부대를 산하에 둔 JSOC를 이끌기 시작했다. 매크리스털은 이렇게 잘 훈련되고 좋은 장비를 갖춘 부대들도 분산해 활동하는 테러리스트들을 패퇴시키기 위해서는 화려한 기술 이상의 것이 필요하다고 생각했다. 이라크 전쟁의 가장 암울한 기간 동안 그는 JSOC의 리더십, 조직, 운영 방식을 체계적으로 바꾸기 시작했다.

나는 최근 매크리스털 장군과 만나 기술이 JSOC를 어떻게 변화시켰는지, JSOC를 그렇게 효과적으로 만든 것 뒤에 숨겨진 과학은 무엇인지, 다른 조직들이 이러한 교훈에서 어떤 교훈을 얻을 수 있는지에 관해 논의했다.

효과적인 변화 뒤에
숨겨진 과학, 그리고 교훈

조 마리아니(Joe Mariani, 이하 JM): 우선 이라크에서 합동특수전사령부(JSOC)의 역할을 간략하게 설명해주시는 것으로 대화를 시작하면 어떨까요? 보통 우리는 영화에서 본 스텔스 헬기와 위장복을 입은 수염이 덥수룩한 남자들을 떠올리게 되는데요, 하지만 당신이 보시기에 JSOC의 역할이 무엇이라 생각하십니까?

Stanley McChrystal(이하 SM): 우리는 급습으로 이라크 전쟁을 시작했고 또 그것이 우리 특기이기도 하죠. 그런데 이러한 급습 능력은 꽤나 빠르게 일반화되어버립니다. 모든 조직은 나쁜 놈들이 어디에 있는지 알고 거기로 가라고 명령을 받으면 급습이 가능합니다. 이러한 공격은 우아하지는 않지만 임무를 쉽게 완수하는 데 효과적이죠. 그러나 우리는 급습이 우리의 대표상품이 아니라는 것을 꽤 빠르게 깨달았습니다. 우리의 상품은 바로 네트워크였습니다. 이 네트워크는 적들뿐만 아니라 우리 편에 대해서도 그 지역에 사는 그 누구보다 잘 알고 있죠. 우리는 더 많은 사람, 더 많은 조직에 영향을 주었고, 더 빠르게 움직이고 더 빠르게 조정해 왔습니다. 그것이 우리의 부가가치가 되었습니다. 사람들은 특수전사령부를 문을 부수고 들어가는 요원들이라고 계속 생각하지만, 아닙니다. 적이 어디에 있는지 알고, 그리고 계속해서 적응하는 것이 특수전사령부의 역할입니다.

JM: 언뜻 보기에는 그러한 속도와 지식을 달성하는 핵심요인은 효율성 증대, 즉 그 누구보다 빠르게 일을 수행하는 능력인 듯합니다. 얼마 전 출간한 장군님의 저서에서, 조립라인 및 그 외 19세기의 발전에서 비롯된 몇 가지 오래된 경영관리 아이디어들의 기원이자 전형으로 프레드릭 윈슬로 테일러(Frederick Winslow Taylor)가 언급됩니다. 구체적으로 말하자면 테일러는 근로자들이 수행해야 하는 작업의 수와 복잡성을 줄여 효율성을 높이고자 했지요. 효율성은 여전히 긍정적인 목표이긴 하지만, 장군님은 과업을 간소화하고 권한을 중앙으로 집중시킨다는 이러한 생각들이, 기술 발전으로 인해 급속히 변화하는 환경에 효과적으로 대응하는 데 방해가 될 수 있다고 기술하셨습니다. 이런 문제에 대해 조금 더 이야기해 주실 수 있을까요?

SM: 저는 항상 기술 애호가였죠. 저는 효율적인 일처리를 무척 좋아했습니다. 1982년 젊은 대위로 기계화부대의 중대장이었을 당시, 라디오색(Radio Shack Model III) 컴퓨터를 샀습니다. 하드 드라이브가 없는 기계의 가격이 4,800달러였죠. 저는 일하러 갈 때 그 컴퓨터를 가져갔고, 곧 현장으로도 가져갔습니다. 컴퓨터를 담는 나무상자를 만들어 궤도차량에 싣고 대규모 훈련장에도 가져갔죠. 그 컴퓨터가 당시 할 수 있었던 것은 문서작성, 스프레드시트 작업, 소규모 데이터베이스 기능 정도였습니다. 그러나 우리는 모든 명령을 문서로 작성하고 양식화해서 세부사항들을 받았을 때 관련 명령을 정말 빠르게 쏟아낼 수 있었습니다. 훈련 평가자가 놀라더군요.

그러나 그런 기술을 가지고도 했던 생각은 그저 단순히 "어떻게 하면 우리가 조직을 더 잘 통제할 수 있도록 만들 수 있을까?"였습니다. 우리는 모두가 이런 기술을 보유했을 때 발생할 일에 대해 전혀 생각하지 않았습니다. 통신기술이 확산되었을 때 진짜 변화가 시작되었습니다. 처음에는 그 기술을 부담할 여유가 있었던 사람들에게만 그 영향력이 제한되었죠. 그러나 갑자기 그 기술은 널리 퍼졌고, 모든 사람들이 즉각적인 통신을 사용할 수 있게 되었습니다. 제 생각에는 그 때가 JSOC와 기업들에 있어 모든 것이 변한 시점입니다.

JM: 새로운 통신 기술이 이런 새로운 환경에 당신이 더 잘 대응할 수 있게 해줬다고 생각하십니까? 아니면 도움이 되었다기보다 더 큰 어려움으로 작용했습니까? 당신이 가상 공간에서 이끈다면 사람들의 어깨를 두드려줄 수도 없을 텐데요.

SM: 모든 것은 기술을 어떻게 사용하느냐에 달려 있습니다. 많은 기술을 가지고 있다면, 상식적으로 그 기술을 사용해야만 하겠죠. 그리고 그 기술을 사용하기 시작한 후에야 생각하게 됩니다. "좋아, 기술을 어떻게 사용할까?" 모든 사람을 연결시키는 능력을 가지게 되었을 때,

가장 처음에 사람들이 하는 일이 "나는 모든 작전을 중앙에서 통제하 겠어. 왜냐하면 이제 모든 작전을 보고 들을 수 있으니까."라고 생각하 는 겁니다. 실제로 2004년 후반에 우리가 한 일이 그겁니다. 우리는 할 수 있는 한 열심히 일했습니다. 잠도 안자고 그저 되는대로 열심히 일 했습니다. 그러다 통신을 통해 연결된 모든 사람들로부터 오는 정보 의 규모가 센터를 마비시킬 정도란 걸 깨달았습니다. 본부가 모든 상 황을 알 수도 없고, 사건들이 발생하는 속도에 맞춰 그에 대한 상세한 지식을 배울 수도 없습니다. 이때 보통 처음 시도하는 방식이 모든 일 을 한데 모아 이를 처리하는 슈퍼컴퓨터 센터를 만드는 것입니다. 그 리고는 이는 불가능하다는 걸 깨닫게 되죠.

그 후에는 "자, 그럼 뭘 해야 하지?"라고 생각합니다. 그러다 문득 통 신은 양방향이라는 것을 깨닫죠. 현재의 통신기능은 소그룹들을 뇌로 정보를 공급하는 촉수나 센서처럼 이용하는 대신에 현장에 위치한 뇌 처럼 기능하게 합니다. 사람들이 직접 운영하게 두십시오. 여기 센터 에서 그 모든 것을 통제하기에 정보는 너무 빠르고 너무 복잡합니다. 따라서 우리는 실제로 프로세스를 통제하지 않고 정보를 전 조직에 걸 쳐 처리합니다. 모든 사람이 생각하게 하고 모든 사람이 정보를 가지 게 하십시오. 그러면 그들이 현장을 중심으로 행동할 수 있습니다. 이 러한 방식이 큰 효과를 나타내기 시작했습니다. 이때가 아마 2004년 후반이었을 겁니다. 그 후 정부 전반에서 파견된 파트너들이 합세했 고, 이는 잘 작동되는 업무방식을 더욱 강화해줬습니다.

JM: 단순해보이는 통신 기술이 어떻게 JSOC와 장군님이 처했던 환경을 바꿔 놓았을까요? 단순히 여러 가지 것들의 진행속도를 바꾸었나요, 불확실성을 증가시켰나요, 아니면 복합적인 결과였나요?

SM: 네, 복합적이었죠. 많은 돈과 자원을 가졌고, 그래서 최첨단을 달릴 수 있었던 JSOC 같은 조직에서 보통 가장 먼저 하는 일은 조직을 더 효율적으로 만드는 구조를 형성하는 일입니다. 그러면 기술의 확산이 완료된 환경에 놓이게 됩니다. 하지만 당신과 싸우는 적군이 같은 경로를 따르지 않음을 알게 되죠. 이라크의 알카에다는 우리와 동일한 통신 기술을 사용했고, 이를 통해 그들은 넓게 퍼져 있으면서도 조직화를 이뤘습니다. 모든 하부 조직들이 독립적으로 움직였지만 같은 목적을 지향하고 있었죠. 이것이 그들의 매우 조직화된 활동을 가능하게 했지만, 그러한 활동은 우리의 예측이 불가능했습니다. 그들 자신조차 예측할 수 없었으니까요. 따라서 이는 결과적으로 우리의 과업을 말 그대로 불확실하게 만들었습니다. 게다가 적들은 너무 많은 입력

그림 1 외부 변화 대 내부 조정

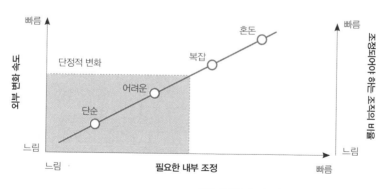

출처: 스탠리 매크리스털, 2016년 3월 19일 인터뷰에서

변수에 영향을 받았고, 우리 자신이 그러한 입력 변수들 중 하나가 되었습니다. 우리가 적의 네트워크를 공격할 때마다 우리는 네트워크를 변화시켜 버렸습니다. 따라서 우리가 행동할 때마다 우리가 처한 문제를 변화시켰고, 이를 이해하기 위해서 한 발 뒤로 물러서야 했습니다.

외부 환경에서 일이 발생하는 속도가 JSOC의 문제였고 그러한 속도는 현재 기업들의 문제이기도 합니다. 환경의 빠른 변화가 가지는 문제는 그것이 조직의 내부적 조정이나 동기화 속도에 영향을 미친다는 점입니다. 다시 말해 그것은 조직을 얼마나 자주 조정해야 하는지에 관한 문제입니다(〈그림 1〉 참조).

조직이 단순한 환경에서 운영될 때는 모든 것은 느리게 움직이죠. 그렇게 조정할 게 많지가 않아요. 왜냐하면 일들이 그렇게 빠르게 일어나지 않고 모든 것들이 상당히 분명하기 때문입니다. 원인과 결과가 누구에게나 명백하죠. 그러나 환경이 복잡해지면 갑자기 인과관계의 파악을 위해 전문적 지식과 연구가 필요하고, 그래서 조직을 더 빈번하게 조정해야 합니다. 복잡성은 다른 차원의 문제인데, 그 이유는 인과관계가 사실을 밝힌 후에야 명확해지기 때문입니다. 따라서 현실적으로 조직을 더 자주 조정해야 합니다. 매 특정 순간마다 무슨 일이 진행중인지 파악해야 하기 때문입니다. 물론 혼돈 속에서는 명확한 인과관계가 없기 때문에 거의 끊임없는 조정이 필요합니다.

제가 또한 여기서 말하고자 하는 것은 세 번째 축, 조정되어야 하는 조직의 비율입니다. 예전에는 단지 소규모 그룹이나 조직의 적은 비율만 조정이 필요했는데, 아마도 소수의 핵심 리더들만 조정이 필요했을 겁니다. 그러나 지금은 모든 것들이 빨라지면서 조직을 더 자주 조정해야 할 뿐 아니라 더 많은 사람들을 조정해야 합니다. 갑자기 기본적으로 모두를 항상 조정해야만 하는 그런 환경에 놓이게 된 거죠.

〈그림 1〉에서 흥미로운 점은 회색 점선 영역입니다. 점선 안쪽에서는 기본적으로 일들을 예측할 수 있습니다. 항상 쉽지는 않아도 기본적으로 예측이 가능하죠. 그 점선 위로는 예측이 불가능합니다. 우리가 JSOC에서 발견한 사실, 그리고 모든 조직들이 알고 있는 사실은 조직은 주기적으로 자연 재해나 시장 상황에 의해 회색 점선 위로 끌려 올라간다는 점입니다. 그러면 조직은 무엇을 합니까? 금융 위기가 발생하면 모두가 3~4일간 회의실로 들어갑니다. 피자를 사고, 대응 방안을 도출해 위기에서 살아남습니다. 그리고 나서 위기가 끝나면, 정의된 팀, 선과 상자로 그려진 조직도를 가진 예전의 어려움 단계로 돌아갑니다. 왜냐하면 이것이 우리가 잘 알고 좋아하는 구조이기 때문이죠.

JSOC는 매우 빈번하게 회색선 위로 끌려 올라갔기 때문에 우리는 복잡한(Complex) 상태로 살아야 했습니다. 사람들은 계속해서 예전 상태로 돌아가길 원했습니다, 관계된 모두가 과거의 어려운(Complicated) 상태로 돌아가길 원한 겁니다. 사실 미 육군은 이에 대한 전형적 사례입니다. 미 육군은 단순한(Simple) 상태로 돌아가길 정말 원했을 겁니다. '우리 조직 구조는 여기로 간다, 우리 사무실 공간은 여기로 간다' 식으로 말입니다. 그러나 제가 주장하고자 한 바는 JSOC가 끌어올려진 것처럼, 점점 더 많은 일들이 조직을 복잡한 상태로 더 자주 끌어올리기 때문에, 따라서 상당히 빈번하게 조직의 많은 부분을 조정해야만 한다는 점입니다. 그것은 완전히 다른 세상입니다. 사람들은 이를 보고 "그래 맞아, 그러면 내가 어떻게 그걸 할 수 있지?"라고 묻습니다. 예, 어려운 일입니다.

JM: 이는 2배로 어려워 보입니다. 왜냐하면 복잡하거나 혼돈스런 환경에서는 그 환경에서 발생하는 모든 일들에 대해 한 순간도 확신할 수 없고, 따라서 어떻게 대응해야 할지 모르니까요. 예를 들어 '설계 구조 매트릭스'라는 것을 살펴봅시다. 이 매트릭스는 휴대폰 같은 복잡한 기기를 만드는 데 필요한 다양한 작업들을 조직하고 순서화하는 방법인데요, 이 설계 구조 매트릭스는 작업과 부품 간에 모든 상호의존도를 매핑할 수 있을 때에만 효과가 있습니다. 상호의존도를 매핑할 수 없다면 다른 방식으로 운영해야 합니다. 그것은 대단히 어려운 일 같은데요, 장군님은 이런 맥락의 새로운 운영 방식을 우연히 발견했습니다.

SM: 제너럴 모터스(General Motors)를 위한 알프레드슬론(Alfred Sloan)의 유명한 구상은 꽤 오랜 기간 동안 매우 효과적이었습니다. 오늘날은 그러한 구상을 설계하기에는 모든 것들이 너무 빠르게 움직입니다. 또한 모든 위치에 있는 각각의 사람들은 다른 사람과 다를 뿐 아니라 어제의 자신과도 다르며 내일의 자신과도 다릅니다. 따라서 사람들은 이처럼 무한한 변수와 함께 일하고 있는 겁니다. 이것이 '공유된 의식(Shared consciousness)'의 핵심입니다. 이 이론을 보면 당신은 합리적이고 똑똑한 사람들을 다루고 있고, 그들에게 올바른 정보가 주

그림 2 업무의 '파장'

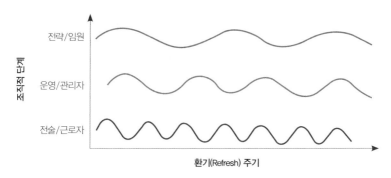

출처: 스탠리 매크리스털, 2016년 3월 19일 인터뷰에서

어지면 정답에 매우 가깝게 접근할 수 있습니다. 그들이 모든 정보를 가지고 있고 이해관계가 조정된다면 말이죠. 따라서 사람들의 이해를 조정해야 합니다. 상충하거나 갈라지는 이해관계가 있다면 시작부터 어려움을 겪겠죠. 그러한 이해를 조정하기 위해서 동료들과 함께 열심히 일하지만 여전히 어렵습니다. 훌륭한 전략이 있지만 단지 조정이 이뤄지지 않음을 발견하게 되지요. 그러나 그런 후에 자생적으로는 발생하지 않는 이러한 상호작용을 강제하는 대화를 일으키기 위해 교차기능적인(Cross-functional) 팀을 이용합니다. 왜냐하면 물리적 구조가 이런 상호작용을 활성화하지 않고 또 장려하지 않기 때문입니다.

　JM: '공유된 의식'을 위해 필요한 개방되고 빠른 의사소통을 장려하는 물리적 및 조직적 구조를 어떻게 만듭니까?

　SM: 원래 전략적인 리더는 보다 긴 파장으로 일을 합니다(〈그림 2〉). 그들은 자주 변할 필요가 없는 깊은 사고를 하는 겁니다. 운영 단계 담당자들은 깊은 사고보다는 낮은 수준의 중요한 업무들을 많이 해야 합니다. 따라서 그들은 과업들을 더 자주 점검해야 합니다. 더 아래 전술적 단계에서는 소총분대의 일이나 기업의 판매시점정보관리(Point Of Sale, POS) 등과 같은 일상적인 일들을 다룹니다.

모든 조직이 겪는 어려움은 각 단계에서의 작업을 동기화할 필요가 있다는 겁니다. 전통적으로 이를 위한 매우 엄격한 방법이 있었습니다. 군에서는 최고 사령관이 계획을 입안하고 다음 계급의 과업을 명시한 작전 명령을 내립니다. 그럼 그들은 또 아래 계급의 업무를 지시합니다. 기업에서도 연간 전략과 관련해 유사한 절차를 가지고 있습니다. 그러나 시간이 경과할수록 서로 다른 파장과 입력들 때문에 동기화 상태가 무너지고, 여기저기서 표류하는 상황이 일어납니다. 따라서 조직은 재동기화가 필요하죠. 전통적으로 기업들이 일년 단위로 예산과 전략을 짜기 때문에 무언가를 구상하면 이를 실행하는 주기는 1년이었습니다. 때로는 5개년 계획을 수립하기도 하지만, 대부분의 결정이 일년 주기로 이루어지고 재검토됩니다. JSOC에서 이런 주기는 우리가 임한 전쟁의 상황 때문에 선택의 여지 없이 24시간이었습니다. 그리고 24시간 주기는 일반적인 상황과 전혀 다릅니다. 그래서 우리는 군대의 많은 부분을 조정해야 했고, 실제로 군대의 대부분을 24시간마다 조정해야 했습니다. 미식축구에서 공격을 위한 정비 없이 빠르게 수행하는 작전과 같죠. 이것이 더 편안한 상태에서 생활하던 사람들과의 근본적인 차이점입니다. 매 24시간마다 재동기화하는 리더들은 과거에 가졌던 유형의 통제력을 가질 수가 없습니다. 그것은 그냥 불가능합니다. 그들은 사람이니까요.

JM: 또 다른 변화가 있다고 생각하십니까? 왜냐하면 서로 다른 파장과 그 파장이 어떻게 분류되는지 설명하실 때, 이를 매우 깔끔한 하향식 분류로 보여주셨습니다. 하나의 큰 전략을 그 아래 3가지 운영 과제로 중분류하고, 그것을 다시 100가지 전술적 과제로 소분류하셨는데요, 이것은 마치 24시간 의사소통을 한다면 또한 상향식 의사소통도 하고 있다는 것처럼 들립니다. 따라서 24시간마다 그 전략을 조정하셨습니까?

SM: 이는 하향식이 아니었습니다. 이는 대화였지요. 사람들은 저에게 "어떻게 전략을 바꾸고 어떻게 명령을 내리세요?"라고 묻습니다. 글쎄요, 저희는 그런 일을 하지 않은 것 같군요. 유프라테스 강 계곡(Euphrates River Valley) 서쪽으로 진출해 거기서 주요 전투를 치르자는 것과 같은 큰 결정을 했을 때가 몇 번 있었습니다. 그러나 그런 일은 내가 내린 결정의 중요성에 관한 것일 뿐이었고, 나머지 모두는 일상의 대화에서 이뤄졌습니다. 대화를 통해 모든 사람은 우리가 무엇을 하고 있는지, 상황은 어떤지 들었고, 그런 후 자율적으로 행동했습니다. 흥미롭게도 그 대화에 모두 참여했기 때문에 그들은 무엇을 해야 할지 지시 받을 필요가 없었죠. "장군님, 제가 이것을 해야 할까요? 아니면 이것을 할까요?" 같은 질문은 그리 많지 않았습니다. 모두가 쳐다보고 이렇게 말했죠. "좋아요. 알겠습니다." 그리고 매 24시간마다 상황이 계속해서 변했기 때문에 그들은 그저 계속 조정했습니다.

이러한 방식은 심지어 자원 할당 같은 일에도 적용되었죠. 우리는 본부로부터 할당받은 자원을 가지고 전쟁을 시작했습니다. 그 후 기동부대들 간에 필요한 자원을 주고 받는 체계가 생겼죠. 서로 간에 거래를 하면서 헬기와 무인전투기 프레데터(Predator)를 넘겨주기도 했는데, 그건 그들 모두가 큰 그림을 보았기 때문입니다. 누군가에게 우선순위가 있다면 모두가 이를 알 수 있습니다. "그것들을 조(Joe)에게 줘, 그가 정보를 가지고 있으니까." 그 후 다시 다음 우선순위를 가진 사람에게 전달됩니다. 이렇게 본부의 통제로 인해 망가지지 않는 유기적인 질서가 확립되었죠. 이것이 바로 '눈으로 주시하되 손은 떼는 방식'입니다. 일이 진행되고 있다는 것은 확인하면서도 그 일에 관여를 안 하는 거지요.

JM: 그 마지막 부분이 핵심인 것 같습니다. 일단 '공유된 의식'을 달성하면 그것 하나만으로는 충분하지 않다, 직원들이 그 정보를 바탕으로 빠르고 독립적으로 행동할 수 있는 권한을 부여하는 게 중요하다, 그런 것 말이죠. 장군님께서는 한 달에 18번 습격에서 하룻밤에 18번 습격으로 활동을 늘린 상황을 이야기하셨고, 저는 앉아서 중계영상을 보면서 경탄했던 기억이 있습니다. 때때로 리더는 특히 사업을 할 때 이런 일에 어려움을 겪습니다. 함께 성공하는 것을 원하지 않기 때문이 아니라 통제력을 잃을까 염려하는 것입니다. 하급 장교였을 때 이러한 염려를 하셨습니까? 그리고 기동부대 사령관으로서 그러한 염려를 어떻게 극복하셨습니까?

SM: 저는 절대적으로 더 기계화된 환경에서 성장했습니다. 젊은 장교 시절에는 통제에 집착하는 사람이었죠. 기계화부대 중대장이었을 때 저는 모든 사람을 저와 같은 주파수에 맞추었고, 제가 "돌아."라고 하면 모든 궤도 차량이 도는 그런 식으로 통제했습니다. 그 정도 규모에서는 그럭저럭 해나갈 수 있었죠. JSOC에 들어갔을 때에도 저는 이런 통제를 위해서 기술을 사용할 수 있을 것이라 생각했습니다. 그러나 적들이 예전과는 너무 달라져서 뭔가 다르게 해야 한다는 사실이 밝혀지기까지 오래 걸리지 않았습니다.

JM: 통제력을 잃는 것에 대한 관리자의 두려움은 직원들이 어떤 심각한 실수를 할 수 있다는 사실에서 기인하는 것 같습니다. 그러한 개인 차원의 실패를 어떻게 막으시나요? 훌륭한 인재나 최정예 특수 요원을 보유하는 방법으로 귀결됩니까?

SM: 우리가 매우 훌륭한 몇몇 인재들을 보유하고 있었지만 JSOC를 정말 다르게 만들었던 것은 경험이나 지능이 아닌 조직 문화였습니다. 그것이 정말 흥미로운 점입니다. JSOC의 모든 구성 조직의 문화는 서로 달랐지만, 저에게 가장 가치 있었던 조직은 델타포스와 씰팀VI였습니다. 그 이유는 그들이 '규칙이 적용되지 않는' 환경에서 육성되었기 때문입니다. 그들이 임무를 맡았을 때, 그것이 불법적이거나 부도덕하지 않는 한 이를 해내리라고 기대됩니다. 생각해보면 이런 겁니다. 만약 지켜야 할 정말 많은 규칙들을 누군가에게 강요한다면, 어떤 일을 수행할 수 없었던 이유에 대한 변명거리를 제공해주는 것과 같습니다. 우리가 한 일은 그것과는 약간 다른 조직 문화를 만든 건데요. 이는 다음과 같이 말할 수 있습니다. "우리는 이것을 완수할 것이다. 변명이란 없다. 교리에 의존하지 말라. 어떤 것에도 의존하지 않는다." 제가 처음 JSOC를 맡았을 때, 부대에는 위험회피 경향이 있었습니다. 그것은 그들의 개인적 안전에 대한 위험이 아니었죠. 임무 실패의 위험이었습니다. 그들은 임무에 실패하지 않도록 양성되었고, 따라서 완벽한 정보를 가지고 있지 않으면, 또 백업의 백업을 갖추지 않으면 일을 추진하길 원치 않았습니다. 그래서 저는 이런 종류의 전쟁에서는 그럴 시간이 없으며, 앞으로 많은 실패가 있을 거라고 말했죠.

많은 조직에서 문화의 형성이 가장 중요한 부분입니다. 제 생각에 회사들이 할 수 있는 일은 직원들의 기대와 문화를 어떻게 형성할 것인가에 대해 매우 다른 관점을 취하는 겁니다. 그러나 그렇게 할 때, 일부 실패의 부담을 기꺼이 떠안아야 합니다. 많은 다른 일들을 해야 합니다. 과거와는 다르게 보상해야 하는데, 이는 이제까지 이뤄져 왔던 것과 배치될 수 있습니다.

JM: 기업들이 투명성, 소통, 실패 수용 같은 개념들을 좋아하는 만큼, 이를 실천하는 데 종종 어려움을 겪는 듯합니다. 연구를 통해 장군님이 JSOC의 상황인식실에서 했던 일은 우연한 성공이 아니었음을 알았습니다. 조직적 성과의 핵심 동인은 다음과 같습니다.

- 대면(Face-to-face) 상호작용
- 리더를 통해 중재되지 않는 팀원들 간 직접 소통
- 사적인 대화의 가능성

이러한 사항이 팀 성과의 큰 원동력이란 것을 발견했습니다. 그러면 이것을 어떻게 알게 되었습니까? 천재의 순간적인 아이디어였나요? 아니면 장군님의 오랜 경험으로부터 형성되었나요?

SM: 저희는 전형적인 작전본부로 시작했습니다. 모든 일들이 너무 빠르게 일어나서 그냥 거기서 일하고 머무르기 시작했죠. 그러자 작전본부가 매우 잘 기능하고 있음을 알게 되었습니다. 처음에는 '공유된 의식'이라는 개념을 떠올리지 못했고, 그 이후 이러한 개념을 찾기 위해 노력했습니다. 먼저 공유된 의식을 실행하기 시작했고, 그런 후에 공유된 의식을 가졌음을 알게 되었습니다. 그것은 그저 마법 같았습니다. 초반에 우리는 이런 상황에 대해 긴장 비슷한 느낌을 가졌습니다. 사람들은 익숙한 프로세스와 구조로 돌아가려고 하죠. 그러다가 그냥 그렇게 돌아가게 나둡니다.

제 생각에 여기서 적절한 비유가 계획 경제입니다. 사람들이 계획 경제를 만들 때마다 생기는 문제가 적응성 부족입니다. 시장 경제는 완벽하게 효율적이진 않지만 대응을 합니다. 우리가 주식 시장과 금융 위기에서 보아왔던 것처럼 시장경제가 어떻게 작동하는지는 아무도 모릅니다. 우리는 이의 작동방식에 대한 이론을 가지고 있지만, 궁극적으로 시장 경제는 사람에 달려 있습니다. 그리고 알카에다와의 분쟁처럼 개입이 있을 때마다 개입 자체가 시스템의 기본 속성을 변화시킵니다. 따라서 진정으로 아는 사람은 아무도 없고, 일반적인 개념만 가질 뿐이죠. 그것이 JSOC에서 공유된 의식과 관련해 일어났던 일입니다. 만약 부대에서 무엇이 일어나고 있는지, 그리고 부대가 어떻게 작동하는지 완벽하게 그려달라고 요청한다면 저는 할 수 없습니다. 그게 가능한 사람은 아무도 없을 겁니다. 우리가 이를 규칙화하려고 한다면 망치게 될 겁니다. CEO가 다음과 같이 말하기는 힘들겠지요. 주주들과 이사회 앞에 서서 "나는 이 회사가 어떻게 돌아가는지 사실 알지 못합니다. 그러나 돌아가고는 있습니다."라고 말이죠.

JM: JSOC에서 장군님이 만든 것, 그리고 같은 원리를 이용해 이제 다른 조직들과 함께 만든 것을 볼 때, 열린 계획을 통해 매우 다양한 교차 기능적 팀이 구성되는 모습이 보입니다. 그러한 구성에 반대하는 전통적 주장 중의 하나가, 각 기능이 그 기능만의 고유한 전문화된 기술의 훈련이나 지원을 할 수 없게 된다는 것인데요. 장군님은 그러한 혼합 환경에서 조직의 정보분석가와 작전요원의 영민함을 어떻게 유지하셨습니까? 너무나 다양해서 '영화 스타워즈의 외계인 술집'으로 묘사하셨던 그런 환경에서 말입니다.

SM: 글쎄요, 거기엔 균형이 있습니다. 왜냐하면 그들이 어느 정도까지는 자신들의 주력 업무를 해야 하니까요. 육군은 다음과 같은 순환 주기를 거쳐갑니다. 먼저 보병대와 모든 지원 부서들을 함께 묶어 하나의 부대를 생성하는데, 왜냐하면 그것이 더 나은 팀을 만들기 때문이죠. 그리고 10년 후에 누군가가 "포병 기술이 저하되고 있다."라고 말하면 모든 포병대를 한데 모아 서로를 훈련시키도록 해야 합니다. 따라서 결국에는 부대가 하이브리드 조직이 되어야 합니다.

단순한 사실은 모든 조직은 정의상 매트릭스 조직이라는 것입니다. 구성원은 기능적이면서도 과업 주도적입니다. 열린 환경과 정보의 민주화는 매트릭스 환경에서 모든 것이 작동되게 만드는 열쇠입니다.

JM: '공유된 의식'으로의 변화 및 직원에 대한 권한 부여와 관련된 또 다른 어려움은 관리자들과 리더들이 팀에 대한 그들의 가치를 특정한 방식으로 본다는 점입니다. 종종 전략적 방향을 설정하고 의사결정자 역할을 하는 것이 그들의 가치라고 생각하는 거죠. 따라서 직원들에게 권한을 부여하는 변화는 리더로서 역할의 진정한 변화입니다. 그러한 방향으로의 변화를 어떻게 계획하셨습니까?

SM: 대부분 리더들의 역할에 대해 생각해보면 그들은 사령관과 같습니다. 이 단어는 물론 군에서 사용하는 단어죠. 리더는 의사결정을 할 책임이 있고, 대부분의 사람들의 마음속에서 사령관은 전략을 가진 사람으로 정의되어 있습니다. 사령관은 큰 결정을 내리고 영감 및 그에 부수되는 것들을 제공해야 한다고 여겨지죠. 따라서 사령관이 그런 일을 하지 않으면 이렇게 스스로 생각하기 시작합니다. "나는 아마도 일을 안 하고 있는 듯하군." 오늘날 사령관이 부대가 하는 모든 것 또는 실패한 모든 것에 책임을 지는 것은 사실이죠. 그러한 책임이 많은 사람들이 가지는 "만약 나에게 책임이 있다면 더 잘 통제해야 한다."는 생각을 강화시킵니다. 그러나 책임감은 넓은 의미를 가질 수 있습니다.

JM: 그것이 리더의 역할을 정원사의 역할과 비슷하다고 묘사한 이유입니까? 의사결정과 직접적 책임을 크게 줄이거나 문화의 변화에 훨씬 힘쓰는 게 정원사와 같은 리더의 역할입니까?

SM: 절대적으로 맞습니다. 정원사의 주요 책임은 정원을 만드는 것입니다. 무언가를 기르는 것이 아니죠. 선임 리더가 각각의 개별적 사항들을 기르는 일에 주력한다면, 그들은 정원이 보호되고 물이 잘 공급되고 있는지 확인하는 데 시간을 쓰지 못하겠죠. 이것이 제가 오늘날의 조직에서 발견하는 문제입니다. 뒤로 한 발 물러서서 환경을 조성하고, 구체적인 의사결정은 거의 하지 않는 리더들이 더 좋은 성과를 냅니다.

JM: 딜로이트에서 우리는 정부에서 금융서비스, 석유 및 가스에 이르기까지 다양한 산업 분야에서 많은 조직들과 유사한 문화 변화에 대해 이야기를 나눠왔습니다. 계속해서 반복되는 도전과제는 문화를 실질적이고 일상적인 것으로 만들어 단순히 벽에 걸린 구호에 그치지 않게 하는 지속적인 고군분투인 듯합니다. 장군님께서는 이를 어떻게 관리하셨습니까? 문화적 산물을 어떻게 정착시키셨나요? 공유된 가치는 무엇입니까?

SM: 제가 확신한다고 말하면 그건 거짓말이겠죠. 우리가 했다고 생각하는 것을 말씀 드리자면, 그것은 지속적인 대화였습니다. 일일 영상회의로 매 24시간마다 동기화를 수행할 때 단지 작전들에 대한 동기화만 한 게 아닙니다. 우리는 매 24시간마다 90분 동안 모든 부대들을 철학적으로 동기화시켰습니다. 이 과정의 일정 비율은 단순히 정보를 전달하는 작업에 쓰였지만, 포털에 모든 정보가 저장되어 있었기 때문에 모든 세부사항을 따지지 않았습니다. 왜냐하면 이미 거기에 있기 때문입니다. 우리는 그것이 무슨 의미인지, 각 팀이 하고자 하는 것이 무엇인지에 대해 이야기하는 데 시간을 소비했습니다. 저는 끊임없이 철학적으로 핵심 포인트를 짚었습니다. 이건 매일 이뤄지는 공산주의 세뇌와 같았습니다. 물론 부정적인 의미가 아닙니다. 이것이 우리가 하는 것이고, 이것이 우리이며, 이것이 우리가 아닌 것이다. 이런 말을 저에게서만 듣는 것이 아니라 부대 전반에 걸쳐 듣게 됩니다. 모든 사람이 매일 경구를 외웠습니다.

따라서 우리가 네트워크로서 더 강력해졌을 때, 여기서 핵심은 정보 공유였습니다. 우리가 공유한 정보가 실제로 힘을 가집니다. 왜냐하면 누군가가 정보에 대해서 또는 정보를 가지고 무언가를 하려고 하기 때문이죠. 그것은 책임이 되었고, 과거와는 다른 점이었습니다. 과거에는 정보 공유를 하지 않아 문제가 된 조직들이 거의 없었습니다. 정보 공유를 하지 말았어야 하는 사람들과 정보를 공유해서 문제가 되었죠. 하지만 우리는 정보의 비공유에 대해 책임을 져야 하는 문화를 만들고자 노력했습니다. 누군가가 알아야만 했던 어떤 것을 알지 못했고, 그런데 당신이 그 정보를 가지고 있다면 그들은 요청을 할 필요도 없습니다. 그들이 정보를 필요로 한다는 것을 안다면, 그 정보를 알게 하도록 확실히 해야만 합니다. 그런데 지금은 그렇게 하기가 힘듭니다. 왜냐하면 누가 정보의 모든 조각들을 알 필요가 있는지 모르기 때문입니다. 그러나 이로 인해 정보를 공개할 필요가 있다고 생각하는 마음가짐을 가지게 됩니다. 이전과는 다른 사고 방식인 것이죠.

JM: 그것에 대해 종종 기업들을 겁나게 하는 문제는 사람들이 정보 전송에 대한 규칙을 원한다는 점입니다. 사람들은 정보 전송의 실행을 조직의 문화나 개인에 맡기길 원하지 않는데, 왜냐하면 그런 방식이 작동하지 않을 수 있기 때문입니다. 사람들은 "당신은 이 정보를 여기에 보냅니다."라고 지시하는 규칙의 작성을 원합니다. 특히 대기업처럼 200만~300만 명의 직원을 가진 조직으로 규모를 늘려 생각해볼 때, 단순히 내버려 두면 정보의 유통이 이뤄진다는 걸 어떻게 확신할 수 있겠습니까?

SM: 이 문제는 조직의 상당한 부분을 끊임없이 동기화해야 한다는 개념으로 되돌아갑니다. 왜냐하면 1년에 한 번 또는 한 달에 한 번으로는 이를 제대로 수행할 수 없기 때문입니다. 너무 많은 일이 일어나지요. 사람들이 원하는 만큼 규칙화가 가능할 거라고 생각하지 않습니다.

JM: 연구결과는 가장 큰 조직조차도 이를 규칙화할 필요가 없을 수 있다는 사실을 뒷받침합니다. 소셜 네트워크 이론을 받아들인다면 약 150건 정도가 개별 연결의 최대값입니다. 거기서 좋은 점은 그 150이라는 숫자를 가지고 가장 큰 회사의 210만~320만 명 직원들을 연결하는 데 3단계만 거치면 된다는 사실이죠. 따라서 지구상에서 가장 큰 조직을 연결하기 위해 필요한 것은 정보가 친구의 친구의 친구에게 전달되도록만 하면 됩니다.

SM: 현재 대학원에서 이러한 원리를 소개하려고 노력중입니다. 그러나 사람들이 그것을 실천하지 않는 조직에 간다면 학교에서 배운 이론을 안다고 해도 스스로 실천하지는 않을 겁니다. 우리는 사람들이 해야 한다고 배우는 것과 실제 조직 내 프로세스, 리더십, 행동 등이 무엇인지 사이에 교차점이 있어야 한다고 믿습니다. 이들 요인 모두는 서로를 지원할 필요가 있고, 그렇지 못하면 각각 따로 시들어 버릴 겁니다.

조 마리아니(Joe Mariani)는 딜로이트 서비스 LP의 연구 리더이다. 그의 연구는 새로운 기술이 사회와 조직에 의해 어떻게 사용되는지에 초점을 맞추고 있다. 컨설턴트, 고등학교 과학교사, 이라크 및 아프가니스탄 파견 해병대 정보장교 등 다양한 경력을 가지고 있다.

일의 미래에 대응하기 위한
기업의 활동

격변의 시기에
기업에게서 얻을 교훈

본서는 지금까지 일의 미래가 사회, 기업, 개인에게 무엇을 의미하는지, 어떤 영향을 미치게 될지를 거시적, 미시적 양쪽 측면에서 보여주었다. 변화의 속도와 영향은 지역, 시장, 산업에 따라 차이가 있을 수 있지만, 디지털 기술이 21세기의 사회·경제 환경에 격변을 일으켰듯이 미래의 일하는 방식과 조직구조에도 커다란 파급 효과를 미친다는 점은 분명하다. 위기와 기회가 공존하는 격변의 시기에 변화를 읽지 못하고 기존 방식을 고집하다 무대에서 퇴장한 전통기업들과 혁신을 통해 시장주도권을 유지하고 있는 기업들에게서 교훈을 얻어야 한다. 기업은 올바른 대응을 위해서 다양한 산업과 기업의 사례에 눈과 귀를 열어두어야 한다. 전혀 생각지 못했던 다른 산업의 신규 진입자들이 관계 없어 보이는 서비스와 제품을 가지고 여러 업계에서 격변을 일으킨 사례들에서 볼 수 있듯이, 지금과 같은 변화의 초기에는 보다 넓은 범위에서 변화를 감지하는 레이더망을 가동해야 한다. 이러한 배경에서 선도적인 기업들이 현재 시도중인 다양한 사례의 소개로 마무리하고자 한다.

대안적 노동력의
활용 확산

지금까지 긱(gig) 근로자의 업무는 청소, 요리, 택배 같은 허드렛일이나 초벌 번역, 데이터 수집 및 입력 등 부가가치가 낮은 단순 작업이 대부분이었다. 하지만 긱 경제(Gig economy)의 유용성이 근로자와 회사 양쪽 모두에서 입증되고, 업워크(Upwork)·태스크래빗(Task-Rabbit) 같은 온라인 프리랜싱 사이트들이 성공적으로 운영되면서 디자이너, 마케팅 전문가, IT 기술자 등 전문적 일자리로 긱 경제가 확대되고 있다.

특히 인공지능, 사이버보안, 블록체인 등 최근 관심이 집중된 첨단기술 분야의 인력 부족 문제가 심화되면서 긱 경제의 빠른 확대가 예상된다. 2017년 8월 〈뉴욕타임스〉 보도에 따르면 기업들은 인공지능 분야 전문가 채용을 위해 30만~50만 달러의 연봉, 수백만 심지어 수천만 달러에 달하는 스톡 옵션을 제안하고 있다고 한다. 실제로 2014년 구글이 후일 알파고를 완성한 영국의 AI 전문기업 딥마인드(DeepMind)을 인수한 비용에는 400여 명의 직원에 대한 1억 3,800만 달러의 연봉(1인당 34만 5천 달러)이 포함되어 있었다.

고액연봉으로도 구하기 어려운 전문 인력을 확보하기 위해 이제는 글로벌 대기업도 플랫폼을 통한 새로운 고용 방식에 관심을 가지기 시작했다. 전문 인력 입장에서도 특정 조직에 소속되지 않고 자신이 관심 있고 흥미로워 하는 분야에서 자유롭게 일할 수 있어, 전문가 프리랜싱 플랫폼을 적극적으로 활용하는 인재들이 증가하고 있다.

삼성전자 미국 사업부는 2016년 초, 본사가 요청한 프로젝트를 2주 만에 완료해야 하는 문제에 직면했다. 하지만 일정에 맞춰 프로젝트의 진행이 가능한 내부 직원들이 없었고, 기존의 헤드헌팅 회사를 통해서 필요한 인력을 구하려면 6주가 필요했다. 프로젝트 리더는 문제 해결을 위한 대안을 탐색했고, 선도적인 온라인 프리랜싱 플랫폼들 중 하나인 업워크를 통해 적절한 프리랜서들을 확보했다. 초기에 이러한 접근법에 대한 반응은 부정적이었지만, 결과는 성공적이었다. 이 프로젝트를 주도한 미국 삼성전자 On Demand Talent의 책임자인 캐이틀린 닐슨(Cathleen Nilson)에 따르면 프로젝트 비용을 60% 절감하고, 관리 시간을 64% 줄였다고 한다. 프리랜서 직원들을 프로젝트에 참여시키는 온보딩(onboarding) 과정 또한 기존 모델에 비해 7배가 빨랐는데, 업워크가 기업 고객을 위해 임금 지불부터 비밀 유지 서약 등의 관리 업무를 대행했기 때문이다. 이러한 경험을 바탕으로 삼성은 프리랜싱 플랫폼의 활용을 확대하고 있다. "이것이 미래라고 진심으로 믿는다."

라고 말하는 닐슨은 온라인 인재 모델이 밀레니엄 세대 전문인력들이 선호하는 업무 방식이라고 본다.

포춘 500대 글로벌 기업들은 프리랜서들이 다양한 전문적 업무를 수행하게 되면서 인재 조달 방식을 재검토 하고 있다. 디지털 기술로 인해 일하는 방식이 변화되는 실제 사례를 경험중인 한 기업의 HR 담당 임원은 새로운 인재 조달 방식이 가져온 변화를 설명한다. "앞으로 10년 동안, 매우 다른 방식으로 일이 이뤄질 것이다. 오늘날 1만 명이 넘는 회사의 직원들을 10년 후에도 회사가 유지할 필요는 없다. 기업은 추가적인 10%의 인력을 온라인으로 활용해 일을 다른 방식으로 처리 가능하다. 요점은 전에는 불가능했던 방식으로 매우 뛰어난 인재 집단을 활용할 수 있는 능력을 기업이 보유하게 되었다는 점이다."

'주문형 인재'를 활용해서 가치를 창출하는 방안을 탐색하기 위해, 이 기업은 한 온라인 플랫폼 기업과 계약을 맺고 직접적인 온라인 프리랜서 조달을 실험하는 프로그램을 실행해 큰 성공을 거뒀다. 이제는 플랫폼 활용을 새로운 영역으로 확대중이다.

한편 일부 대기업이 대안적 노동력을 단순 활용하는 방식에서 나아가 인수합병하는 경우까지 생기고 있다. 2017년 9월, 스웨덴 가구업체인 이케아(Ikea)는 2008년에 창업해 6만 명의 프리랜서 인력을 확보한 긱 경제 스타트업 태스크래빗을 인수했다. 이케아는 태스크래빗을 활용해 자사제품을 구입한 고객들이 자주 요청하는 가구조립 도우미 서비스를 제공할 예정이다.

현재는 많은 대기업들이 기존 직원들의 동요 등을 우려해, 새로운 인재 활용 모델을 조심스럽고 제한적으로 접목하고 있다. 하지만 빠른 실행 속도, 비용 효율성 등의 장점을 고려할 때, 이런 긱 경제 기반의 대안적 노동력 활용은 급속히 확산될 전망이다.

디지털 기술을 통한
자동화의 강화

산업혁명 이후 업무 효율성·효과성 개선과 비용절감을 위해 생산 현장부터 사무직 업무까지 일터의 모든 영역에서 자동화가 이뤄져왔다. 특히 과거에는 자동화가 불가능하다고 여겨졌던 다양한 관리·사무직 업무에서의 인간 대체가 광범위하고 빠르게 추진된다. 이러한 움직임은 금융산업에서 가장 두드러진다. 2014년 골드만삭스가 인공지능 기반 트레이딩 플랫폼 켄쇼(Kensho)에 투자를 시작한 이후, 2000년에는 600명의 트레이더가 수행하던 업무를 오늘날엔 단 2명의 트레이더와 인공지능이 처리한다. 일본의 후코쿠 보험의 보험사정 업무 담당자의 30%인 34명을 IBM 왓슨 인공지능 시스템으로 대체하는 결정도 같은 맥락이다.

이런 트레이딩, 보험사정, 고객 상담, 콜센터, 리스크 관리 등 금융권 업무 분야에서 인공지능을 이용한 자동화가 추진되는 가운데 소비자와의 다양한 상호작용이 중요한 여러 산업 분야에서 챗봇(chatbot)이 활발하게 도입중이다. 페이스북, IBM, MS등 여러 기술 기업들의 다양한 솔루션이 출시되면서 성공적인 활용사례도 속속 등장하고 있다. 예를 들어 페이스북의 메신저봇을 사용한 화장품 회사 세포라(Sephora)는 메신저봇 도입 이후 매장 방문서비스 예약이 11% 증가했고, 호텔 예약서비스 회사인 스냅트래블(SnapTravel)은 봇 사용 후 예약 관련 매출의 100만 달러 증가가 이뤄졌다. 또한 유명 패션기업인 타미 힐피거(Tommy Hilfiger)는 뉴욕 패션쇼 행사장에서 봇과의 채팅을 통해 직접 의류를 구매를 유도하는 실험에서, 실험대상 소비자의 87%가 서비스를 다시 이용했고, 봇을 적용한 채널의 매출증가율은 여타 디지털 채널보다 3.5배 높았다고 밝혔다.

한편 로봇프로세스자동화(Robotic Process Automation, RPA)는 인공지능보다 기술적 정교함은 떨어지지만 금융권을 중심으로 새로운 업무 자동화 수단으로 빠르게 확산중이다. RPA 소프트웨어는 인간의 판단력이나 예외처리 능력이 필요없는 반복적인 규칙 기반의 업무 프로세스를 사람의 작업 방식을 흉내내어 자동화해 다양한 미들 및 백오피스 작업을 처리한다. 예를 들어 영국의 코옵은행(Co-operative Bank)은 잔액 부족으로 자동이체에 문제가 자주 발생하는 고위험 고객 계좌 2,500여 개의 관리를 위해 매일 9명의 직원들이 수작업으로 이들 계좌에 대한 검토를 수행했었다. 이 작업의 80%를 RPA로 자동화해 예전에는 9명의 직원들이 오후 3시 마감시간에 종료하던 작업을 이제는 20명의 '가상 직원'들로 구성된 팀이 오전 11시 경에 완료해 작업시간을 단축하고, 고객 계좌관리의 일관성도 향상시켰으며, 9명의 직원은 보다 생산성 높은 고객 대면 업무로 재배치했다.

또한 RPA는 원자재·상품 주문, 매출채권·매입채무 관리, 계약 변경 및 갱신, 인사 채용 및 퇴직 업무, 퇴직연금 관리, 인사정보 변경, 매출·매입자료 입력 및 수정 등에 활용 가능하다. 볼보(Volvo)는 매출채권 관리 업무를 기존 SAP ERP 시스템상에서 작동되는 RPA를 통해 자동화했는데, 소프트웨어 봇은 필요한 시스템에 로그인해 송장 인식, 송장 내역 입력, 시스템들 간 데이터의 상호 대조 등 검증 업무 후 송장의 처리 여부를 결정하는 업무를 인간 작업자의 개입 없이 매일 2천여 건 자동으로 처리한다. RPA 도입 후 업무처리 시간이 65~75% 줄었고, 오류 건수도 감소했으며, 일상적 거래 처리에 투입되던 인간 작업자들은 매출채권 관리 프로세스 관련 데이터를 분석하고 개선점을 찾는 부가가치가 높은 업무분야로 재배치되었다.

디지털 기술의 사용은 사무뿐만 아니라 생산에서도 인공지능과 산업용 로봇의 결합으로 활발히 진행되고 있다. 산업용 로봇은 이미 오랜 기간 동안 제조업에서 널리 사용되어 왔지만, 새로운 작업을 수행할 때마다 프로그램의 재작성 및 변경작업이 필요해 추가 시간과 비용이 발생하는 문제가 있었다. 때문에 로봇은 다품종 소량 생산, 고급 맞춤 제품의 생산에는 적합하지 않은 경우가 많다. 그런데 머신러닝의 이용이 로봇의 이런 약점을 개선할 수 있는 방안으로 떠오르고 있다. 즉 머신러닝을 통해 새로운 작업을 위한 프로그램의 작성 및 변경의 필요성을 없애는 것이다. 딥러닝을 통한 로봇의 자가 학습을 연구하고 있는 히타치의 '스윙 로봇(swing robot)'은 이러한 개념을 잘 보여준다. 이 로봇은 그네를 타는 방식을 스스로 깨우친다. 즉 반복적인 동작을 통해 축적된 데이터를 신경망 학습으로 분석해서, 어떻게 움직여야 그네를 효과적으로 움직이는 게 가능한지를 인간의 개입 없이 5분 만에 파악했다. 이렇게 많은 기업들이 머신러닝과 로봇의 결합을 연구하고 있으며, 로봇 1대의 독자적인 학습뿐만 아니라 여러 로봇들 간의 집단 학습, 다른 로봇 혹은 인간의 동작을 보고 따라 하는 모방 학습 등 다양한 연구가 진행중이다.

산업현장에서 로봇 활용을 대기업뿐만 아니라 중소기업 및 다양한 산업 분야로 확산시킬 것으로 보이는 또 하나의 트렌드는 로봇 사용의 서비스화다. 산업용 로봇의 높은 초기 투자 비용과 유지보수에 필요한 기술력은 로봇의 활용 확산에 장애물이다. 최근 많은 로봇 제조사들은 단순히 완제품을 판매하는 방식에서 벗어나 로봇의 사용을 '서비스'로 제공하기 시작했다. 이를 통해 중소기업, 벤처 및 스타트업들에서 로봇의 활용이 증가할 가능성이 크다. 대표적인 사례가 농업분야다. 소규모 농가에 약정한 계약 조건(수확량 또는 작업 면적 등)에 따라 종량제 방식으로 서비스의 제공이 가능하다. 제조 기업은 서비스 확대를 통한 추가 수익 창출 외에도 다양한 환경에서의 작동 데이터를 수집해 로봇의 성능을 빠르게 개선하고 머신러닝에 필요한 데이터를 수집할 수 있다. 사비오크(Savioke), 리씽크 로보틱스(Rethink Robotics) 같은 기업들이 이러한 서비스를 시도중이다.

조직의 변화:
새로운 조직구조와 도구의 도입

산업 외부에서 경쟁자가 진입해 발생하는 격변, 디지털 기술의 빠른 발전, 대안적 노동력의 확대 등으로 100년 전의 산업시대에 맞춰 형성된 기존의 기업조직 구조는 유효성을 상실해가고 있다. 오늘날 고성과 조직은 10년 전과는 완전히 다른 방식으로 운영된다. 조직이 점점 디지털화 되어감에 따라 보다 빠르게 움직이고, 지속적인 학습을 촉진하며, 조직 구성원들의 경력 요구를 충족시킬 수 있도록 조직 자체를 재설계해야 한다.

과거에는 대부분의 조직이 효과성과 효율성을 목적으로 설계되었지만, 수행해야 할 과업이 다양해지고 복잡해짐에 따라 조직구조 또한 복잡해졌고, 각 부서가 단절되어 각자 활동하는 사일로(silo)화가 심화되었다. 이제 선진기업들은 빠르게 변화하는 오늘날의 경쟁 환경에 적응할 수 있게 계층적 구조를 버리고, 속도·민첩성·적응성을 확보할 수 있는 보다 유연한 팀 중심 모델로 이동중이다. 또한 작은 규모의 팀에서 일을 수행하는 방식이 사람에게 자연스러운 것으로 밝혀졌다. '일터에서의 상호작용 연구'에 따르면 사람들이 자신의 자리에서 50미터 내에 있는 동료들과 상호작용하며 보내는 시간이 그렇지 않은 동료들과 보내는 시간보다 두 자릿수 이상으로 많았다. 즉 조직의 구조와는 상관없이 실제 일일 업무는 네트워크 내에서 이뤄진다.

따라서 선도적 기업들은 개인들과 팀들 간의 만남, 투명한 정보 공

그림 1 팀의 네트워크

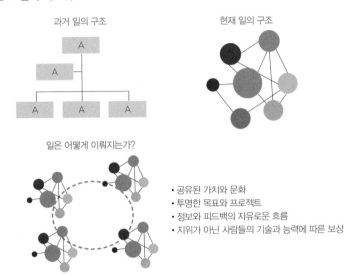

과거 일의 구조

현재 일의 구조

일은 어떻게 이뤄지는가?

- 공유된 가치와 문화
- 투명한 목표와 프로젝트
- 정보와 피드백의 자유로운 흐름
- 지위가 아닌 사람들의 기술과 능력에 따른 보상

출처: 딜로이트 유니버시티 프레스(Deloitte University Press)

유, 해결해야 할 사안에 따른 팀원의 자유로운 이동을 장려하는 시스템을 중심으로 조직을 구축한다. 기업의 민첩성을 유지하려면 팀의 구성과 해체가 빠르게 이뤄져야 한다. 특정 문제의 해결을 위해 팀원을 선택하고 새로운 상품 혹은 서비스의 설계와 개발을 1, 2년 내에 완료하도록 팀원에게 요청한다. 그 후에 팀원이 새로운 프로젝트로 이동함에 따라 팀은 자연스럽게 해체된다.

최근 북미의 한 선도적 은행은 핀테크 업체 및 비전통적인 시장 참여자들과 경쟁할 수 있도록 신속하게 신상품과 서비스를 제공하는 새로운 방식을 설계하기 위한 혁신에 착수했다. 새로운 운영모델은 개발자, 프로그래머, 비즈니스 애널리스트, 사용자 디자인 전문가로 구

322

성된 교차 기능적인 네트워크화된 팀을 사용해 구체적인 산출물을 빠르게 도출하는 데 초점을 맞췄다. 한 영역에서 작업이 완료되면, 팀은 재배치되어 다음 프로젝트를 시작한다. 초기 파일럿 테스트를 통해 이런 유형의 조직적 접근법이 개발 속도를 획기적으로 향상시킴을 확인한 은행은 장기적으로 조직 전반으로 이러한 모델을 확대할 계획이다.

조직 내부 인력의 유연한 교차 사용을 넘어서 조직 외부의 크라우드소싱 인력을 보다 체계적이고 효과적으로 활용하기 위한 새로운 조직 모델도 등장하고 있다. 미국 스탠포드 대학교가 크라우드소싱의 유연성을 전문가 영역에까지 확대하는 방안을 실험한 '플래시 조직(Flash Organization)' 프로젝트가 대표적인 사례다.

플래시 조직은 전통적인 크라우드소싱과 오프라인 조직 양쪽의 장점을 결합한다. 전통적인 크라우드소싱처럼, 플래시 조직의 인력은 온라인 노동시장을 통해 긱 경제 프리랜서 방식으로 조달되고 완전히 인터넷의 가상공간에서 활동한다. 그러나 오프라인 기업처럼, 조직 계층을 갖추고 전문가들로 구성되어 복잡한 전문적인 과업을 수행한다. 여기서 중앙집중적인 조직 계층은 협업, 의사소통, 의사결정을 촉진하기 위한 구체적인 경로를 정의한다.

플래시 조직을 활용하기 위해, 미래의 사용자는 프로젝트의 성공적 완료에 필요한 과업들을 계획하는 작업부터 시작한다. 이 '청사진'은 크라우드소싱 알고리즘에 입력되고, 알고리즘은 사전 생성된 운영 및 관리 계층구조에 맞춰 필요한 자격을 갖춘 인력들로 필요한 여러 직책을 채운다. 대부분의 플래시 팀은 알고리즘을 이용해 적임자들을 파악하고 고용을 수행한다. 프리랜서들 간 능력과 품성의 편차가 매우 크기 때문에 알고리즘의 설계와 품질에 따라 팀의 성공 여부가 결정된다. 기업에의 온보딩 절차도 자동화되어 새로운 고용인은 프로젝트의 시작에 앞서 자신들의 업무 범위와 책임을 상세하게 설명하는 안내서를 온라인으로 받는다.

스탠포드 대학교의 연구진은 3가지 프로젝트를 통해 이 모델을 실험했다. 3가지 모두 전문적인 앱 개발과 관련된 프로젝트였는데, 응급실 의료진에게 이송중인 환자에 대한 정보를 제공하는 앱, 온라인 워크숍을 계획하는 웹 애플리케이션, 스토리텔링 방식의 카드게임 앱의 설계와 제작이 각 프로젝트의 목표였다. 스탠포드 대학에서 개발한 알고리즘을 사용해 구성된 플래시 조직은 저렴한 비용으로 단기간에 높은 품질의 결과물을 산출했다. 이 연구 결과를 정리한 논문은 2017년 ACM(Association for Computing Machinery) 학회의 최우수 논문상을 수상했다.

또한 미래의 조직 구축에 다양한 새로운 도구와 기법이 도움을 주고 있다. 기대되는 한 가지 기법은 ONA(Organizational Network Analysis)로, 이는 특화된 소프트웨어와 방법론을 사용해 '누가 누구에게 얘기하는지' 같은 조직 구성원들 간의 관계를 파악하는 데 도움을 준다. 이런 유형의 분석은 이메일, 메시지, 물리적 근접도 등의 데이터를 이용해 어떠한 네트워크가 회사 내부에 존재하고, 누가 연결자 역할을 하며, 누가 전문가인지를 파악할 수 있게 해준다. 한 기업은 이 기법을 사용해 많은 전문가들의 활용도가 낮음을 발견하고 영업 조직을 재

표 1 미래의 조직: 과거의 규칙 vs. 미래의 규칙

과거의 규칙	미래의 규칙
효율성과 효과성을 위해 조직됨	학습, 혁신, 고객 영향력을 위해 조직됨
기업은 계층별 의사결정 권한, 구조, 승진 과정을 가진 계층 구조로 비추어짐	기업은 팀 리더들에 의해 권한이 부여되고 협업과 지식 공유를 통해 추진되는 민첩한 네트워크로 비추어짐
기능별 부서 리더와 글로벌 기능 집단을 가진 비즈니스 기능에 기반한 구조	제품, 고객, 서비스에 초점을 맞춘 팀들을 가진 업무와 프로젝트에 기반한 구조
거쳐야 할 많은 단계를 가진 상방향 이동을 통한 승진	많은 과업 할당, 다양한 경험, 다기능적인 리더십 업무 할당을 통한 승진
사람들은 승진을 통해 '리더가 됨'	사람들은 영향력과 권위의 증가를 통해 '추종자들을 생성'
명령을 통해 이끎	조정을 통해 이끎
실패에 대한 두려움과 다른 사람들을 의심함에 지배되는 문화	실패에 대한 처벌이 없는 안전함, 여유, 리스크 수용과 혁신의 문화
규칙 기반	계획 기반
열할과 직책이 명확히 정의	팀과 책임 소재가 명확히 정의, 그러나 역할과 직책은 정기적으로 변경
프로세스 기반	프로젝트 기반

출처: 딜로이트 유니버시티 프레스(Deloitte University Press)

설계했다. 새로운 팀 중심 모델을 채택한 후, 매출 총액은 12% 이상 증가했다.

〈표 1〉은 과거 조직과 미래 조직의 규칙을 비교해서 보여준다. 이런 새로운 유형의 조직이 확산되면서 팀으로 일하는 방식이 점점 더 일반화 될 것이다. 따라서 리더는 팀을 구축하고 지원하는 일을 주요 업무로서 수행해야 한다. 그리고 팀의 구축과 효율적인 활용을 도와주는 디지털 도구 및 기법 또한 회사 내부의 표준적 도구가 될 것이다. 이

처럼 빠르게 변하는 환경에서 생존하기 위해 기업들은 보다 민첩하고 적응성 높은 조직을 구성할 수 있는 다양한 방안을 실험할 전망이다.

피플 애널리틱스의
활용 증가

디지털 기술의 발전에 따른 또 한 가지 두드러진 기업 실무 변화는, 인적자원을 관리하는 데 있어 과학적인 분석 기술의 활용이 늘어난다는 점이다. 예전에는 인재의 채용, 유지, 육성, 성과 관리의 수행에서 현황 파악, 문제점 인식, 중요도가 높은 부문이나 인력에 대한 신속한 파악을 지원하는 객관적인 데이터와 도구가 부족했다. 그러나 빅데이터 저장 및 분석 기술, 디지털 기기의 확산으로 인해 예전에는 상상하지 못한 다양한 HR 애널리틱스 방법론과 기법이 등장해 인재관리를 새로운 차원으로 이끌고 있다.

많은 HR 기술 공급사들이 제공하기 시작한 예측적 애널리틱스 도구는 채용, 직원성과, 직원 이동성 및 기타 요소들과 관련된 데이터의 분석을 지원한다. 이제는 임직원의 특성과 성과 간의 상관관계 이해에 도움을 주는 다양한 지표들을 사실상 무한한 방식으로 조합해 분석이 가능하다. 직원의 몰입과 유지에 대한 분석 차원을 넘어, 애널리틱스와 인공지능의 조합은 보다 정교한 조직 관리 및 운영 문제 접근을 지원해 운영 성과를 높여준다.

예를 들어 데이터 기반의 도구는 이제 부정행위·사기의 패턴을 예측하고, 조직 내 신뢰 네트워크를 보여주며, 직원들 간의 배움·교류 관계를 실시간으로 파악하고, 이메일 및 일정 데이터를 통한 직원들의 시간관리 패턴도 분석해준다. 인공지능 소프트웨어는 입사 후보자들의 면접 동영상을 분석해 그들의 정직성, 개성 등을 평가하는 데 도움을 준다. 또한 새로운 도구는 시간당 업무량을 분석하고, 즉각적으로 초과 근무의 패턴을 파악하며, 기타 인건비 누수의 형태를 식별해서 수백만 달러의 경비절감에 도움을 준다. 그리고 직원의 출장 데이터, 근무 시간, 기타 인적 성과 데이터를 분석해 직원들의 복지와 업무 성과를 개선한다.

직원들의 채용 및 유지에도 애널리틱스가 중요한 역할을 담당하기 시작했다. 기업들은 인터뷰 데이터, 입사지원서 문장의 분석 결과, 후보자 심사 데이터 등을 활용해 채용과정에서의 무의식적인 편향을 줄인다. 소셜 네트워크, 구직 사이트 등을 분석하는 새로운 도구들은 기업들이 '새로운 직장을 찾을 가능성이 높은 사람들'을 사전에 파악하도록 해준다. 피플 애널리틱스(People Analytics)의 외부 데이터 활용은 급격하게 늘고 있다. 딜로이트의 설문조사에 따르면, 50% 이상의 기업들이 직원들의 퇴사, 유지, 기타 성과 지표를 파악하기 위해 적극적으로 소셜 네트워크와 외부 데이터를 사용중이다.

향후 다양한 분석 솔루션을 통해 확보한 직원관련 정보를 내부적인 HR분야만 아니라 다양한 비즈니스 문제 해결에 활용하게 될 것이다. 오늘날 선진기업들은 HR부서를 '인텔리전트 플랫폼'으로서 재정의하고 애널리틱스를 전체 업무역량 관리 프로세스와 운영에 내재화하고 있다. 예를 들어 인도의 한 대형 통신회사는 모든 신규 채용자들을 대상으로 이들이 정해진 생산성 기준에 도달하는 시간을 분석해, 관리자와 기업 리더들이 언제 직원들이 온보딩 과정에서 뒤처지는지를 파악하게 해주는 대시보드 도구를 제공했다. 또한 딜로이트의 일부 대기업 고객들은 ONA를 활용해 고성과 팀의 행위를 분석해, 어떻게 업무가 이뤄지는지를 이해하고 그 결과를 다른 팀의 성과 개선을 위해 활용한다.

앞으로 몇 년 동안 가용한 데이터 원천이 더욱 늘어나, 직원의 행동을 예측하는 데 도움을 주는 외부 데이터와 내부 데이터의 결합이 보편화될 것이다. 선도적인 기업에서부터, 애널리틱스는 지금보다 더욱 여러 전문 영역이 융합되어 다양하게 활용될 전망이다. 궁극적으로 피플 애널리틱스는 기업의 핵심 시스템에 완전히 통합되어 별도의 정보 원천이 아닌, 항상 배경에서 작동하는 일반적인 표준 기능으로 발전할 것이다.

일의 미래가 어떤 모습으로 얼마만큼의 영향을 사회·기업·개인에게 언제 미치게 될지는 지금 시점에서 정확히 알 수 없지만, 그 영향의 규모와 범위는 우리가 생각하는 이상으로 심대할 수 있다. '일의 미래'는 단지 몇몇 일자리가 자동화를 통해 사라지고, 조직이 이를 통해 일부 비용을 절감하는 것으로 끝나는 사안이 아니다. 수행업무 자체의 정의부터 시작해 인재의 충원 및 유지, 새로운 인재 활용 방식에 대한 검토, 프로세스 및 조직의 재설계, 새로운 도구의 필요성 및 활용 가능성에 대한 재고 등 조직이 신경 써야 할 사안이 너무나 많다.

　다행히도 인간의 적응력은 놀라울 정도로 뛰어나다. 과거 여러 격변에 적응했던 것처럼 사람들은 디지털 격변에도 적응하겠지만, 모든 개인과 조직이 같은 속도와 정도로 적응하기는 어려울 듯하다. 토마스 프리드먼이 인터뷰에서 말한 것처럼 "이뤄질 수 있는 모든 것은 이뤄질 것"이기 마련이며 단지 "당신에 의해 이뤄질 것인가 아니면 당신에게 이뤄질 것인가"가 문제일 뿐이다.

박종민 선임연구원 | 딜로이트 경영연구원

★ 원앤원북스는 독자의 꿈을 사랑합니다.

숫자 뒤에 숨은 진실을 보는 눈
서울대 최종학 교수의 숫자로 경영하라 4
최종학 지음 | 값 19,500원

서울대학교 교수이자 대한민국 최고의 경영 대가로 손꼽히는 최종학 교수의 『숫자로 경영하라』 네 번째 이야기가 드디어 출간되었다. 이 시리즈가 경영자들의 바이블로 자리잡은 가장 큰 이유는 국내외에서 화제가 되었던 사건들을 사례로 들어 회계가 기업의 성패에 얼마나 큰 역할을 하는지 면밀히 보여주기 때문이다. 독자들이 이 책을 통해 올바른 숫자경영에 대해 배울 수 있기를 바란다.

스마트카 시대의 개막, 어디에 투자할 것인가?
제4차 산업혁명의 핵심, 스마트카에 투자하라
장문수 지음 | 값 16,000원

이 책은 자동차 산업의 변화와 방향성을 입체적으로 살펴보고, 저성장 시대에 안정성과 성장성을 동시에 담보하는 새로운 투자처로 스마트카를 제시한다. 자동차 전문 베스트 애널리스트인 저자는 스마트카와 관련한 국가 정책, 글로벌 자동차 업체의 전략, 스마트카 시장의 전망 등을 통해 투자의 기회를 찾아보고자 한다. 이 책은 스마트카에 관심이 있거나 투자하고 싶은 사람뿐 아니라 현업 종사자에게도 좋은 인사이트를 주는 입문서가 될 것이다.

제4차 산업혁명시대에 꼭 알아야 할 핵심종목 51
제4차 산업혁명시대, 사야 할 주식
이상헌 지음 | 값 15,000원

현재 전 세계적으로 최대의 화두로 손꼽히는 제4차 산업혁명과 관련된 주식투자 비법을 소개하는 책이 나왔다. 오랫동안 지주회사 및 중·소형주 등의 분석을 담당해온 저자는 현 정부의 최대 화두인 제4차 산업혁명과 관련해 지금이 관련 주식에 투자할 적기라고 말한다. 이 책을 통해 저자가 전망하는 제4차 산업혁명시대를 미리 만나보고, 관련 주식에 투자해 보다 나은 미래를 만들어보자.

제4차 산업혁명, IT 빅뱅이 주도한다
다가올 미래, IT 빅픽처
이가근 지음 | 값 15,000원

글로벌 IT 기업들이 진행하고 있는 M&A(인수합병)를 살펴보며, 미래의 IT 산업이 나아가야 할 방향성을 제시하는 경제전망서다. 각종 신문사에서 주관하는 반도체와 디스플레이 분야의 베스트 애널리스트로 선정된 저자는 이 책에서 2020년 이후의 제4차 산업혁명이 IT 산업에서는 어떤 식으로 진행될지 구체적인 근거를 들어 전망한다. IT 산업의 현업 참여자들뿐만 아니라 다가올 제4차 산업혁명에 관심이 있는 사람들에게 좋은 안내서이자 지침서다.

집값이 오를 수 있는 호조건을 모두 갖췄다
2018 부동산 대예측
안민석 지음 | 값 16,000원

집값이 오를 수 있는 호조건을 갖춘 2018년에 부동산이 폭등할 것이라고 청사진을 제시하는 예측서다. 수익형 부동산 정보분석기관인 FR인베스트먼트에서 부동산 선임연구원으로 활동중인 저자는 시장을 이기는 정책은 있을 수 없다고 본다. 이 책을 통해 정부의 대책을 현명하게 읽어 투자의 시점을 스스로 설정하고, 중장기적으로 부동산의 가치와 모멘텀 변화에 어떻게 대응하고 적응해나갈 것인가를 파악할 수 있을 것이다.

내가 사면 왜 주가는 떨어졌을까?
그때 알았으면 좋았을 주식투자법
백우진 지음 | 값 15,000원

투자자들이 일찍 알고 실행에 옮길수록 유리한, 투자원리와 지침을 제시한 주식투자법 책이 나왔다. 서울대 경제학과를 졸업하고 재정경제부(현 기획재정부)에서 경제정책 홍보업무 등을 하며 다년간 경제·금융 분야의 글을 써온 저자는 주식투자의 첫 단계이자 가장 중요한 일이 '틀린 방법을 피하는 것'이라고 말한다. 이 책이 여러분의 탄탄하고 성공적인 주식투자의 길잡이가 될 것이다.

불황에도 실패하지 않는 아파트투자 노하우!
큰돈 되는 아파트는 따로 있다
신대성 지음 | 값 16,000원

그동안 부동산에 대해 잘 모르거나 투자 타이밍을 놓쳐 부동산투자를 망설였던 사람들을 위해 부동산투자, 그 중에서도 아파트투자에 대한 방법과 핵심 정보를 담은 책이 나왔다. 부동산 전문기자로 활동하면서 오랜 시간 직접 부동산투자를 단행하기도 한 저자가 자신이 쌓은 이론과 실전 노하우를 아낌없이 공개했다. 이 책으로 부동산시장 흐름과 투자 방법을 파악해 성공적인 부동산투자를 시작해보자.

스마트폰에서 이 QR코드를 읽으면
'원앤원북스 도서목록'과 바로 연결됩니다.

독자 여러분의
소중한 원고를 기다립니다

원앤원북스는 독자 여러분의 소중한 원고를 기다리고 있습니다. 집필을 끝냈거나 혹은 집필중인 원고가 있으신 분은 khg0109@hanmail.net으로 원고의 간단한 기획의도와 개요, 연락처 등과 함께 보내주시면 최대한 빨리 검토한 후에 연락드리겠습니다. 머뭇거리지 마시고 언제라도 원앤원북스의 문을 두드리시면 반갑게 맞이하겠습니다.